우리가 부르는
삶의 노래

우리가 부르는
삶의 노래

지은이 | 정성진
펴낸이 | 원성삼
책임편집 | 홍순원
본문 및 표지디자인 | 안은숙
펴낸곳 | 예영커뮤니케이션
초판 1쇄 발행 | 2019년 2월 2일
등록일 | 1992년 3월 1일 제2-1349호
주소 | 04018 서울시 마포구 동교로 55 2층 (망원동, 남양빌딩)
전화 | (02) 766-8931
팩스 | (02) 766-8934
홈페이지 | www.jeyoung.com
ISBN 979-11-965114-8-7 (03230)

값 18,000원

이 도서의 국립중앙도서관 출판예정도서목록(CIP)은 서지정보유통지원시스템 홈페이지
(http://seoji.nl.go.kr)와 국가자료공동목록시스템(http://www.nl.go.kr/kolisnet)
에서 이용하실 수 있습니다. (CIP제어번호: CIP2019000778)

모든 인간은 하나님의 형상을 닮은 존귀한 존재입니다. 사람은 인종, 민족, 피
부색, 문화, 언어에 관계없이 모두 다 존귀합니다. 예영커뮤니케이션은 이러한
정신에 근거해 모든 인간이 존귀한 삶을 사는 데 필요한 지식과 문화를 예수 그리스도의
사랑으로 보급함으로써 우리가 속한 사회에 기여하고자 합니다.

우리가 부르는
삶의 노래

정성진 지음

예영

시는 나에게 못 이룬 꿈입니다.

시편은 고뇌에 찬 젊은 시절 나에게 위로와 용기를 주었습니다.

군대 생활 3년 동안, 왼쪽 가슴에 늘 포켓 성경을 넣어 다니며 유격 훈련 중에도 "여호와는 나의 목자시니 내게 부족함이 없으리로다.", "내가 사망의 음침한 골짜기로 다닐지라도 해를 두려워하지 않을 것은 주께서 나와 함께 하심이라." 이런 말씀을 읽고 암송하며 위로받고 힘을 얻었습니다.

저는 스물여섯 살에 회심했습니다. 회심하기 전, 윤리적 그리스도인으로 교회 생활을 할 때도 시편만큼은 늘 가까이했습니다. 시편은 "내 발에 등이요 내 길에 빛(시 119:105)"이었습니다.

목사가 되고 많은 설교를 하면서 기회가 되면 시편 전체를 설교하고픈 꿈을 꾸게 되었습니다. 그러나 쉽지 않았습니다. 미루고 또 미루다 더 미룰 수 없어 2017년에 과감하게 시편 설교에 도전했습니다. 주석을 준비하고, 그동안 모았던 200여 권의 시집을 곁에 놓고, 35년 전 신학생 시절 장안에 화제가 되었던 박조준 목사님의 시편 강해를 생각하고 박 목사님의 강해집을 어렵게 구했습니다.

한 주 한 주 진땀을 흘리며 설교를 준비했습니다. 그 땀의 결실이 드디어 책으로 나오게 되었습니다. 한없이 부족하지만, 이 설교집은 저의 작은 꿈의 결실입니다.

35년간 기도와 헌신으로 내조한 아내 송점옥에게 이 책을 드립니다. 그리고 설교집이 나오기까지 여러모로 수고해 주신 예영커뮤니케이션의 원성삼 권사님과 그 직원들께 감사를 드립니다.

2018. 12. 24. 성탄 전야에
大痴 丁聖鎭 牧師

시편을 통해서 보는 인생의 희로애락(喜怒哀樂)
그것은 우리의 삶이고 하나님께 올려 드리는 최고의 노래입니다.

01부

은혜의 노래

우리 교회 좋은 교회

시편 122편 1-9절

매년 1월 9일은 우리 교회의 생일입니다. 창립예배를 드린 후 어느덧 20여 년이 훌쩍 넘었습니다. 교회를 개척하면서 저에게 소원이 하나 있었습니다. 그것은 바로 좋은 교회를 만드는 것이었습니다.

저는 뱃속부터 어머니가 개척한 안산도일교회를 다녔습니다. 네 살 때, 서울로 이사 온 후 장석교회를 10년 다녔습니다. 열다섯 살 때에 가족이 장위중앙교회 개척에 참여하면서 사찰로 4년 살았습니다. 그 후 열아홉 살 때, 신장위교회로 옮기면서 교회학교 교사를 했고, 스무 살에 신장위교회 건축 감독을 했습니다. 군대생활을 하면서 진해육군대학에서 군종사병으로 봉사했습니다. 동아제약에 근무하다가 81년 신학교에 들어갔고, 신장위교회에서 교육전도사로 지냈고, 83년 말 신학교를 졸업하면서, 결혼과 함께 음성에 있는 금왕교회 담임 전도사로 2년간 시무했습니다. 다시 서울로 와서 87년 신학대학원에 입학하고 신장위교회 교육전도사, 국방대학원 교회 교육전도사를 했습니다. 신학대학원 졸업 후, 봉천제일교회 전임전도사, 1992년에 목사 안수를 받고, 광성교회 부목사로 5년 시무한 후 1997년 일산광성교회를 개척하게 되었습니다.

이렇게 저에게는 뼛속에서부터, 혈관을 흐르는 피까지 교회의 DNA가 흐르고 있습니다. 개척 교회, 군인교회, 소형교회, 중형교회, 대형교회, 광산촌교회, 심지어 1년간 광성기도원을 맡기까지 다양한 경험을 했습니다. 열 개 정도의 교회를 경험하는 동안 좋은 것을 많이 보고, 듣고, 배우기도 했지만, 저런 것은 고쳤으면 좋겠는데 하는 생각도 많이 했습니다. 이런 경험이 모두 저에게 녹아들면서 좋은 교회를 만들고 싶은 소원이 마음에 가득 찼습니다. 그래서 섬기는 교회, 인재를 양성하는 교회, 상식이 통하는 교회, 이렇게 3대 목표를 정하고 개척을 하게 된 것입니다. 이 세 가지 목표는 바로 좋은 교회를 만들고 싶은 소원이 압축된 것이라고 말씀드릴 수 있습니다. 자신이 출석하고 있는 교회니까 좋다고 말하면 안 되고, 본질을 행하기 때문에 좋은 교회라고 말할 수 있어야 합니다. 하나님이 원하시고, 기뻐하시는 교회이기 때문에 좋은 교회라고 말할 수 있어야 합니다. 많은 사람이 믿고 찾는 '바로 그 교회'이기 때문에 좋은 교회라고 말할 수 있어야 합니다.

저는 신학 공부를 시작하면서 시국 상황과 맞물려 민중 신학을 접하게 되었고, 그 영향으로 폐광촌을 찾아가서 담임 전도사를 했습니다. 신학대학원에 들어가서도 활발하게 학생운동에 앞장섰고 보수적인 교회를 비판했습니다. 그러나 졸업 후 보수적인 교회에 몸을 담게 되면서 직접적인 활동을 할 수 없게 되었고 지금은 나이가 들면서 조금은 보수적이 되었습니다.

그러나 제 마음 속에는 아직도 교회개혁에 대한 열망이 있습니다. 교회를 개혁하자는 것은 교회가 본질에서 벗어나 있다는 것을 전제로 합니다. 교회의 주인은 하나님이시고, 교회는 하나님의 자녀인 교인들이 주체적으로 움직여야 합니다. 또한 개혁 교회는 사제 중심의 로마가톨릭을 비판하고 나왔음에도 불구하고 목사들 대부분이 다시 중세 기독교처럼 교회를 목사가 주인인 교회로 만들고 교인들은 종처럼, 양처럼 대하고 자기 마음대로 교회를 운영하는 경우를 많이 볼 수 있습니다. 그러니까 교회에서 싸움이 나고, 목사와 장로가 주도권을 다투는 비상식적이고, 비성경적인 일이 여기저기서 일어나게 되는 것입니다.

교회가 교회다움을 잃으면 먼저 세상 사람들이 알고 교회를 사모하지 않습니다. 그 다음 교인들이 이탈하고 유리방황(流離彷徨)합니다. 그래서 한국 교회에 교회를 나오지 않는 가나안 교인이 100만을 넘어 200만 명을 헤아리게 되었습니다. 심지어 이단에 빠지게 됩니다. 그래서 우리 교회 하나 바르게 세우는 것도 벅찬 일인데 한국 교회 개혁의 모델이 되자고 감히 외친 것입니다.

저는 젊은 날 개혁은 불의에 항거하고, 인습을 타파하고, 잘못된 사람들을 몰아내는 것이라고 생각했습니다. 그런데 여러 경험을 한 후에 하나님께서 저에게 깨우쳐 주신 개혁은 나 자신을 고치는 것이었습니다. 개혁은 나로부터, 지금부터, 할 수 있는 것부터 고치는 것임을 깨닫게 해 주셨습니다. 이것이 바른 개혁의 3대 요점입니다. 남에게 고치라고 강요하니까 싸우고, 적을 만들게 됩니다. 그러면 이기고 나서 변질되게 마련입니다. "교회에서 싸우면서 할 만큼 옳은 일은 그다지 많지 않다."는 것을 알아야 합니다.

시편 말씀 속에서 좋은 교회에 대한 가르침을 찾으려고 합니다. 본문 말씀을 통해 성령께서 깨닫게 해 주셔서 좋은 교회상을 배우고, 마음에 새기고, 함께 좋은 교회를 만들어 가기를 원합니다.

기쁨이 넘치는 교회(1-3절)

좋은 교회란 두말할 것 없이 '기쁨이 넘치는 교회'입니다. 교인들의 마음에 교회를 생각만 해도 마음에 기쁨이 넘치고, 얼굴에 미소가 번지고, 교회로 나오는 발걸음이 가벼워야 합니다. 처음 교회에 오시는 분들이라도 교회에 대한 첫 느낌이 밝고, 따뜻하고, 포근해야 합니다. 고향 같은 느낌이랄까? 다시 오고 싶은 분위기를 만들어야 합니다. 공자님 앞에 있는 것처럼 엄숙하고, 절과 같이 적막하고, 초상집같이 침울하고, 기름집같이 쥐어짜고, 튀김집같이 볶아대면 안 됩니다.

기쁨이 넘치는 교회를 만들기 위해서는 교회 내의 권위주의를 척결해야 합니다. 교회 안의 모든 직분은 기능상 차이일 뿐 계급의 높고 낮음이 아닙니다. 모든 성도들은 왕 같은 제사장으로 동등한 지위를 가집니다. 그리스도 안에서 받은 은사와 직분의 차이가 있을 뿐입니다. 목사는 목자고, 교인은 양이라는 생각을 버려야 합니다. 목사는 제사장이고 교인은 죄인이라는 생각도 버려야 합니다. 이런 생각이 고착되면 목사가 권위적이 되고, 교회에서 독재하고, 교인들을 우민화하면서 변질된 집단으로 만들게 됩니다. 장로들도 종신직으로 가면 타성에 젖어 변화되지 않고 지시하고 명령하기 때문에 젊은 교인, 새 신자들에게 모범이 되지 않고 상처를 줄 수 있습니다. 교회에서는 고참, 신참이 있을 수 없습니다. 누구라도 평생 섬기고 봉사해야 합니다. 그래야 기쁨이 넘치는 교회가 됩니다.

시편 122편은 성전에 올라갈 때 부르던 노래입니다. 예루살렘의 영광을 노래하고 있기 때문에 '시온의 노래' 혹은 '순례시'로 분류합니다.

사람이 내게 말하기를 여호와의 집에 올라가자 할 때에 내가 기뻐하였도다 예루살렘아 우리 발이 네 성문 안에 섰도다 예루살렘아 너는 잘 짜여진 성읍과 같이 건설되었도다(1-3절).

1절에 순례길을 처음 나섰을 때의 기쁨을 회고하고 있습니다. 친구들에게 우리 함께 여호와의 집에 올라가자는 말을 들었을 때, 얼마나 기뻤는지를 표현하고 있습니다. 순례의 길은 험하고 멀었지만 모든 신앙인이 사모하는 길이었습니다. 순례길을 나섰을 때, 그 기쁨은 말로 다할 수 없었습니다.

2절에 벌써 "발이 성문에 섰다."고 말합니다. 순례 여정이 생략된 채 도착을 알리는 말일 수도 있으나 예루살렘에 가자는 말을 들었을 때 이미 마음이 그곳에 있었다는 설렘을 표현한 것이라고 봐도 무방합니다.

3절에 보면, 예루살렘성에 도착한 순례자의 감탄이 나옵니다. '조밀하게 건축된 성'을 보면서 감탄하는 장면입니다. 이렇게 교회에 오면 감탄할 것이 넘쳐야 합니다. 입구에 들어올 때 주차요원들이 친절하고, 안내자들이 환한 미소로 반기고, 친구들이 따뜻한 사랑으로 맞아 주고, 말씀의 은혜가 강같이 흐르고, 식당의 밥이 맛있고, 어느 것 하나 흠잡을 것이 없이 친절한 모습에 감동을 받을 수 있어야 좋은 교회라고 말할 수 있습니다. 그러기 위해서는 섬김이 있어야 합니다. 위로는 하나님을 섬기는 예배의 감격이 있고, 옆으로는 형제를 섬기는 정다운 교제가 있으며, 아래로는 지역사회를 섬기는 따뜻한 사랑의 봉사가 있을 때 섬기는 교회가 완성되는 것입니다.

또한 예루살렘성이 조밀했던 것처럼 교회의 모든 조직이 유기적으로 기름 친 기계가 돌아가듯이 돌아가야 합니다. 어느 한 곳이라도 막히고 걸려 넘어지는 부서가 있으면 안 됩니다. 장애인들을 위해 문턱을 낮추고, 노약자를 배려하고, 탈북 이주민들을 품는 사랑이 넘칠 때 모든 이들이 기쁨으로 교회를 찾게 될 것입니다. 오고 싶은 교회, 기쁨이 넘치는 교회가 되어야 합니다. 말씀의 기쁨, 사랑의 기쁨, 섬김의 기쁨, 봉사의 기쁨, 구원받는 영혼의 기쁨이 넘쳐야 좋은 교회가 되는 것입니다.

평안이 넘치는 교회(4-7절)

평안이란 '탈이나 걱정되는 일이 없어 편한 상태'를 뜻합니다. 사람은 누구나 평안을 원하고, 어느 단체든지 평안을 원하지 전쟁을 원하고, 싸우기를 원하지는 않습니다. 그런데 평안은 그리 쉬운 일이 아닙니다. "세상은 평화 원하지만 전쟁의 소문은 늘어간다."는 복음성가 가사도 있지 않습니까?

왜 그럴까요? 서로 소통하지 못하기 때문입니다. 피가 통하지 않으면 뇌경색으로 쓰러져 죽습니다. 위장이 통하지 않으면 복통이 나고, 설사가 나고 탈이 납니다. 의사소통이 안 되면 오해가 발생하고, 억측을 낳고, 공동체가 분열하는 일이 일어납니다. 하나님의 영을 받은 인간은 하나님과 소통해야 합니다. 말씀을 듣고 기도로 대화해서 하나님의 뜻을 알고 행해야 합니다.

교회 공동체가 서로 소통해야 합니다. 소통하는 방법은 대화에 힘쓰고, 다른 사람의 말을 경청하는 것이 중요합니다. 나는 절대 옳다는 생각을 버리십시오. 상대방의 말이 옳을 수 있다는 것을 늘 염두에 두어야 합니다. 내 생각을 관철하려고 목숨 걸지 마십시오. 성경말씀 외에 목숨 걸 일이 없습니다. 그러려면 말을 잘해야 합니다. "네 말도 일리가 있다.",

"그럴 수도 있지.", "연구해 봅시다.", "기도해 봅시다.", "조금만 더 생각하면 좋은 안이 되겠네요." 이렇게 받아넘겨야지, "그게 말이 됩니까?", "안됩니다.", "못합니다.", "예산이 없습니다.", "전례가 없습니다." 이렇게 말을 받으면 감정이 상하게 마련입니다.

아무리 좋은 일도 사람을 잃어버리면 무슨 소용 있습니까? 서로 통해야 합니다. 그러기 위해서는 양보하고, 받아들이기 위해 노력해야 합니다. 이것이 상식이 통하는 교회입니다. 우리끼리 사랑하고 통하면 하나님께서 감동하시고, 기적을 일으켜 주십니다. 이것이 상식이 기적이 되는 방법입니다.

> 지파들 곧 여호와의 지파들이 여호와의 이름에 감사하려고 이스라엘의 전례대로 그리로 올라가는도다 거기에 심판의 보좌를 두셨으니 곧 다윗의 집의 보좌로다 예루살렘을 위하여 평안을 구하라 예루살렘을 사랑하는 자는 형통하리로다 네 성 안에는 평안이 있고 네 궁중에는 형통함이 있을지어다(4-7절).

4절에 보면, '전례대로' 예루살렘에 올라갔다고 말씀합니다. 이스라엘의 성인들은 유월절, 칠칠절, 초막절에 예루살렘에 올라가는 전례가 있었습니다. 교회 공동체에서도 이전부터 내려오는 전례들을 지키기 위해 노력해야 합니다. 개혁한다고 개악을 하면 안 됩니다. 종교개혁 당시 좋은 것까지 다 버렸기 때문에 개혁 교회에는 좋은 예전이 사라져 버렸습니다. 다시 말해 경건성을 훼손한 것입니다. 이에 대하여 "목욕물 버리려다가 욕조에 있는 아기까지 버렸다."라고 재미있게 말한 이가 있습니다. 교회의 전례를 잘 지켜 아름다운 전통을 이어가기 바랍니다. 이런 노력이 신·구간에 조화를 이루고 평안한 공동체를 만들어가는 것입니다. "옛것을 익히고 그것을 미루어 새로운 것을 안다."는 말, 온고지신(溫故知新)을 꼭 기억하십시오.

5절에 보면, "예루살렘에 심판의 보좌를 두셨다."고 말씀하고 있습니다. 예루살렘은 하나님이 다스리는 신의 도성입니다. 하나님께서 다윗의 왕가에 보좌를 맡기셨습니다. 교회는 분명한 '심판의 보좌' 즉 '지도자의 리더십이 확실해야 한다'고 해석할 수 있습니다. 교회의 지도자가 섬긴다고 해서 심판의 보좌에서 내려와 중요한 일을 판결하지 못하면 교회 공동체가 세상을 헤치고 나갈 수 없습니다. 지도자들은 하나님께 심판의 지도력을 늘 묻고 바른 리더십을 행사해서 거친 세상의 높은 파도를 넘고 시온산을 향해 교회를 이끌고 가야 합니다.

6절에는 "모두 함께 예루살렘의 평안을 구하라."고 말씀합니다. 교인들은 모두 교회의 평안을 구해야 한다는 말씀입니다. 우리 모두 연대의식을 가지고 평안을 만들어야 합니다. 평안은 남이 가져다주는 것이 아닙니다. 우리가 함께 평안을 구할 때 하나님이 주시는 것입니다. 교회에서 싸우면서 할 만큼 좋은 일은 하나도 없습니다. 우리가 교회를 사랑하는 마음으로 평안을 구할 때, 교회 안에 평안이 있고 형통한 공동체가 될 것입니다. 좋은 교회는 평안을 구하는 교회요, 하나님과 소통하고 서로 소통하는 교회입니다.

겸손과 온유와 사랑 가운데 성령의 하나 되게 하심을 힘써 지켜(엡 4:2-3) 평안이 넘치는 좋은 교회를 만들어 가기 원합니다.

사명이 넘치는 교회(8-9절)

사람은 사명에 살고 사명에 죽을 때 아름답다고 합니다. 사도 바울도 그랬습니다. 나는 날마다 죽노라 외치며 고난의 길을 갔습니다.

> 전제와 같이 내가 벌써 부어지고 나의 떠날 시각이 가까웠도다 나는 선한 싸움을 싸우고 나의 달려갈 길을 마치고 믿음을 지켰으니 이제 후로는 나를 위하여 의의 면류관이 예비되었으므로 주 곧 의로우신 재판장이 그 날에 내게 주실 것이며 내게만 아니라 주의 나타나심을 사모하는 모든 자에게도니라(딤후 4:6-8).

교회도 사명감에 넘치는 일꾼들로 가득 찰 때 하나님의 일을 행하는 좋은 교회가 될 수 있습니다. 교회란 예수님의 몸이 되어 주인 되시는 예수님의 목적을 대행하는 곳입니다. 예수님의 목적은 복음을 땅끝까지 전하는 것입니다. 마태복음 28장 19-20절에서 우리는 모든 교회, 모든 그리스도인에게 내린 대명령(大命令)을 볼 수 있습니다. 따라서 좋은 교회란 복음을 전하는 사명에 충실한 교회입니다.

> 내가 내 형제와 친구를 위하여 이제 말하리니 네 가운데에 평안이 있을지어다 여호와 우리 하나님의 집을 위하여 내가 너를 위하여 복을 구하리로다(8-9절).

교회는 형제와 친구를 위하여 평안을 구해야 합니다. 형제와 친구를 위하여 물질로 구제하고 돕는 것은 귀한 일입니다. 그러나 그것만으로 부족합니다. 반드시 빵과 복음은 함께 가야 합니다. 복중의 복은 영원한 생명, 즉 구원의 복입니다. 그러므로 때를 얻든지 못 얻든지 복음을 전해야 합니다.

우리 교회는 복음을 효과적으로 전하기 위하여 빵에 복음을 담는 구제에 힘쓰고, 사회적 약자를 돕기 위한 봉사에 힘쓰고 있습니다. 그리고 교육에 복음을 담아 전하기 위해 유치원, 초등학교, 중학교, 문화센터를 운영합니다. 또 양방, 한방, 치과병원, 미용실, 커피숍을 운영하고, 태국인, 베트남인 그리고 나그네 된 사람들(영어권)을 돕고 있습니다. 주일마다 전도팀, 교육팀을 20개 군대 교회에 보내 복음을 전하고 있습니다. 작은 교회 125개와 손잡고 우리 지역을 복음화하기 위하여 전도팀을 파송하고, 전도비를 지원하고, 교육훈련을 지원하고 있습니다. 이 모든 일은 복음을 효과적으로 전하기 위해 전 방위적으로 노력하는 것입니다.

사람은 모름지기 사명을 깨달을 때 어른이 되는 것입니다. 자기의 평안만 구하고, 자기만 잘 살기를 바라는 것을 사명이라고 하지 않습니다. 하나님께서 공동체의 평안을 구하고, 형제를 축복하는 사명을 우리에게 주셨습니다. 사명을 행하는 교회가 좋은 교회입니다. 땅끝까지 이르러 증인이 되라 하신 말씀을 따라 서른 가정을 선교사로 파송했습니다. 우리는 사명을 위해 살고, 사명을 위해 목숨을 바쳐야 합니다.

> 나는 시온의 의가 빛 같이, 예루살렘의 구원이 횃불 같이 나타나도록 시온을 위하여 잠잠하지 아니하며 예루살렘을 위하여 쉬지 아니할 것인즉(사 62:1)

여기에서 시온과 예루살렘을 교회로 해석할 수 있습니다. 교회가 의를 빛같이 발할 수 있도록, 교회가 구원을 횃불같이 선포할 수 있도록 기도한다는 말씀입니다. 우리 모두 쉬지 않고 교회가 사명을 다하도록 기도하고, 사명의 등불을 밝히고, 사명의 횃불을 높이 들어야 합니다.

사도 바울은 복음을 전하는 일에 생명까지도 아끼지 않았습니다(행 20:24). 사도 바울의 후예들이여, 우리도 다짐합시다.

"이 땅의 교회가 사명을 다하는 교회가 되도록 성숙한 교회로 발전하도록 기도하며 나의 생명까지 바치겠습니다."

복 받을 행실을 하고 있습니까?

시편 1편 1-6절

서시(序詩)는 책의 첫머리에 서문 대신으로 쓴 시나 긴 시에서 머리말 구실을 하는 부분을 말합니다. 그러니까 서시는 전체시의 방향, 주제를 드러내고 있다고 볼 수 있습니다. 시편 전체에서 서론 격으로 제일 먼저 나오는 시, 다시 말해 서시가 바로 시편 1편입니다. 따라서 시편 1편은 시편 전체의 서시로서 시편의 방향과 주제를 나타내는 큰 의미를 지니고 있습니다.

제목이 조금 도발적입니다. '복 받을 행실을 하고 있습니까?' 복 있는 자라는 번역은 오해를 불러일으킬 소지가 있기 때문입니다. 복 있는 자가 있으면 복 없는 자도 있을 것 아닙니까? 또 복 있는 자라고 할 때 자신이 복을 주관할 수 있는 것처럼 오해할 수도 있습니다. 복이라는 것은 자신이 갖고 태어나는 신분이나 지위와는 분명히 다릅니다. 복 받을 일을 해야 복이 임하는 것이지, 복을 가지고 태어난다고 생각하는 것은 세상적인 것이지 영적인 것이 아니라는 것입니다. 그러므로 복 받을 행실을 해야 복이 임한다는 것이 더 성경적입니다.

사람은 누구나 복 받기를 좋아합니다. 한국 사람들, 복이라면 둘째가

라면 서러워할 정도로 좋아합니다. 입춘이 오면 '입춘대길 개문만복래(立
春大吉 開門萬福來, 입춘에 크게 길한 일이 있고 문을 열 때마다 만 가지 복이 들어온
다.)'라고 대문에 써 붙입니다. 이불에도 복, 베개에도 복, 방석에도 복, 장
롱에도 복, 치마저고리에도 복, 숟가락에도, 젓가락에도 복, 밥그릇에도,
국그릇에도 복, 기왓장에도 복, 복이 안 들어 간 데가 없습니다.

중국 사람들은 한 술 더 뜹니다. 20년 전 중국 선교를 갔을 때 중국 사
람들이 자기 글도 몰라서 '복' 자를 거꾸로 붙여 놓은 것을 여기 저기 많이
보았습니다. 그래서 현지 선교사에게 물으니 웃으면서 답했습니다. "복
이 쏟아지라고 거꾸로 붙여 놓은 것입니다." 이 말에 놀라 자빠질 뻔했습
니다. 복을 받는 것은 복자를 거꾸로 붙여 놓는다고 받는 것이 아닙니다.
복 받을 행실을 해야 복을 받습니다.

그러면 복 받을 행실은 무엇일까요? 이 개념도 나라와 민족, 종교마다
다 다릅니다. 한국은 3, 서양은 7, 중국은 8 그리고 태국은 9처럼 나라마
다 좋아하는 숫자가 다 다른 것과 같습니다. 어느 종교에서나 적선을 많
이 하면 복을 받는다고 말합니다. 본문에서 복 받을 행실을 무엇이라고
말하는지 찾아보겠습니다.

자리를 가릴 줄 알아야 합니다(1절)

> 복 있는 사람은 악인들의 꾀를 따르지 아니하며 죄인들의 길에 서지 아
> 니하며 오만한 자들의 자리에 앉지 아니하고(1절)

복 받을 사람이 해야 하는 첫 번째 일이 앉고 설 자리를 가릴 줄 아는

것이라고 말하고 있습니다. '복 있는 사람'에 쓰인 히브리어 '아쉬레이'라는 단어는 '똑바르다, 올바른 걸음을 걷다'라는 '야사르'에서 파생된 단어입니다. 인생길에서 어떤 길을 걸어야 하는가? 똑바른 길, 올바른 길을 걸어야 한다는 뜻입니다. 똑바르고 올바른 길이란, 구체적으로 악인들의 꾀를 따르지 않는 것, 죄인들의 길에 서지 않는 것 그리고 오만한 자들의 자리에 앉지 않는 것을 말하고 있습니다.

진정 복 있는 사람은 길이 아니면 천만금을 준다 해도 가지 않고, 의가 아니면 면류관을 준다 해도 악인을 만나지 않아야 합니다.

고려 말에 위화도 회군을 한 이성계가 최영 장군을 죽이고 정권을 장악한 후, 우왕을 제거하고 조선을 건국하려고 할 때 남은 걸림돌이 정몽주였습니다. 그래서 정몽주를 설득하는 일이 중요한 과제였습니다. 마침 이성계가 아파서 누워 있다는 소식을 들은 정몽주가 문병을 가려 하자 정몽주의 팔순 노모가 이를 만류하며 다음과 같이 시조로 읊었습니다.

까마귀 싸우는 골짜기에 백로야 가지 마라
성난 까마귀 흰빛을 시샘할 새라
청강에 이제껏 씻은 몸을 더럽힐까 두렵구나(현대어 해석)

그래도 문병을 가야지 하고 이성계의 집에 문병하고 이방원과 앉아서 술을 마시는데, 이방원이 정몽주를 떠보느라고 시조를 읊습니다.

이런들 어떠하고 저런들 어떠하리
만수산 드렁칡이 얽혀진들 어떠하리

우리도 이같이 얽혀져 백 년까지 누리리라

조선을 세우는 데 동참해서 함께 좋은 세상을 만들어 보자는 권유를 시로 읊은 것입니다. 그러자 정몽주가 이렇게 자기의 마음을 표현합니다.

이 몸이 죽고 죽어 일백 번 고쳐 죽어

백골이 진토 되어 넋이라도 있고 없고

임 향한 일편단심 가실 줄이 있으랴

고려 왕조에 대한 일편단심이 확고함을 표현한 것이지요. 이 시를 들은 이방원은 정몽주의 마음을 돌이킬 수 없음을 알고, 선죽교를 지나갈 때 부하를 시켜 그를 죽였습니다. 정몽주의 어머니가 "까마귀 싸우는 골짜기에 백로야 가지 마라."고 하신 말씀을 우리 모두 마음에 새겨야 하겠습니다.

사람이 해야 할 일과 하지 말아야 할 일을 구별할 줄 알아야 합니다. 그러면 본문에서 가려야 할 사람을 원어로 해석해 보겠습니다.

• 악인(히, 레솨임): 도덕적인 면에서 기준이 없음으로 욕정에 끌리는 자

• 죄인(히, 핫타임): 행동으로 분명한 죄를 짓는 사람

• 오만한 자(히, 레침): 종교적인 면에서 거룩하고 진실한 것을 농담거리로

여기며 하나님을 모욕하는 자

처음에는 마음으로 죄를 짓고, 그 다음에 행동으로 죄를 짓고 그리고

행동이 굳어져 습관적으로 죄를 짓게 되는 상태를 점층법으로 악인, 죄인, 오만한 자라고 설명하고 있습니다. 그러므로 이런 자들을 따르거나, 사귀거나, 함께 동거하지 않는 사람이 복 있는 사람이라는 말씀입니다.

그러기 위해서 두 가지가 중요합니다. 하나는 누가 악인인지, 죄인인지, 오만한 자인지 분별하는 것과 다른 하나는 그들과 함께 하는 자리를 피하는 것입니다. 죄를 짓는 죄인과 하나님을 모욕하는 오만한 자를 분별하는 것은 그리 어렵지 않으나 마음에 악을 품고 있는 악인을 분별하기는 그리 쉽지 않습니다. 악인 일수록 사람을 꾀고, 혹하게 만드는 재주가 뛰어납니다. 그리고 죄를 짓는 사람은 혼자서 죄 짓지 않고, 공범을 끌어들입니다. 그래서 젊을 때 친구 따라 범죄에 빠져들기가 쉬운 것입니다.

성령을 받은 성도들은 분별의 영을 받아 악인을 분별하고(말 3:18), 앉고 설 자리를 가려 복 받을 행실을 해야 합니다.

해야 할 일을 알아야 합니다(2절)

시편 기자는 복 있는 사람이 하지 말아야 할 일을 1절에서 소극적으로 말한 후에 2절에서는 적극적으로 해야 할 일을 이렇게 말하고 있습니다.

> 오직 여호와의 율법을 즐거워하여 그의 율법을 주야로 묵상하는도다
> (2절).

하나님의 자녀들이 할 수 있는 일, 즉 복 받을 행실 중에서 가장 기본이 되는 일이 하나님의 뜻을 알고 하나님과 소통하는 것입니다. 그것을 구체적으로 말하면 하나님의 말씀을 즐거워하고 묵상하는 일입니다.

먼저, 말씀을 즐거워하는 일에 대하여 생각해 보겠습니다. 사람마다 좋아하고 즐거워하는 일이 다 다릅니다. 즐기고 좋아하는 것을 기호(嗜好, Like)라고 합니다. 어떤 사람은 음악을 즐기고, 어떤 사람은 미술을 즐기고, 어떤 사람은 문학을 즐기고, 또 어떤 사람은 스포츠를 즐깁니다.

저는 자연을 즐깁니다. 그중에서도 꽃만 보면 저절로 미소가 번지고 엔도르핀이 솟아납니다. 특별히 예쁘고 화려한 꽃이 아니더라도 길가에 민들레, 바위틈에 돌단풍, 숲에 수줍은 미소로 핀 아기 진달래 한 송이만 봐도 얼마나 행복한지 모릅니다. 그리고 숲속을 걸으며 찬송을 부를 때 행복감에 젖습니다. "주 하나님 지으신 모든 세계 내 마음 속에 그리어 볼 때" 하며 찬송을 부르면 하나님이 들으시고 화답하시는 것 같습니다.

우리 모두 기호가 다르지만 그것과 상관없이 하나님의 말씀을 즐거워해야 합니다. '즐거워하다'는 히브리어 '하페츠'로 '마음이 온통 한곳에 쏠려 있음, 사모하다'라는 의미입니다. 사랑하는 연인을 사모하듯 말씀을 사모하고 즐거워하시기 바랍니다.

그 다음으로 말씀을 묵상해야 합니다. '묵상하다'는 히브리어 '하가'로 '말하다, 중얼거리다, 계획하다'라는 의미입니다. 따라서 이 뜻은 말씀을 작은 소리로 암송하며 그 뜻을 되새기며, 그 말씀이 주는 교훈대로 삶을 계획하는 것을 말합니다. 묵상이 묵상으로 끝나면 안 됩니다. 우리의 삶 가운데 그대로 실천해야 합니다. 그때 말씀의 능력이 우리 삶에 나타나고 말씀의 인도함을 받아 푸른 풀밭, 쉴 만한 물가를 거닐게 되는 것입니다. 그렇게 반복하다 보면 인격이 변화되고 경건의 능력이 나타나게 될 것입니다. 사람이 자기 맘대로 살아가는 것 같아도 마음에 심겨진 말씀에 이끌려 살아가는 것입니다. 어려서 "인생은 허무한 것이다."라는 말이 마음에 새겨지면 세상을 등지고 속세를 떠나게 됩니다. "악착같이 돈 벌어야 한다.", "개같이 벌어 정승같이 써라." 이런 황금 제일주의가 마음에 새겨지면 개같이 돈 벌다가 인격이 개격되어 개 같은 삶을 살게 되는 것입니다. 그러나 생명의 말씀이 마음에 새겨지고 그 말씀의 인도함을 받게 되면 복 있는 사람이 되고 경건한 삶을 살아 거룩한 영향력을 자손만대에 미치게 됩니다.

시편 기자는 말씀을 주야로 묵상하라고 권면하고 있습니다. 주야는 밤낮이라는 뜻이지만 히브리어 원문은 '지속적으로, 변함없이'라는 의미입니다. 이 말씀은 힘들 때는 말씀의 힘으로 살다가, 잘 나갈 때는 자신의 힘으로 살지 말고 언제나 어디서나 변함없이 하나님 말씀의 힘으로 살아가라는 뜻입니다.

모든 일이 자신의 생각대로 되기를 바라지 말고 하나님이 기뻐하시는 대로 되기를 원하십니까? 그렇다면 하나님의 말씀을 사모하고, 그 말씀을 즐거워하며 언제나 그 말씀을 되새김질하여 말씀의 능력으로 험한 산과 높은 파도를 헤치고 승리하십시오.

> 내가 주의 법을 어찌 그리 사랑하는지요 내가 그것을 종일 작은 소리로 읊조리나이다(시 119:97).

생명수를 찾아가야 합니다(3-6절)

인간은 누구나 본능적으로 얻고 싶어 하는 것이 있습니다. 이것을 욕구라고 말합니다. 매슬로우라는 사회학자는 인간의 욕구가 생리적 욕구에서 시작하여 안전 욕구, 소속과 애정에 대한 욕구, 인정받고 싶은(자존감) 욕구를 거쳐 자아 실현의 욕구까지 단계적으로 상승한다는 욕구 이론을 말했습니다.

이 욕구가 충족되지 않을 때 상대적으로 역기능이 되거나 혼란 상태가 유발되고, 욕구를 충족시켜 회복되면 역기능을 치유할 수 있다고 말했습니다. 그리고 자유로운 상태에서 한 단계의 기본 욕구가 충족되면 다른 욕구로 옮겨간다고 말했습니다. 그 네 번째 단계에 인정받고 싶은 욕구가 있습니다.

퀴즈를 하나 내겠습니다. 군인은 무엇을 먹고 살까요? 짠밥? 아닙니다. 사기를 먹고 삽니다. 그러면 여자는 무엇을 먹고 살까요? 보톡스? 아닙니다. 사랑입니다. 그러면 남자는 무엇을 먹고 살까요? 남자는 인정입니다. 인정받는다는 것이 대단히 중요합니다. 6절에 보면 의인들의 길을 여호와께서 인정하신다고 말씀하고 있습니다.

무릇 의인들의 길은 여호와께서 인정하시나 악인들의 길은 망하리로다 (6절).

인정받는다는 말은 깊은 관심과 애정을 갖고 보살피며 인도해 준다는 뜻입니다. '인정은 사람을 키우는 비료'입니다. 인정해 준다는 것은 그의 사람됨과 실력을 믿어 주는 것입니다. 어린 자녀들과 제자들에게서 사과 씨 만한 재주를 보았을지라도 인정하고 칭찬하시기 바랍니다. 그가 자라 사과나무가 되고 과수원을 이룰 수 있습니다.

제가 20세 때, 교회에서 중등부 교사를 하면서 문학의 밤을 지도했는데 중학교 3학년 여학생의 시를 칭찬했습니다. 10년 후에 그 학생을 만났는데 고등학교 국어 선생이 되어 있었습니다. 그때 전도사님에게 시를 잘 썼다고 인정받은 것이 국문학을 하게 된 동기가 되었다는 고백을 들었습니다.

하나님은 부족한 우리들을 인정하시고 칭찬하시고 장려해 주기를 기뻐하십니다. 그래서 잘한다, 잘해라, 추어주시면서 한길을 가도록 성원해 주십니다. 그렇게 인정받는 사람들은 비바람과 모진 시련 속에서도 한길을 가게 되고 인생이 형통하게 되는 것입니다.

> 그는 시냇가에 심은 나무가 철을 따라 열매를 맺으며 그 잎사귀가 마르지 아니함 같으니 그가 하는 모든 일이 다 형통하리로다(3절).

나무가 존재하는 데 있어서 필수적인 요소가 물입니다. 아열대 기후를 가진 유대 땅은 광야와 메마른 땅이 대부분입니다. 그런 속에서 '시냇가에 심은 나무'라는 것은 가장 큰 축복을 의미하는 것입니다. 시냇가에 심은 나무가 사시사철 물을 먹고 늘 푸르른 것처럼 하나님께 인정받는 사람에게는 형통이 보장된 것이나 다름이 없음을 강조하고 있는 것입니다.

사막의 식물들은 뿌리가 깊습니다. 물을 찾아가기 위해서 그렇습니다. 팔레스타인은 연간 강우량이 겨우 600mm 밖에 안 됩니다. 건기에는 여러 달 동안 비 한 방울 내리지 않습니다. 이런 환경 속에서 물이 흐르는 시내는 생명과 기쁨의 원천을 상징합니다. 바로 하나님을 경외하는 자의 삶은 늘 하나님께 뿌리를 내리고 살기 때문에 어떤 시련과 역경 속에서도 시냇가의 심은 나무와 같은 삶을 살 수 있다는 말씀입니다.

우리가 살아가는 세상은 유대 땅과 같이 건조합니다. 목마른 사슴이 시냇물 찾기를 포기하지 않고, 계속 물을 찾아 뿌리를 뻗는 나무와 같이, 성도들은 생명 되시는 예수님께 믿음의 뿌리를 뻗어야 합니다. 비바람에 젖지 않고 가는 삶이 어디 있으며, 흔들리지 않고 피는 꽃이 어디 있습니까? 이 세상의 모든 꽃들이 다 흔들리면서 꽃을 피우는 것이지요. 그러나 다시 허리를 곧추세우면서 오직 한길, 생명의 길을 찾아가는 자만이 인정받고 형통하게 되는 것입니다.

뿌리가 물의 근원에 닿을 때 나무는 푸르고 꽃피고 열매를 맺게 됩니다. 생명의 근원 되시는 예수님께 뿌리를 내리면 반드시 형통하게 됩니다. 세상의 생태계는 점점 살벌하고 생존 경쟁은 치열해지고 있습니다. 마치 사막을 걷는 것 같이 힘들고 지칠지라도 생명의 근원 되시는 예수님께 뿌리를 내리시기 바랍니다. 이것이 최고로 복 받을 행실입니다.

하나님을 목자 삼는 인생

시편 23편 1-6절

"여호와는 나의 목자시니"로 시작되는 시편 23편은 '시편 중의 시편'이요, 시편의 백미로 꼽히는 시입니다. 인류 역사상 가장 많은 사람이 애송한 시일지도 모릅니다. 찰스 스펄전은 시편 23편을 "가장 달콤한 시'이며 '시편의 진주'라고 표현했습니다. 헨리 워드 비처는 '작고 부드러운 깃털을 갖고, 수줍어하며 모호하게 노래하지만 낭랑한 기쁨으로 온 세상의 창공을 채우는 시편의 나이팅게일"이라고 말했습니다.

어린 시절부터 양을 쳤던 목동 출신 다윗은 자신의 삶의 체험을 바탕으로 목가적인 이 시를 썼습니다. 다윗이 일생 동안 체험한 여호와의 복을 잔잔하면서도 굳건한 신뢰를 담은 심정으로 노래하므로 진한 감동을 주는 시입니다. 인생의 주인이자 인도자가 되시는 하나님과 그를 따르는 성도 간의 절대적 신뢰가 목자와 양의 비유를 통해 감동적으로 그려져 있습니다. 이 시를 읽으면 잔잔한 물가와 푸른 풀밭, 선한 목자와 양떼들의 평화롭고 서정적인 이미지가 그림처럼 눈에 선하게 떠오릅니다. 이처럼 친근하고도 아름다운 이미지 속에 평화와 풍요 그리고 종말론적 승리와 구원이라는 원대한 주제가 담겨 있습니다. 그래서 이 시는 깊고도 정겨운 공감을 자아내며 동서고금에 걸쳐 만인의 사랑을 받고 있습니다.

본문은 여호와를 목자로 그의 백성을 양으로 비유하여 양자 간의 친밀하고도 절대적인 관계를 묘사하고 있습니다. 세상에 수많은 동물 중에 가장 약한 동물 중 하나가 양입니다. 몸집이 작은 것은 아니지만 겁이 많고, 뿔도 없고, 이빨도 날카롭지 않고, 발톱은 물론이고, 잘 뛰지도 못하고, 어느 것 하나 공격적인 것이 없이 매우 연약한 동물입니다. 그래서 순한 동물의 대명사가 양입니다. 양에겐 목자가 절대 필요합니다.

그런데 실상은 사람이 양보다 더 약한지도 모릅니다. 강한 것 같으나 약한 것이 사람입니다. 때로는 만물을 다스릴 만큼 강하고 지혜롭습니다. 그러나 마음의 고민을 이기지 못해 갈등하다가 자살한다든지 스스로 무너지는 사람들을 보면 인간이 너무너무 약한 존재임을 알 수 있습니다.

성장의 측면에서 보면 더욱 그렇습니다. 동물들은 나면서부터 걷기도 하고 뛰기도 합니다. 대부분 젖만 떼면 독립합니다. 제가 개를 좋아해서 많이 길러보았습니다. 새끼를 돌보는 어미의 정성이 얼마나 지극한지 모릅니다. 새끼가 똥을 싸면 어미가 다 핥아서 먹습니다. 10마리나 되는 새끼가 달려들어 젖을 빨면 배가 붙어 버릴 정도가 될 정도로 헌신합니다. 그러다가 새끼가 이가 나오고 젖을 뗄 때가 되면 어미가 도망을 다닙니다. 그래도 젖을 먹으려고 쫓아오는 새끼를 물어서 던져버리는 것을 보았습니다. 이제는 독립하라는 신호입니다.

그런데 사람은 어떻습니까? 젖 먹이다 젖 떼면 이유식 먹이고, 자라면 유치원 교육, 초등학교, 중학교, 고등학교, 대학교, 취직, 결혼시켜 독립시키기까지 빠르면 20년, 늦으면 40년, 그것도 시집간 딸이 아이를 낳으면 손주 다 봐 주고, 김치 담가 주고, 끝까지 책임지는 것을 종종 봅니다.

어느 동물도 인간만큼 어미와 오랜 시간 지내며 양육, 보호받는 동물은 지구상에 없습니다. 이런 면에서 사람과 양이 비슷한 면이 있습니다. 양은 목자와 함께 있어야 안전합니다. 목자 없는 양은 부모 없는 고아와 다를 바 없습니다. 양은 스스로 길 찾을 능력이 없습니다. 목자의 음성을 듣지 못하면 길을 잃고 맹수의 밥이 될 수밖에 없습니다. 우리 인생도 목자 되시는 하나님의 음성을 듣지 않고는 길을 잃고 헤매고 마귀의 밥이 될 수밖에 없습니다.

다윗은 하나님을 목자로 삼고 자신을 하나님의 어린 양으로 관계를 맺었습니다. 하나님께 절대 의지하고, 절대 순종을 약속했습니다. 하나님께서는 다윗을 절대 보호하시고 축복해 주셨습니다. 하나님은 천지간에 무소부재하시고 전지전능하십니다. 하나님은 창조주요, 주권자요, 만왕의 왕이요, 만주의 주요, 심판주가 되십니다. 그러나 이런 하나님이 나와 아무 상관이 없다면 하나님의 전능하심과 부요하심이 나에게 무슨 유익이 있겠습니까? 따라서 하나님과 어떤 관계를 맺느냐가 중요합니다.

하나님을 목자로 삼는 양이 되기 원합니다. 그러면 하나님께서 여러분의 삶을 인도하시고, 보호하시고, 승리하게 하시고, 기름 부어 주십니다. 목자 되시는 하나님께서 푸른 풀밭, 쉴 만한 물가로 인도해 주십니다. 이것이 하나님을 목자 삼는 인생의 기쁨입니다.

부족함이 없습니다(1-3절)

인간의 근본 문제는 무엇인가 부족하다는 것입니다. 기근이 오면 양식이 부족하고, 사람이 많이 몰려들면 자원이 부족하고, 비가 오지 않으면 물이 부족하고, 사람이 적으면 노동력이 부족합니다. 그 무엇인가 늘 부족한 상태가 우리를 지배하고 있습니다.

양의 입장에서 생각해 보면 푸른 풀이 부족합니다. 성지순례 갔을 때 양을 자세히 관찰해 보니 잠시도 머리를 들지 않고 코를 땅에 처박은 채 하루 종일 계속해서 풀만 찾아다니는 것을 보았습니다. 광야 건건한 땅에 풀이 부족하기 때문입니다. 또 물이 부족합니다. 건기에는 광야에서 물을 볼 수가 없습니다. 시냇가를 찾으려면 하룻길을 가야 합니다. 그러니까 목자들은 깊은 샘을 파서 양들에게 물을 공급합니다. 그리고 힘이 부족합니다. 양은 혼자 자신을 지킬 수 없습니다. 그러므로 목자의 곁을 잠시도 떨어져서는 안 됩니다. 한 가지 더 있는데 양은 길눈이 어둡습니다. 혼자서는 집도 잘 찾아가지 못합니다. 그래서 목자의 음성을 듣고 따라가야만 합니다.

그렇다고 해서 양이 양식 걱정하다 목매 자살했다는 이야기 들어보셨습니까? 양식을 걱정하는 것은 양의 몫이 아니고 목자의 몫이기 때문입니다. 양은 목자가 인도하는 곳을 따라가기만 하면 됩니다. 광야 길, 험한 골짜기를 지나지만 목자를 따라가다 보면 푸른 풀밭이 나오고 잔잔한 시냇물이 흐르는 곳에 이르게 됩니다. 뿐만 아니라 목자는 양이 먹고 마시는 것뿐만 아니라 잠자는 것, 건강과 생명을 전부 책임집니다. 그러니까 "하나님이 나의 목자십니다. 나는 그의 양입니다."라는 고백은 "그분이 나의 모든 삶을 책임져 주심을 믿습니다."라는 신앙고백입니다. 나는 전혀 부족함이 없다는 고백입니다.

여호와는 나의 목자시니 내게 부족함이 없으리로다 그가 나를 푸른 풀밭에 누이시며 쉴 만한 물 가로 인도하시는도다 내 영혼을 소생시키시고 자기 이름을 위하여 의의 길로 인도하시는도다(1-3절).

시편 23편을 '신뢰의 노래'라고 합니다. 그 이유는 하나님을 목자로 삼은 다윗이 하나님을 무한 신뢰하고 있기 때문입니다. 양이 목자를 의심하고 양식을 걱정하고, 물을 걱정하고, 잠자리를 걱정하지 않는 것처럼 다윗도 어떤 어려움 속에서도 부족함이 없다고 고백하고 있습니다. "하나님이 나의 목자가 되십니다."라고 고백하시기 바랍니다. 그러면 여러분의 삶 속에 나타나는 부족, 결핍, 가난, 시련, 역경이 모두 사라지게 될 것입니다.

사실, 부족해서 죽는 것보다 염려하고 걱정하기 때문에 지레 쓰러지는 사람이 더 많습니다. 목마른 인생들을 초청하고, 돈 없이, 값없이 우리에게 포도주와 젖을 주실 분은 선한 목자 되시는 예수님밖에 없습니다(사 55:1). 예수님을 목자 삼는 사람은 염려하지 않습니다.

> 그러므로 내가 너희에게 이르노니 목숨을 위하여 무엇을 먹을까 무엇을 마실까 몸을 위하여 무엇을 입을까 염려하지 말라 목숨이 음식보다 중하지 아니하며 몸이 의복보다 중하지 아니하냐 공중의 새를 보라 심지도 않고 거두지도 않고 창고에 모아들이지도 아니하되 너희 하늘 아버지께서 기르시나니 너희는 이것들보다 귀하지 아니하냐(마 6:25-26).

하나님을 목자로 삼고 모든 일에 부족함이 없는 복된 삶을 살기 원합니다.

두려움이 사라집니다(4절)

인간은 누구나 다양한 두려움과 함께 살아갑니다. 불안정한 현실에 대한 두려움, 알 수 없는 미래에 대한 두려움, 100세 시대에 대한 두려움, 홀로 남게 될 고독에 대한 두려움, 질병에 대한 두려움, 죽음에 대한 두려움 등등 두려움의 근본 원인을 생각해 보면 '존재의 불안과 영원성과의 단절'이라는 문제가 자리 잡고 있음을 알 수 있습니다. 그런 면에서 예수 믿고 하나님의 자녀 된 사람들은 참 행복한 사람입니다. 예수님께서 부활하셔서 죽음의 권세를 이기셨고 누구든지 예수 안에서 영생을 얻게 되었기 때문입니다. 인생의 두려움을 안고 사는 분들이 두려움에서 해방받게 되시기 바랍니다.

> 내가 사망의 음침한 골짜기로 다닐지라도 해를 두려워하지 않을 것은 주께서 나와 함께 하심이라 주의 지팡이와 막대기가 나를 안위하시나이다(4절).

양은 연약한 짐승의 대명사입니다. 양들이 풀을 뜯기 위해 걷는 길은 그야말로 사망의 음침한 골짜기입니다. 늑대와 여우가 있고, 독사와 전갈이 수시로 나타납니다. 그러나 양은 두려움이 없습니다. 목자와 함께 있기 때문입니다.

다윗은 일생동안 수많은 사망의 음침한 골짜기로 다녔습니다. 골리앗과의 싸움으로부터 시작해서 사울의 분노, 그 후 10년의 피난 생활, 블레셋으로 망명, 밧세바와의 불륜, 압살롬의 반란과 같은 수많은 골짜기를 지났습니다. 그러나 그때마다 하나님께서 함께하셔서 때로는 막대기로 적을 막아 주시고, 때로 지팡이가 되어 주셔서 인도해 주셨습니다.

우리들이 예수 믿고 신앙생활 잘하면 '환난 끝 행복 시작' 그렇다면 얼마나 좋겠습니까? 예수 잘 믿는다고 '사망의 음침한 골짜기'가 면제되는 것은 아닙니다. 다만 주께서 함께하시기 때문에 두려움을 극복할 수 있는 것입니다.

저는 군대 생활을 진해 육군대학에서 했기 때문에 기억에 남는 무용담이 없습니다. 후방에 근무하는 병사들에게 가장 공포스러운 것은 1년에 한 번 돌아오는 유격훈련입니다. 이 훈련 명령을 받는 병사들은 마치 전쟁터에 나가는 것처럼 괴로워합니다. 주일 오후에 유격장에 들어가는데 괴로움을 술로 잊어 보려고 아침부터 술을 마시고 두려움을 떨치려다가 술 냄새를 풍기고 유격대에 들어갔다가 조교들한테 군기 빠졌다고 처음부터 얼차려를 받으면서 일주일 내내 빵빵이 돌다 오는 경우가 많았습니다. 그런데 저는 군종 사병이라 술을 먹을 수 없으니 맨정신으로 입소해서 훈련을 받았습니다. 훈련받으면서 힘들면 "주여! 주님!" 부르면서 열심히 받았습니다. 그때 제 목소리가 얼마나 컸는지 산이 쩌렁쩌렁 울렸습니다. 그래서 훈련 잘 받는다고 조교들이 남들이 두 번 돌 때 한 번으로 끝내 주었습니다. 동료들이 '유격장에 신화를 남긴 사나이'라는 별명을 붙여 주기도 했습니다.

세상을 사노라면 유격 훈련과 같은 비상상황이 닥치게 마련입니다. 이때 두려움을 떨칠 믿음이 빛을 발할 기회가 되는 것입니다. 인생에 양지가 있으면 반드시 음지가 있습니다. 산이 높으면 골짜기가 깊습니다. 호경기가 있으면 반드시 불경기가 닥칩니다. 잔잔한 호수가 지나면 풍랑이 일어나는 바다가 나오는 법입니다. 문제는 풍랑이 아니요, 낙심과 절망과 두려움입니다.

요한 웨슬레가 미국 인디언을 선교하기 위해 영국에서 배를 타고 푸른 꿈을 꾸며 대서양을 건너다가 큰 풍랑을 만났습니다. 배 안에서는 파도와 함께 죽음의 공포가 밀려왔습니다. 멀미하는 사람, 기진맥진 쓰러지는 사람들 속에서 웨슬레도 죽음의 공포와 두려움에 휩싸였습니다. 그때 어디선가 찬송 소리가 들려왔습니다. 이제 죽을 때가 되니까 천국 음악 소리가 들려오는가 보다 생각하고 있는데 배 안에서 들려오는 소리였습니다. 그곳을 기다시피 찾아가 보니 일단의 사람들이 둘러앉아 찬송을 부르는데 그들의 얼굴이 얼마나 평온한지 두려움을 찾아볼 수 없었습니다. 그들은 모라비안(Moravian) 형제들이었습니다. 웨슬리가 훗날 이 기억을 가지고 영국에서 모라비안들을 찾아가 은혜 받고 영국교회의 각성 운동을 일으키고 감리교를 창설하게 된 것입니다.

같은 풍랑을 만나도 하나님을 목자로 삼고 하나님과 동행하면 두려움이 사라집니다. 하나님이 지팡이와 막대기가 되셔서 막아 주시고 인도하시기 때문입니다. 작은 시련을 크게 확대해서 절망과 두려움에 빠지게 만드는 것이 사탄의 전략입니다. "하나님은 나의 목자시니 내게 두려움이 없으리로다. 주의 지팡이 주의 막대기 나를 지키니 조금도 두렵지 않다."라는 믿음을 가지면 골리앗도 물리치고, 풍랑도 물리치고, 경제적 시련도 물리치게 될 줄 믿습니다. "사방에서 대적이 일어나고 욱여쌈을 당해도 주께서 나와 함께하시니 두렵지 않습니다." 이렇게 외치고 승리하시기 바랍니다. 목자 되시는 하나님을 믿고 온갖 대적과 두려움을 물리치고 담대하게 나가 승리하는 용사가 되십시오.

승리의 노래를 부릅니다(5-6절)

의학은 발달하는데 환자는 더 많아지고, 불치병은 늘어만 갑니다. 수명은 늘어 가는데 복용하는 약의 숫자는 점점 더 많아집니다. 암은 왜 그리 많고, 우울증은 왜 그렇게 많고, 공황장애는 왜 그렇게 많이 발생하는지 모르겠습니다. 이런 어려움에 처해 있는 사람들의 마음에 평안을 주는 가장 좋은 시가 바로 시편 23편입니다. 스위스 정신과 의사이자 심리학자인 폴 투르니에는 그를 찾아오는 우울증 환자들에게 시편 23편을 하루 여섯 번씩 읽으라고 권면했습니다. 약을 먹는 것처럼 아침에 두 번, 점심에 두 번, 저녁에 두 번 읽게 했습니다. 그의 말을 따른 많은 사람에게서 우울증이 떠났습니다. 시편 23편을 자주 읽고, 노래로 부르고, 암송하는 것이 믿음을 아름답게 하는 유익과 함께 정신 건강에 매우 유익하다는 것을 입증한 것입니다.

> 주께서 내 원수의 목전에서 내게 상을 차려 주시고 기름을 내 머리에 부으셨으니 내 잔이 넘치나이다 내 평생에 선하심과 인자하심이 반드시 나를 따르리니 내가 여호와의 집에 영원히 살리로다(5-6절).

양이 가는 길에는 항상 숲속에서 양을 노리는 맹수의 눈이 번뜩거리고 있습니다. 목자와 조금만 떨어져도 맹수의 밥이 되고 맙니다. 그런 위기에 처했을 때 목자가 나타나 맹수를 막대기로 때려잡고 양을 구합니다. 그 상황이 5절에 "원수의 목전에서 내게 상을 차려 주시고"라는 말씀 속에 담겨 있습니다. 어린 양을 되찾은 목자가 양을 품에 안고 머리를 쓰다듬고, 상처에 기름을 발라 치료해 줍니다. "기름을 내 머리에 부으셨다."

는 것은 여호와를 목자로 모시는 순간 하나님께서 기뻐하시며 성령을 부어 주신다는 뜻으로 해석할 수도 있습니다.

또 팔레스타인 풍습을 통해 해석하면 이렇습니다. 팔레스타인 지역에서는 잔치를 베풀 때 귀중한 손님의 머리에 향기로운 기름을 발라 주는 풍속이 있습니다. 따라서 "기름을 내 머리에 부으셨다."는 것은 존귀한 자로 여김을 받았다는 뜻입니다. 하나님을 목자로 삼은 다윗은 존귀한 자가 되었고 그는 "내 잔이 넘치나이다."라고 고백하고 있습니다.

잔이 넘친다는 것은 풍성한 은혜와 승리를 뜻합니다. 하나님께서 다윗에게 풍성한 은혜를 부어 주셨습니다. 사방에서 일어난 대적들을 다 물리치고 승리의 노래를 부르게 하셨습니다. 하나님은 오늘날 우리들에게도 동일한 은혜를 베풀어 주십니다. 하나님의 은혜는 조금도 부족함이 없고 늘 풍족하고 충만합니다. 다만 우리가 그것을 느끼지 못하고 감사하지 못할 뿐입니다.

다윗은 6절에서 지금까지 인도하고 잔이 넘치도록 복을 주신 하나님의 지극하신 은혜를 감사 찬송하면서 앞으로 내 평생에 선하심과 하나님의 인자하심이 반드시 나를 따를 것을 믿습니다. "내가 여호와의 집에 영원히 살 것을 믿습니다." 하는 기원으로 시를 맺고 있습니다.

다윗이 이 시를 노년에 썼다고 봅니다. 그는 지나간 일생 동안 여러 가지 비애와 실망, 숱한 역경을 당했습니다. 그러는 가운데 더욱 목자 되시는 하나님을 깊이 체험했습니다. 목자 되시는 하나님은 양의 요구를 풍성히 채워 주시고, 자녀들의 영혼을 장려하시고 온갖 두려움을 내어 쫓아 주신 분이셨습니다. 다윗은 오늘 먹구름이 낀 하늘을 바라보면서도 하나님이 함께하시기 때문에 내일은 반드시 찬란한 태양이 동터 올 것을 의

심치 않는 믿음이 생겼습니다. 세상에서 가장 불쌍한 사람은 석양에 비낀 언덕에서 갈 곳이 없는 나그네입니다. 그런데 다윗은 "내가 여호와의 집에 영원히 살리로다."라고 고백합니다.

여러분, 이 땅에서 집 없는 서러움을 겪고 있습니까? 2년마다 전세를 옮겨야 하고, 그때마다 목돈이 부족하여 빌리러 다니시는 분이 있으십니까? 낙심하지 마십시오. 우리에게는 영원한 집을 예비하고 계신 하나님 아버지가 계십니다. 이 땅에서 삶이 화려하고 많은 사람의 부러움을 산다 하더라도 영원한 천국 본향이 준비 안 된 사람은 비참한 인생입니다. 우리의 목자장 되시는 예수님께서 말씀하셨습니다.

> 너희는 마음에 근심하지 말라 하나님을 믿으니 또 나를 믿으라 내 아버지 집에 거할 곳이 많도다 그렇지 않으면 너희에게 일렀으리라 내가 너희를 위하여 거처를 예비하러 가노니(요 14:1-2).

무한경쟁의 시대를 살아가느라 지키고 힘든 성도들이여, 참 좋으신 목자 하나님을 전적으로 믿고 의지하시기 바랍니다. 목자 되시는 하나님께서 여러분의 삶에 부족함이 없도록 푸른 풀밭, 쉴 만한 물가로 인도해 주실 것입니다. 목자 되시는 하나님과 함께하면 폭풍도 환난도 두렵지 않게 될 것입니다. 목자 되시는 하나님과 동행하므로 "내 잔이 넘치나이다." 승리의 노래를 부르게 될 것입니다. 우리에게는 영원한 집이 예비되어 있습니다. 천국에서 영원한 안식을 누리게 될 것입니다.

천국 시민의 자격

시편 15편 1-5절

시편 15편은 다윗이 쓴 지혜시로서 시편 가운데서도 가장 널리 애송되는 시 중 하나입니다. 1절은 "주의 장막에 머무를 자", "주의 성산에 사는 자가 누구일까?"라는 질문으로 시작합니다.

> 여호와여 주의 장막에 머무를 자 누구오며 주의 성산에 사는 자 누구오니이까(1절)

1차적으로 '주의 장막'은 공식적인 예배 장소를 뜻합니다. '주의 성산'은 시온산을 가리킵니다. 시에 쓰인 단어들을 볼 때 이 시를 지은 시기를 어느 정도 유추할 수 있습니다. 본래 장막은 실로라는 곳에 있었습니다. 그러다가 엘리 제사장 때에 블레셋과의 싸움에 엘리의 아들 홉니와 비느하스가 언약궤를 메고 전쟁에 나갔다가 패하여 죽고 언약궤를 빼앗기고 말았습니다. 언약궤가 없는 장막은 앙꼬 없는 찐빵과 같이 아무 쓸모가 없었습니다. 장막이 중요한 게 아니고 언약궤가 중요했기 때문입니다. 언약궤는 '하나님께서 이곳에 함께하시고 있다'는 임재의 상징이었기 때문입니다.

블레셋 사람들은 자기들의 신을 모신 아스돗의 다곤 신전에 언약궤를 전리품으로 바쳤습니다. 그런데 어찌된 일인지 아침에 제사 드리려고 신전문을 열자 다곤신이 언약궤 앞에 엎드려 코를 땅에 박고 있었습니다. 간밤에 지진이 났나 하고 다곤신을 일으켜 세웠습니다.

그 다음날 아침 신전문을 열었더니 이번에는 엎드려졌을 뿐 아니라 머리와 두 손목이 끊어져 버렸습니다. 그런 후에 지독한 종기가 전염병처럼 번졌습니다. 그들은 하나님의 손이 자신들을 벌하신다고 생각하고 언약궤를 가드로 보냈더니 그곳에도 종기 재앙이 일어났습니다. 다시 에그론으로 보냈더니 에그론 사람들이 우리를 죽이려고 그러느냐 하며 아우성을 쳤습니다. 그래서 새 수레에 언약궤를 싣고 새끼를 낳아 젖이 뚝뚝 떨어지는 두 암송아지에게 멍에를 메어 이스라엘로 보내니 뒤에서 송아지가 "음메, 음메!" 하고 우는데도 암소 두 마리가 눈물을 뚝뚝 흘리면서도 뒤를 돌아보지 않고 이스라엘의 벧세메스라는 마을로 갔습니다. 벧세메스 사람들이 언약궤를 구경 삼아 들여다보았다가 70명이 죽는 사태가 발생했습니다.

그래서 기럇여아림이라는 곳으로 보내 그곳에서 아비나답의 집에 들여놓고 아비나답의 아들 엘리아살이 20년 동안을 지켰습니다. 그랬던 것을 다윗이 왕위에 올라 언약궤를 예루살렘으로 모셨던 것입니다. 성전을 짓고 언약궤를 모신 것은 그 후 솔로몬 때 일이기 때문에 다윗 시절에 언약궤를 모시던 곳을 장막 혹은 성막이라고 부른 것으로 보아 다윗이 왕이 된 후임을 알 수 있습니다.

영적으로 '장막과 성산'은 하나님이 계신 곳, 곧 천국을 뜻합니다. 그러면 누가 천국에 들어갈 수 있습니까? 천국에 들어갈 사람의 자격에 대하여 "오직 어린 양의 생명책에 기록된 자들(계 21:27)"이라고 계시록에서 분명하게 말씀하고 있습니다. 먼저 "어린 양"에 대해 설명해 보겠습니다. 성경에서 어린 양에 대하여 처음 나오는 것은 아브라함이 아들을 바치라는 하나님의 명령에 즉시 순종하여 아들 이삭을 데리고 모리아산에 올라갔을 때 낌새가 이상한 것을 눈치 챈 이삭이 아버지에게 물었습니다.

> 이삭이 그 아버지 아브라함에게 말하여 이르되 내 아버지여 하니 그가 이르되 내 아들아 내가 여기 있노라 이삭이 이르되 불과 나무는 있거니와 번제할 어린 양은 어디 있나이까 아브라함이 이르되 내 아들아 번제할 어린 양은 하나님이 자기를 위하여 친히 준비하시리라 하고 두 사람이 함께 나아가서(창 22:7-8)

번제할 때 어린 양을 드렸습니다. 어린 양은 '순전한 제물'을 뜻합니다. 그런데 아브라함의 대답, "번제할 어린 양은 하나님이 친히 준비하시리라." 속에 신비한 계시의 말씀이 담겨 있습니다. 신약에 와서 하나님이 친히 준비하신 어린 양은 누굴까요? 바로 예수님이십니다. 성령의 계시를 받고 이것을 깨달은 세례 요한이 자기에게 오는 예수님을 보고 "세상 죄를 지고 가는 하나님의 어린 양(요 1:29)"이라고 말했습니다.

어린 양 예수님의 생명책에 이름이 기록된 사람만 천국에 들어갈 수 있습니다. 생명책은 어린 양 예수 그리스도의 피의 공로로 말미암아 의롭다 인정하심을 받아 장차 새 하늘과 새 땅, 즉 천국에 들어갈 수 있는 하나님의 자녀들의 이름이 기록된 책입니다. 주의 성산에 있는 장막에 들어

가기 바랍니다. 어린 양의 생명책에 이름을 올리고 새 하늘과 새 땅, 곧 천국에 들어가게 되기를 바랍니다. 오늘 말씀 속에 은혜를 받고 천국 시민으로서 새로운 삶을 살게 되기를 원합니다.

양심이 살아 있는 사람(2절)

사람들은 "양심이 있다. 양심이 없다. 양심에 털이 났다."는 등의 이야기를 많이 합니다. 양심(良心)의 뜻은 선악을 판단하고 선을 명령하며 악을 물리치는 도덕의식입니다. 양심에 대한 신학적 이해는 이러합니다. "양심은 하나님의 형상으로 지음 받은 데서 기인되며, 비록 타락했다 하더라도 여전히 인간 안에 내재해 있는 '하나님의 음성'이다."

양심은 인간에게 보편타당한 도덕의식을 제공해 줍니다. 그래서 윤리학, 특히 기독교 윤리학에서 열쇠와 같은 중요한 역할을 합니다. 그리고 양심은 거짓되거나 무감각해질 수도 있고 선하고, 착하게 될 수도 있다는 점에서 양심의 성숙에 대한 교육이 필요합니다. 특별히 성도들은 선한 양심을 갖고 하나님과 사람에 대하여 항상 양심에 거리낌이 없기를 힘써야 합니다. 모든 성도는 하나님과 사람 앞에 항상 양심에 거리낌이 없기를 힘써야 합니다. 사도 바울은 벨릭스 총독 앞에서 당당하게 말했습니다.

> 이것으로 말미암아 나도 하나님과 사람에 대하여 항상 양심에 거리낌이 없기를 힘쓰나이다(행 24:16).

2절 말씀에서는 주의 장막에 머무를 자, 주의 성산에 사는 자에 대하여 이렇게 말씀합니다. "정직하게 행하며 공의를 실천하며 그의 마음에 진실을 말하며" 이 세 가지는 천국 시민의 자격입니다.

먼저 '정직하게 행하는 것'입니다. '행하다'라는 말은 히브리어 '호렉'으로 '가다, 걷다'라는 뜻의 동사 '하락'에서 나온 단어입니다. 정직하게 행하는 자는 모든 일에 '하나님과 함께 걷는 자'라는 뜻입니다. 성경에 나오는 믿음의 선조 중에 에녹과 노아와 아브라함이 바로 그렇게 살았습니다.

하나님과 동행하며 정직하게 행하는 일이 어렵기는 하지만 불가능한 일은 아닙니다. 다윗은 우리들에게 묻습니다. "여러분 중에 누가 정직하게 행하며 하나님과 동행하시겠습니까?" 이 질문 앞에서 "네, 제가 정직하게 행하겠습니다."라고 대답하는 성도님들이 되시기 바랍니다.

둘째, '공의를 실천하는 것'입니다. 공의를 실천한다는 말은 '어떤 행위를 자신의 직업처럼 열심히 행하는 것'을 의미합니다. 공의를 자기에게 주어진 사명으로 생각하며 어떤 형편에 처하든지 최선을 다하는 것은 결코 쉬운 일은 아닙니다. 그러나 우리가 최선을 다해 공의를 실천할 때 주님과 동행하고 천국에 들어가게 될 것입니다.

셋째, '마음에 진실을 말하는 것'입니다. 진실을 말한다는 것은 '거짓말을 하거나 남을 속이는 말을 하지 않겠다'는 뜻입니다. 그 사람이 하나님과 동행하는 사람인가를 알려면 그의 입에서 나오는 말이 진실한가를 보면 알 수 있습니다. 우리 모두 진실을 말하여 영원히 하나님과 동행하게 되기를 바랍니다.

그러나 이런 말씀들을 실천한다는 것은 양심을 잃어버린 사람들이 가득한 세상을 살면서 매우 어려운 일입니다. 옥시라는 회사에서 판매한 가습기 살균제로 인해 1,098명이 죽은 사건에 대해 아십니까? 2,000억 원을 배상하고 7명이 5-7년 징역형을 선고 받았습니다. PHMG라는 화학

물질을 넣었는데 흡입독성실험을 하지 않았습니다. 이 제품을 만든 SK케미칼에서는 '밀폐 장소에서 누출되거나 증기 발생 공정에서는 공기 호흡기나 방독면을 착용하라.'고 적시해 놓았습니다. 그런데 실험을 하지 않은 채 포장에 '인체에 안전한 성분을 사용하여 안심하고 쓸 수 있다.'고 써 넣었습니다. 고객 상담센터에 신제품의 부작용을 호소하는 내용이 접수되었습니다. 그런데도 '살균 99.9% 아이에게도 안심'이라는 문구를 더 넣고 팔았습니다. 그 결과 참혹한 결과를 낳고 말았습니다. 양심이 마비된 장사들에 의해 일어난 참사입니다.

모든 그리스도인은 선한 양심, 깨끗한 양심을 갖기 위해 정직을 행하고, 공의를 실천하고, 진실한 말에 힘써야 합니다. 베드로 사도는 우리에게 선한 양심을 가지라고 권면합니다.

> 선한 양심을 가지라 이는 그리스도 안에 있는 너희의 선행을 욕하는 자들로 그 비방하는 일에 부끄러움을 당하게 하려 함이라(벧전 3:16).

정의를 구현하는 사람(3, 5절)

그리스 신화에 나오는 정의의 여신은 눈먼 장님입니다. 이것은 정의가 사사로움에 눈을 감고 공평무사해야 함을 보여 주는 것입니다. 또한 왼손에는 저울을 들고, 오른손에는 칼을 쥐고 있습니다. 저울은 정의의 엄정한 기준을 뜻하며, 칼은 정의를 실현하기 위해서는 힘이 있어야 함을 의미합니다.

정의로운 세상을 만들기 위해서는 모든 사람의 자유와 권리를 존중해야 합니다. 인간은 인종, 성별, 빈부, 신념, 신체적, 정신적 조건 등과 관계없이 평등한 존엄성을 지니고 있습니다. 이런 인간의 존엄성을 보호하기 위해서는 자유와 권리를 보장해야 합니다. 그 다음 모든 사람이 인간다운 삶을 살 수 있도록 최소한의 자원을 제공해야 합니다. 자본주의 시장 경제 체제에서는 빈부의 격차와 여기서 불평등이 불가피하게 파생됩니다. 그 결과 일부 사회 구성원들은 인간다운 삶을 유지할 수 있는 최소한의 자원마저 얻지 못하게 됩니다. 이것을 개인의 탓으로만 돌릴 수는 없습니다. 공동체의 구성원으로서 이웃에 대한 최소한의 삶을 살 수 있도록 도와야 합니다.

그리고 사회적 약자에 대한 배려가 있어야 합니다. 인간은 유한하고 불완전한 존재이기 때문에 누구나 사회적 약자가 될 가능성이 있습니다. 그러므로 차이를 인정하고 소외된 사람들을 배려하는 사회, 신체적, 정신적 장애가 있더라도 사회 구성원으로 인간다운 삶을 누릴 수 있는 사회가 정의로운 세상입니다. 하나님의 자녀들은 이런 세상을 만들기 위해 힘써야 합니다.

> 그의 혀로 남을 허물하지 아니하고 그의 이웃에게 악을 행하지 아니하며 그의 이웃을 비방하지 아니하며(3절)

3절은 이웃과의 관계에 대해 말씀하고 있습니다. 건강한 신앙인은 하나님과의 수직적 관계와 이웃과의 수평적 관계가 조화를 이루어야 합니다. 이것을 십자가 신앙이라고 합니다.

마태복음 22장에 한 율법사가 "선생님, 율법 중에서 어느 계명이 가장 큽니까?"라고 예수님을 시험하는 질문을 했습니다. 예수님은 이렇게 대답하셨습니다.

> 예수께서 이르시되 네 마음을 다하고 목숨을 다하고 뜻을 다하여 주 너
> 의 하나님을 사랑하라 하셨으니 이것이 크고 첫째 되는 계명이요 둘째
> 도 그와 같으니 네 이웃을 네 자신 같이 사랑하라 하셨으니 이 두 계명
> 이 온 율법과 선지자의 강령이니라(마 22:37-40).

하나님을 사랑하는 자는 반드시 이웃 사랑을 실천하는 것이 성경의 정
신이요, 하나님의 뜻이라는 말씀입니다. 특별히 사회적 약자를 각별하게
대할 것을 당부하십니다.

> 그의 거룩한 처소에 계신 하나님은 고아의 아버지시며 과부의 재판장
> 이시라(시 68:5).

> 이자를 받으려고 돈을 꾸어 주지 아니하며 뇌물을 받고 무죄한 자를 해
> 하지 아니하는 자이니 이런 일을 행하는 자는 영원히 흔들리지 아니하
> 리이다(5절).

5절은 물질 사용에 대해 말씀하고 있습니다. 청교도 정신은 정당하게
땀 흘려 돈을 벌고, 먼저 하나님께 드리고, 그 다음 이웃에게 나누고, 나
중에 자신이 쓰는 것을 원칙으로 했습니다. 물질은 정당하게 땀 흘려 벌
어야 합니다. 불로소득, 일확천금을 꿈꾸면 안 됩니다. 사도 바울은 이렇
게 권면합니다.

네가 이 세대에서 부한 자들을 명하여 마음을 높이지 말고 정함이 없는 재물에 소망을 두지 말고 오직 우리에게 모든 것을 후히 주사 누리게 하시는 하나님께 두며 선을 행하고 선한 사업을 많이 하고 나누어 주기를 좋아하며 너그러운 자가 되게 하라(딤전 6:17-18).

그러나 세상은 점점 양극화 현상이 심화되고 있습니다. 2016년 세계 최상위 부자 8명의 이름이 발표되었습니다. 마이크로소프트의 빌 게이츠, 명품 자라 설립자 아만시오 오르테가, 워런 버핏 등인데 놀라운 것은 8명의 재산을 합한 것이 전 세계 인구 중 절반인 하위 36억 명의 재산과 같다는 것입니다. 우리나라는 상위 18명의 재산이 하위 30%의 재산을 합한 것과 같습니다. 이와 같은 부의 불평등이 사회를 파괴하고 민주주의를 훼손하고 있습니다.

현대 자본주의 형성에 가장 영향을 미친 것은 청교도 정신입니다. 청교도 정신은 불의한 부의 축적은 거부하지만 그 외에 모든 직업은 거룩한 것이요, 심지어 성직이라는 사상을 가지고 있습니다. 그래서 정당하게 땀 흘려 돈을 벌고, 그 돈을 축적해서 자본주의가 형성된 것입니다. 그런데 시간이 지나면서 변질된 것이 문제입니다. 돈을 벌어 이웃에게 나누는 정신이 사라지게 되었습니다. 열심히 돈을 벌어 자기만을 위해 쓰는 것은 기독교 정신이 아닙니다. 천박한 자본주의 정신입니다. 우리 기독교인들은 물질에 대해 첫째는 하나님, 둘째는 이웃, 셋째는 자신으로 순서를 잡아야 합니다. 이것이 하나님의 뜻을 따라 정의를 구현하는 것입니다.

믿음의 사람들은 세상의 풍조에 휩쓸려 떠내려가면 안 됩니다. 세상의 풍조를 배격하는 선한 싸움을 사우며 정의사회 구현을 위해 믿음과 착한 양심을 가지고 일어나야 합니다. 하나님을 위하여 이웃과 형제를 위하여 선한 싸움을 싸우며 정의로운 사회를 구현해야 합니다.

가치관이 바른 사람(4절)

가치관(價値觀, sense of value)이라는 말은 "인간이 삶이나 어떤 대상에 대하여 무엇이 좋고, 옳고, 바람직한 것인지를 판단하는 관점"이라는 뜻입니다. 가치관은 개인마다, 사회마다 모두 다릅니다.

그리스도인들의 가치관이란 옳고 그름을 결정하는 최종 결정자가 하나님이심을 인정하는 것입니다. 그러므로 하나님의 말씀인 성경을 세상 법 위에 놓습니다. 성경의 법을 한 마디로 말하면 하나님 사랑, 이웃 사랑입니다. 하나님을 사랑하는 자는 이웃을 자기 몸같이 사랑하며 살라는 것입니다. 부의 불균형을 바로 잡고, 굽은 것을 바르게 하며, 억울한 사람을 신원해 주고, 약자를 돌아보며 정의가 강물처럼 흐르는 세상을 만드는 것입니다.

기독교 가치관을 표방한 기업의 계열사가 아르바이트하는 사람들의 임금을 떼어먹은 것이 사회적으로 문제가 된 적이 있었습니다. 이런 일이 우리 교회, 우리 직장, 내 속에도 들어올 수 있는 일임을 알아야 합니다. 내가 성경적 가치관에 맞게 사는가를 생각해 보지 않으면 이런 사달이 나는 것입니다.

미국의 트럼프 대통령이 많은 기독교인들의 지지를 받아 당선되었습니다. 그러나 그가 살아온 행적을 보면 과연 기독교적 가치관과 부합한 삶이었나 하는 의구심을 떨쳐버릴 수 없습니다. 또한 대통령 선거 과정과 취임식에서 했던 말 한마디 한마디가 기독교적인 가치관을 담고 있느냐?

전혀 아닙니다. 동성애를 반대한다고 그 사람의 행동 전체가 기독교적이라고 말할 수 있을까요? 우리나라 대통령을 뽑는 일에도 기독교인이기 때문에 그 사람을 뽑아야 한다는 편협한 주장에 귀 기울이지 마시기 바랍니다. 그 사람의 가치관이 어떠한가를 잘 보셔야 합니다. 분열시키는 가, 통합시키는가, 편을 가르려하는가, 치유하려는가, 지금은 배가 고프지만 조금만 참고 이런 방향으로 나가면 반드시 된다고 국민을 설득하는 미래지향적인 사람인가 아니면 당장 배부르게 해 주겠다고 국민을 미혹하는 사람인가를 분별해야 합니다. 4절은 이렇게 말씀하고 있습니다.

> 그의 ① 눈은 망령된 자를 멸시하며 ② 여호와를 두려워하는 자들을 존대하며 그의 ③ 마음에 서원한 것은 해로울지라도 변하지 아니하며

　망령된 자를 볼 줄 아는 눈과 하나님을 두려워하는 겸비한 사람을 높일 줄 아는 믿음과 함부로 약속하지 않지만 일단 약속한 것은 사람과의 약속이나 하나님과의 약속이나 반드시 지키는 신실한 사람이어야 주님의 장막에 들어갈 수 있다고 말씀하고 있습니다. 천국 시민의 자격은 바로 이것입니다. 세상에서도 힘이 세다고, 돈이 많다고, 학력이 높다고, 가문이 좋다고 출세하는 것이 아니라 가치관이 올바른 사람이 결국 최후 승리자가 되는 것을 볼 수 있습니다.

　삼국지에 나오는 수많은 인물 중에 무용이 가장 출중한 장수는 여포라는 장수입니다. 유비와 관우, 장비 세 사람이 달려들어 싸워도 이기지 못하고 무승부로 끝나고 말았을 정도입니다. 여포는 정원이라는 장수의 양아들로 삼국지 무대에 등장합니다. 그런데 양아버지 정원을 죽이고 동탁

의 부하가 됩니다. 동탁이 강력한 세력을 이루고 못되게 놀았지만 그 뒤에 여포라는 양아들이 버티고 있기 때문에 아무도 말을 못했습니다.

사도 왕윤에게 초선이라는 종이 있었습니다. 그의 재주와 용모가 뛰어나 양딸로 길렀습니다. 동탁이 나라의 일을 전횡하자 왕윤이 한숨을 푹푹 쉬고 근심에 빠져 있을 때 초선이 "아버님! 제가 도울 일이 없을까요? 제가 도울 길이 있다면 목숨을 바쳐서라도 아버님을 돕겠습니다." 그래서 왕윤이 여포를 초청해 대접하면서 초선에게 음식을 나르게 했습니다. 여포가 초선에게 마음을 빼앗긴 것을 보고, 마음에 드시면 초선을 드리겠다고 약속했습니다. 그 다음날 동탁을 초청해서 초선에게 노래와 춤을 추게 했고 동탁이 침을 흘리자, 동탁에게 초선을 주었습니다.

이에 화가 난 여포가 난리를 치자 동탁이 강제로 빼앗아 갔다고 말하자 여포가 동탁에게 쳐들어가 양아버지 동탁을 죽이고 말았습니다. 그리고 초선을 차지했지만 결국 하비성에서 조조에게 패하여 죽고 말았습니다. 그 후 여포는 힘만 세고 생각 없는 사람의 대명사가 되었습니다. 힘이 세다고 성공하는 것은 아닙니다. 바른 가치관을 가져야 합니다.

심지가 견고한 사람, 기독교적 가치관을 가진 사람은 어떤 경우에든지 하나님을 먼저 생각합니다. 하나님의 말씀이 판단의 근거, 기준이 되어야 합니다. 세상 사람들은 힘세고, 돈 많고, 권력을 가지고 있으면 그 앞에 굽실거리지만 바른 가치관을 가진 사람은 모르드개 같이, 망령된 하만에게 굽실거리지 않습니다. 뿐만 아니라 서원한 것은 해로울지라도 반드시 지킵니다.

입다가 암몬 자손과 전쟁에 나가면서 "하나님! 승리를 주시면 돌아올 때 처음 마중 나오는 사람을 제물로 바치겠습니다."라고 서원했습니다.

그리고 전쟁에서 승리하고 돌아오는 데 하필이면 무남독녀 외동딸이 소고 치며 춤추며 아버지의 개선을 환영했습니다. 입다는 눈물 흘리고 땅을 치며 후회했지만 하나님께 서원한대로 딸을 제물로 바쳤습니다. 저는 입다가 비록 산적 출신의 무식한 장수지만 훌륭한 사람이라고 생각합니다.

여기에 두 가지 교훈이 있습니다. 함부로 서원하지 말라 그리고 서원한 것은 해로울지라도 반드시 지켜라.

> 누구든지 하나님의 뜻대로 행하는 자가 내 형제요 자매요 어머니이니라(막 3:35).

그리스도인은 인종, 국가, 이념을 넘어 하나님의 뜻, 다시 말해 기독교적 가치관으로 하나 된 형제요. 자매입니다. 하늘나라의 가치관을 간직하고 사는 사람을 존귀하게 여기고, 그런 사람과 손을 잡고, 하나님이 원하시는 천국과 같은 세상을 만들고, 영원한 천국에 들어가야겠습니다.

이런 사람이 복 있는 사람입니다

시편 32편 1-11절

복이 무엇일까요? 복(히, 베라카)이란 사람을 평화롭고 행복하게 살 수 있도록 주어진 선물입니다. 시편은 복 있는 사람이 어떤 사람인가로 문을 엽니다.

> 복 있는 사람은 악인들의 꾀를 따르지 아니하며 죄인들의 길에 서지 아니하며 오만한 자들의 자리에 앉지 아니하고 오직 여호와의 율법을 즐거워하여 그의 율법을 주야로 묵상하는도다 그는 시냇가에 심은 나무가 철을 따라 열매를 맺으며 그 잎사귀가 마르지 아니함 같으니 그가하는 모든 일이 다 형통하리로다(시 1:1-3).

1절에 보면, 복 있는 사람은 선악을 분별할 줄 아는 지혜와 선인과 악인을 구분할 줄 아는 지혜가 있는 사람이라고 말씀하면서 그 지혜를 생활에 실천하여 악인을 피하고 그들과 상종하지 않는 실천적 지혜가 있는 사람임을 가르쳐 줍니다.

2절에서는 복 있는 사람은 하나님의 법도를 우선적으로 지키는 사람으로 하나님의 말씀을 마음에 새기므로 분명한 선을 지키는 사람임을 가르쳐줍니다.

3절에서는 복 있는 사람은 하는 일마다 잘 된다고 말씀하면서 시냇가에 심은 나무라고 비유하고 있습니다. 사실 하는 일마다 잘 되는 것은 하나님의 법도를 따라 산 결과라고 말씀 드릴 수 있습니다.

한자의 복(福)은 본래 이런 뜻이라고 합니다. 한 사람(一)이 먹을(口) 밭(田)과 입을 옷(衣)이 있는 것이 복이다. 이 말에 따르면, 복은 거창한 것이 아니라 소박한 것입니다. 그러나 옛날 사람들의 삶을 생각해 보면 사람이 살면서 굶지 않고 먹고 산다는 것이 얼마나 어려운 일이었는가를 알게 됩니다. 우리나라가 보릿고개를 넘은 것이 1971년 통일벼가 생산되고 나서입니다. 그전에는 85% 농업에 종사했음에도 불구하고 쌀밥에 소고기국 먹는 것이 온 백성의 소원이었습니다. 그러고 보면 먹을 양식이 있고 입을 옷이 있다는 것이 복이었음을 알 수 있습니다.

중국 고전 『서경』 홍범편에서는 오복(五福)을 이렇게 말합니다.

수(壽): 장수하는 것
부(富): 물질적으로 넉넉하게 사는 것
강령(康寧): 몸이 건강하고 마음이 편안한 것
유호덕(攸好德): 도덕 지키기를 좋아하는 것
고종명(考終命): 제 명대로 살다가 편히 죽는 것

이외에도 자손이 많고 세상에서 출세하여 존귀하게 되는 것을 복이라고 합니다. 우리 그리스도인들의 복은 이보다는 한 걸음 더 나아가야 합니다. 좀 영적이고 신령한 복을 구해야 합니다. 베드로 사도는 이렇게 말씀했습니다.

> 악을 악으로, 욕을 욕으로 갚지 말고 도리어 복을 빌라 이를 위하여 너희가 부르심을 받았으니 이는 복을 이어받게 하려 하심이라(벧전 3:9).

"악을 악으로 갚지 말고 도리어 복을 빌라." 얼마나 멋있는 말입니까? 하나님의 사랑, 예수님의 은혜를 받은 자라면 이 정도 되어야 하지 않겠습니까? 이렇게 복을 비는 사람은 어떻게 될까요? "복을 이어받게 된다."는 놀라운 말씀을 하고 있습니다. 복의 상속자가 된다는 말씀입니다. 이것이 주는 자의 복입니다. 누가복음 6장 38절에서는 "주라 그리하면 너희에게 줄 것이니 곧 후히 되어 누르고 흔들어 넘치도록 하여 너희에게 안겨 주리라."고 말씀합니다.

시편 41편 1-2절에 보면, 가난한 자를 보살피는 자에게 하나님께서 복을 주신다고 말씀하고 있습니다.

> 가난한 자를 보살피는 자에게 복이 있음이여 재앙의 날에 여호와께서 그를 건지시리로다 여호와께서 그를 지키사 살게 하시리니 그가 이 세상에서 복을 받을 것이라 주여 그를 그 원수들의 뜻에 맡기지 마소서.

자기 자신이 먹고 살기도 힘든 세상에서 가난한 자를 돌보는 일이 결코 쉬운 일이 아닙니다. 그러나 그 일은 하나님이 기뻐하시는 일이기 때문에 하나님이 반드시 갚아 주시고, 지켜 주시고 복을 주십니다. 재앙의 날에 보호하시고, 악인들에게서 지켜 주시고 자손들이 잘되게 하십니다. 우리 그리스도인들이 추구하는 복은 세상의 복을 넘어서 하늘의 복, 신령한 복입니다.

용서받은 사람이 복 있는 사람입니다(1-5절)

세상에 허물없는 사람이 어디 있습니까? 약점없는 사람이 어디 있습니까? 죄 없는 사람이 어디 있습니까? 세상에 완전한 사람은 없습니다. 완벽한 미인도 자세히 들여다보면 완전한 대칭이 아닙니다. 눈 한쪽이 더 크고 작은 것을 발견할 수 있습니다. 완벽한 미모에 서울대를 나온 김태희도 연기가 부족하다는 평을 들었습니다. 그 누구를 대할 때에 완벽하다고 생각하고 만나면 실망하게 마련입니다. 인간은 누구나 허물이 있습니다. 그런데 문제는 자신의 허물은 생각하지 않고 남의 허물을 들추는 데 있습니다. 그래서 "똥 묻은 개가 겨 묻은 개 나무란다."라는 속담이 생겼습니다.

성경에 왕의 모델로 꼽히고 '하나님 마음에 합한 자'라고 일컬음을 받은 왕이 다윗입니다. 다윗은 어린 시절부터 성실했습니다. 시편 23편 같은 주옥같은 시를 지은 시인이요. 하프 연주로 사울왕의 악신을 물리쳤던 명연주자입니다. 용맹하기로 말하면 물맷돌을 가지고 골리앗 장군을 쓰러뜨린 용사입니다. 사울왕의 미움을 받아 도망 중에도 하나님께서 기름 부으신 왕의 목을 벨 수 없다고 사울왕을 두 번이나 살려 준 믿음의 사람입니다. 따르는 무리들의 존경을 받고 왕위에 올라 선정을 베푼 왕으로 왕중왕(king of kings)이라고 불렸습니다.

그런 다윗도 왕국이 안정기에 접어들었을 때 위기가 찾아왔습니다. 낮잠을 즐기다가 음욕을 이기지 못하고 우리아 장수의 아내 밧세바를 범하고 말았습니다. 밧세바가 임신을 했고 이 사실을 은폐하기 위해 우리아 장수를 사지에 몰아넣어 죽게 만들었습니다. 감쪽같이 해치웠다고 생각했는데 하나님을 피할 수는 없었습니다. 나단 선지자가 찾아와 꾸짖고 책망했을 때, 그는 울고 또 울었습니다. 시력이 나빠질 정도로 눈물을 흘리며 회개했습니다. 그때 긍휼이 풍성하신 하나님께서 용서하셨습니다. 그 체험을 노래한 것이 오늘 본문입니다.

> 허물의 사함을 받고 자신의 죄가 가려진 자는 복이 있도다 마음에 간사함이 없고 여호와께 정죄를 당하지 아니하는 자는 복이 있도다 내가 입을 열지 아니할 때에 종일 신음하므로 내 뼈가 쇠하였도다 주의 손이 주야로 나를 누르시오니 내 진액이 빠져서 여름 가뭄에 마름 같이 되었나이다 (셀라) 내가 이르기를 내 허물을 여호와께 자복하리라 하고 주께 내 죄를 아뢰고 내 죄악을 숨기지 아니하였더니 곧 주께서 내 죄악을 사하셨나이다 (셀라)(1-5절).

다윗은 일생일대의 실책인 간음사건에서 체험한 회개와 죄사함 받은 기쁨을 배경으로 하나님께 용서받은 사죄의 기쁨을 간증하고 있는 것입니다. 인간은 연약하고 죄를 지을 수밖에 없는 원죄를 지녔기에 죄성·악성·독성을 가지고 있습니다. 때때로 하나님의 뜻을 거스르는 허물이 있습니다. 표적에서 벗어나 엉뚱한 짓을 하는 죄가 있습니다. 구부러지고 왜곡된 삶을 살아갑니다. 그런 인간이지만 회개하고 하나님 앞에 엎드리면 허물을 용서하시고, 죄는 가려 주시고, 정죄는 면해 주십니다. 이것이 하나님의 사랑입니다.

빅토르 위고의 『레미제라블』이라는 소설의 주인공 장발장을 변화시킨 것은 미리엘 신부의 사랑이었습니다. 은촛대를 훔쳐갔지만 경찰 앞에서 자기가 준 것이라고 말했습니다. 이 사랑이 장발장이 아니라 마들렌 시장 으로 거듭나게 만든 것입니다.

하나님은 이 세상에 모든 죄인들을 용서해 주시기 위해 예수님을 대속 제물로 보내 주셨습니다. 누구든지 예수 안에서 죄와 허물을 깨닫고 회개 하면 용서받고 의인이 됩니다. 죄는 결코 숨긴다고 해결할 수 없습니다. 다윗이 위대한 것은 죄를 짓지 않았기 때문이 아니라, 죄를 지었지만 허 물을 자복하고 주님 앞에 하나도 숨김없이 다 털어놨습니다. 별과 같던 왕의 권위는 땅에 떨어졌습니다. 홍수가 밀려오듯이 수치와 조롱, 멸시가 그를 덮었습니다. 동시에 주님의 은혜가 그를 덮었습니다. 그는 용서받았 고 말로 형용할 수 없는 기쁨을 누리게 되었습니다.

5절에 '자복(히. 오데)'이라는 말의 뜻은 '내어던짐'입니다. 하나님 앞에 구체적으로 죄를 고백한 것을 뜻합니다. 그때 하나님께서 죄악을 사하셨 습니다. 다윗은 이 경험을 가지고 우리들에게 권면합니다. 경건해지고자 하는 자, 마음이 답답하고 하나님과의 관계가 막힌 자는 누구든지 하나님 앞에 나가 죄를 자복하라는 것입니다.

6절에 "주를 만날 기회를 얻어 주께 기도할지라."는 말씀은 "죄를 깨닫 는 즉시 기도하라."는 뜻입니다. 사람은 죄를 지으면 양심이 두근거립니 다. 그 즉시 무릎 꿇고 자복해야 합니다. 그때를 놓치면 곧바로 합리화 작 업에 들어갑니다. '그럴 수도 있지' '나만 그런가?' '하나님도 이해하실 거 야!' '다음에 안 그러면 되지.' 온갖 합리화할 근거를 찾아 양심을 무력화

합니다. 죄를 묵히지 마십시오. 숙성시키지 마십시오. 죄가 심령에 천착하면 발효하여 부풀고 양심을 마비시키고 영혼을 죽게 만듭니다. 즉시 죄를 자복하고 회개하여 용서받고 기쁨을 누리는 복 있는 사람이 되시기 바랍니다.

경건한 사람이 복 있는 사람입니다(6-7절)

도대체 경건이 무엇이기에 경건한 사람이 복 있는 사람이라고 할까요? 경건은 하나님께 자기의 전부를 드리려는 절대귀의(絕對歸依)의 감정 또는 의지이고 도덕이나 신앙고백 이상의 의미를 지니고 있습니다. 그리고 하나님을 기쁘시게 하려는 생활과 말씀에 충실하려는 심정까지도 포함합니다. 그렇지만 경건하게 살고자 하는 사람은 핍박을 각오해야 합니다. 또 말세에는 경건의 모양만 가진 자들이 많이 나타납니다.

성경은 경건에 대하여 어떻게 말씀하는가를 살펴보겠습니다.

> 예루살렘에 시므온이라 하는 사람이 있으니 이 사람은 의롭고 경건하여 이스라엘의 위로를 기다리는 자라 성령이 그 위에 계시더라(눅 2:25).

시므온은 경건했습니다. 그는 이스라엘의 위로를 기다렸습니다. '이스라엘의 위로'란 메시아 예수님께서 오셔서 이스라엘 백성을 구원하실 것을 사모했다는 뜻입니다. 성령께서 시므온과 함께 했고 아기 예수님을 뵙는 은혜를 받았습니다.

가이사랴에 고넬료라 하는 사람이 있으니 이달리야 부대라 하는 군대의 백부장이라 그가 경건하여 온 집안과 더불어 하나님을 경외하며 백성을 많이 구제하고 하나님께 항상 기도하더니 하루는 제 구 시쯤 되어 환상 중에 밝히 보매 하나님의 사자가 들어와 이르되 고넬료야 하니(행 10:1-3)

로마의 장교 고넬료 그는 이방인이었지만 경건했습니다. 하나님을 경외하고, 구제하고, 항상 기도했습니다. 그는 환상 중에 하나님의 사자를 만났습니다. 최초로 이방인으로서 성령을 받고 세례를 받았습니다.

또한 바울은 경건의 유익에 대해 이 세상뿐 아니라 천국까지 이어지는 것이라고 경건에 이르도록 자신을 훈련하라고 권면하고 있습니다(딤전 4:7-8).

베드로는 하나님께서 경건한 자를 시험에서 건지신다고 말하고 있습니다(벧후 2:9). 그리고 하나님께서 승리하게 해 주십니다. 또한 그는 '완덕에 이르는 8단계'를 말하면서 경건을 여섯 번째로 꼽고 있습니다(벧후 1:5-7). 그만큼 경건은 신앙생활에 있어서 중요한 것입니다.

야고보는 경건에 대해 말을 조심하고, 가난한자, 소외된 자를 돌보는 것과 세속에 물들지 않는 것이라고 정의했습니다(약 1:26-27).

그러면 본문은 경건한 사람의 특징을 무엇이라고 했을까요?

이로 말미암아 모든 경건한 자는 주를 만날 기회를 얻어서 주께 기도할지라 진실로 홍수가 범람할지라도 그에게 미치지 못하리이다 주는 나의 은신처이오니 환난에서 나를 보호하시고 구원의 노래로 나를 두르시리이다 (셀라)(6-7절).

경건한 사람의 특징은 '기도하는 것'입니다. 죄는 하나님과의 사이를
갈라내지만 기도는 하나님과의 사이를 이어 줍니다. 시므온이 그랬고, 고
넬료가 그랬습니다. 다윗이 그랬습니다. 기도하는 사람이 경건한 사람이
요, 경건한 사람이 복 있는 사람입니다. 복된(히, 바락) 사람은 무릎 꿇고
기도하여 복을 받은 사람입니다. 기도할 수 있다는 것이 얼마나 복된 것
인가를 알아야 합니다.

부모가 없는 사람은 어려운 일이 있어도 하소연할 데가 없습니다. 기
도할 수 있는 사람은 하나님 아버지께 다 털어 놓을 수 있습니다. 죄와 허
물 뿐 아니라 자신의 희망과 소원을 다 아뢸 수 있습니다. 이렇게 기도할
대상이 있다는 것이 얼마나 복된 것인지 다윗은 깨달았습니다. 그는 죄를
다 토설하고 시원함을 얻고, 용서받고 자유를 얻었습니다. 이에 비해 기
도하지 않는 사람은 경건치 못한 자가 되고, 경건치 않는 자는 자기 정욕
대로 행하다가 심판받아 멸망에 이르게 되는 것입니다.

야베스는 곤고한 인생이었습니다. 수고로운 인생을 살았습니다. 그런
데 그는 기도의 줄을 잡고 하나님께 기도한 결과 지역을 넓히고, 환난을
벗어났고, 근심 걱정이 사라졌습니다(대상 4:10). 이와 같이 기도 생활, 경
건 생활은 복 있는 길로 인도합니다. 경건에 이르기를 힘쓰고, 기도에 힘
써 죄는 용서받고, 소원은 응답받는 복 있는 사람이 되십시오.

멘토가 있는 사람이 복 있는 사람입니다(8-11절)
근래에 멘토링(Mentoring)이라는 것이 각광을 받고 있습니다. 멘토링이

란 풍부한 경험과 지혜를 겸비한 신뢰할 수 있는 사람이 일대일로 지도와 조언을 하는 것을 말합니다. 지도하는 사람을 멘토(mentor)라 하고, 지도받는 사람을 멘티(mentee)라 합니다. 사람이 인생을 살아가면서 멘토가 있는 것과 없는 것은 큰 차이가 납니다. 인생을 살아가면서 멘토 없이 혼자 인생을 살아가고, 진리를 깨우치고, 바른 길을 찾아가는 것은 매우 힘든 일입니다. 인생을 홀로 깨우치고, 스스로 헤쳐 나가는 것은 매우 어렵고 멀리 돌아가게 마련입니다. 그러므로 멘토가 있는 사람, 다시 말해 좋은 스승을 만난 사람은 대단히 복 있는 사람입니다. 사람이 홀로 되는 것 같아도 그런 경우는 없습니다.

아이 하나를 키우는 데 온 마을이 필요하다(아프리카 속담).

한 아이가 자라 성인이 되기까지 부모와 형제 그리고 친구들과 마을의 어른들이 좋은 본을 보였든지 반면교사가 되었든지 간에 교훈이 되었고 직·간접 영향을 미치게 마련입니다. 좋은 멘토를 만난다는 것은 참으로 복된 것입니다. 과도히 돌아가지 않고 인생을 배우고 지식을 익히기 때문입니다. 이에 대해 본문은 이렇게 말씀합니다.

내가 네 갈 길을 가르쳐 보이고 너를 주목하여 훈계하리로다 너희는 무지한 말이나 노새 같이 되지 말지어다 그것들은 재갈과 굴레로 단속하지 아니하면 너희에게 가까이 가지 아니하리로다 악인에게는 많은 슬픔이 있으나 여호와를 신뢰하는 자에게는 인자하심이 두르리로다 너희 의인들아 여호와를 기뻐하며 즐거워할지어다 마음이 정직한 너희들아

다 즐거이 외칠지어다(8-11절).

앞에서 1인칭 독백적 문체를 사용하던 다윗이 8절부터는 2인칭 대화체 문장으로 급전환하고 있습니다. 이는 시인 자신이 개인적 체험을 타인과 나누기 위해 자신을 멘토의 위치에 두고 가르치고자 하기 때문이라고 주석학자는 말합니다.

8절에 "너와 갈 길을 가르쳐 보이겠다."고 말씀합니다. 이것은 나와 같이 죄 짓지 말아라, 만약 죄를 지을 경우 나와 같이 즉시 자복하라는 말씀입니다. 그러면서 너를 주목하겠다고 말하고 있습니다. 주목한다는 것은 깊은 관심을 갖겠다는 것입니다. 이 말씀은 다윗이 한 말이지만 지금 다윗의 입을 빌어 하나님께서 우리에게 하시는 말씀입니다.

지금까지 좋은 멘토를 만나지 못하신 분 있습니까? 절망하지 마시기 바랍니다. 하나님의 영인 성령님께서 우리의 스승이 되셔서 진리를 가르쳐 주시고 우리의 갈 길을 알려 주실 것을 믿으시기 바랍니다. 성령이 감화 감동하셔서 내 맘에 교훈을 남겨 주십니다. 그러면 비록 좋은 멘토를 만나지 못해도 복 있는 삶을 살 수 있습니다. 하나님께서 친히 멘토가 되어 인도하시면 수지맞습니다.

성령이 멘토가 되시면
1. 지켜주시고 갈 길을 인도해 주신다(시 32:8).
2. 함께하시고 굳세게 하신다(사 41:10).
3. 슬픔을 희락으로 바꾸신다(사 61:3).
4. 곤고에서 벗어나 평강을 누리게 하신다(사 66:12).

5. 낙심할 때에 격려하신다(마 14:27).

6. 권능을 주신다(행 1:8).

7. 필요를 채워 주신다(히 13:5).

인생길에서 좋은 멘토 만나시기 바랍니다. 자녀들과 후학들에게 좋은 멘토 되시기 바랍니다. 그리고 사람 멘토를 만나지 못해도 성령님을 멘토로 만나고 복 있는 사람이 되시기 바랍니다.

새벽안개 같은 인생

시편 39편 4−7절

　'새벽안개'라는 말을 들으면 대개 두 가지 반응이 나옵니다. 하나는 교통의 장애를 일으킨다는 반응이고, 다른 하나는 운치가 있다는 반응입니다. 우리가 거주하고 있는 고양 파주지역은 한강하구를 접한 관계로 안개가 자주 발생하는 지역입니다. 안개가 짙게 끼면 출근길 교통이 정체되고 김포공항에 비행기가 이착륙 할 수 없게 됩니다. 그래서 안개는 반갑지 않은 손님입니다. 이런 고정관념을 가진 사람들도 양수리에 가서 새벽안개를 보면 안개에 대한 부정적 이미지가 이내 사라질 것입니다. 얼마나 운치 있고 아름다운지 모릅니다.

　그런데 새벽안개의 특징은 아침햇살이 퍼지면 사라진다는 것입니다. 그렇게 멋있는 양수리의 물안개도 사진기를 들고 찍으려면 어느덧 사라져 버리고 없습니다. 그래서 야고보는 안개의 속성을 가지고 인생의 짧음을 노래했습니다(약 4:14).

　성경은 안개 외에도 인생의 짧음을 여러 가지로 표현하고 있습니다.

　그러므로 모든 육체는 풀과 같고 그 모든 영광은 풀의 꽃과 같으니 풀

은 마르고 꽃은 떨어지되(벧전 1:24)

우리의 모든 날이 주의 분노 중에 지나가며 우리의 평생이 순식간에 다하였나이다 우리의 연수가 칠십이요 강건하면 팔십이라도 그 연수의 자랑은 수고와 슬픔뿐이요 신속히 가니 우리가 날아가나이다(시 90:9-10).

내 날이 연기 같이 소멸하며 내 뼈가 숯 같이 탔음이니이다(시 102:3).

우리는 어제부터 있었을 뿐이라 우리는 아는 것이 없으며 세상에 있는 날이 그림자와 같으니라(욥 8:9).

이렇게 성경은 새벽안개, 풀, 꽃, 그림자, 일식 간, 쏜살, 연기 등 여러 가지로 인생을 비유하고 있습니다. 이런 여러 가지 비유를 통하여 이 땅에서의 삶이 짧고 일시적이며 순간적이라는 것을 가르쳐 주고 있습니다. 이런 말을 계속 듣고 있노라면 허무주의에 빠질 수도 있습니다. '아! 인생은 허무한 것이로구나! 살아서 무엇하냐?' 하고 목숨을 끊을 수도 있습니다. 그러나 성경은 인생의 허무를 깨우치고자 쓰인 것이 아닙니다. 짧은 인생의 길에서 어떤 삶을 사느냐에 따라 영원한 삶이 달라진다는 것을 가르치고자 하는 것입니다. 우리 말은 끝까지 다 들어 봐야 한다고 합니다.

특히 전도서를 읽을 때는 끝까지 읽어야 합니다. 전도서 1장 2절, 한 문장 속에 '헛되다'라는 말이 다섯 번이나 들어있습니다. 그 후에도 계속해서 12장 8절까지 수백 번 "헛되고 헛되도다!"라는 말이 반복됩니다. 거기까지 읽고 목을 매면 안 됩니다. 마지막 두 절이 전도서의 결론이기 때문입니다.

> 일의 결국을 다 들었으니 하나님을 경외하고 그의 명령들을 지킬지어다 이것이 모든 사람의 본분이니라 하나님은 모든 행위와 모든 은밀한 일을 선악 간에 심판하시리라(전 12:13-14).

이와 마찬가지로 '인생이 짧다', '허무한 것이다'라는 것을 가르치기 위해 새벽안개라고 말한 것이 아니라, 짧은 인생을 아껴 하나님을 경외하고 영생을 준비하면 아름답고 영원한 천국이 기다리고 있다는 것을 가르쳐 주기 위한 것입니다. 우리는 믿음을 가진 하나님의 자녀들입니다. 우리들은 예수 안에서 영원까지 이어지는 영생의 삶을 이미 약속 받았습니다. 오늘 본문 말씀을 통해 은혜 받고, "짧은 인생을 더욱 보람 있게 살리라."고 다짐하시기 바랍니다.

삶을 최대한 활용해야 합니다(4절)

같은 시간을 살아도 어떤 이는 무위도식(無爲徒食, 아무 하는 일 없이 먹고 놀기만 함)하며 삽니다. 그런가 하면 반대로 굉장한 업적을 남기는 사람도 있습니다.

'시간을 정복한 남자'라는 별명을 가진 사람이 있습니다. 류비세프(1890-1972)는 러시아 과학자로 철저한 시간 관리와 왕성한 지적 호기심으로 신이 인간에게 부여한 가능성의 최대치를 사용했습니다. 70권의 학술서적과 12,500여 장의 논문과 연구자료를 남겼습니다. 곤충분류학, 해

부학, 진화론, 수리생물학, 유전학, 철학과 역사, 문학과 윤리학 등의 저서를 남긴 것입니다. 그는 이렇게 많은 업적을 남기기 위해 시간을 철저하게 사용하고 기록했습니다.

우리나라에는 다산 정약용(丁若鏞, 1762-1836)이 있습니다. 그는 18년 동안 유배 생활을 하면서, 역사, 문학, 법학, 음악, 교육, 농업, 의학, 물리학, 토목공학, 지리학, 국어학, 시, 문예비평, 기계공학에 관한 책들을 포함하여 500여 권을 저술했습니다. 지금부터 200년 전에 어떻게 그 많은 책들을 무슨 자료를 이용해서 저술할 수 있었을까? 수수께끼에 속하는 이야기입니다.

이런 분들의 이야기를 하다 보면 시간이 없고 짧은 것이 아니라, 지혜가 부족하고 노력이 부족한 것이라고 생각됩니다. 인생이 짧기 때문에 더욱 최대한 활용해야 합니다.

> 여호와여 나의 종말과 연한이 언제까지인지 알게 하사 내가 나의 연약함을 알게 하소서(4절).

시인은 인생이 연약하고 세월은 짧음을 알고 그 "세월을 낭비하지 말고 최대한 활용하며 주께 영광 돌리고, 후세에 빛을 남길 수 있는 삶을 살게 해 주십시오."라고 기도를 드리고 있습니다. 농부가 추수철이 되면 발걸음이 빨라집니다. 해는 짧아지고, 해야 할 일은 많고, 손이 열이라도 감당할 수 없기 때문입니다. 땀을 흘리며 부지런히 곡식을 거두어들입니다. 그리스도인들은 인생이 짧다고 한탄할 것이 아니라, 최대한 부지런하게 살아야 합니다. 세월을 아끼고 지혜를 최대한 발휘해서 기회를 잡아야 합니다. 삶을 최대한 활용하기 위해 기억해야 할 두 가지가 있습니다. 영생에 비해 이 땅에서의 삶은 지극히 짧다는 것과 지구라는 곳은 우리가 임시로 거주하는 장소라는 사실입니다. 이것을 기억하게 되면 이 세상은 오래 머물 곳이 아니기 때문에 지나친 애착을 갖지 않게 될 것입니다. 그런 사람은 이 땅에 큰 집을 짓고 천년만년 살 것처럼 바벨탑을 쌓지 않을 것입니다. 오히려 저 세상에 집을 지을 것을 송금하고, 저 세상에 삶을 준비하기 위해 온갖 노력을 경주할 것입니다. 이 세상에서 저 세상으로 갈 믿음의 비행기 티켓을 예매할 것입니다. 천국에서 우리를 기다리시는 하나님 아버지를 기쁘시게 하기 위해 그분이 기뻐하시는 선한 일에 부요한 삶을 살게 될 것입니다.

여러분은 육체의 남은 때를 어떻게 살려고 계획하고 있습니까? 2007년 2월 10일, 한성디지털대학교 졸업식에서 성적 최우수상을 받은 학생은 놀랍게도 70세의 할아버지였습니다. 이분이 '랜드마크' 주식회사의 구자억 회장입니다. 옛날 가정형편상 대학 1학년을 마치고 군대에 다녀온 후 직장 생활을 하는 바람에 대학을 마치지 못했습니다. 4년간 사회복지학과 47개 전 과목을 A+를 받아 평점 4.5점 만점으로 역대 최고의 점수를 기록하고 손자뻘 되는 학생들과 함께 졸업을 하게 된 것입니다. 상장을 수여하는 총장과는 초등학교 동기 동창이었습니다. 그는 한성대학교 경영대학원에 합격하여 건강한 노인으로서 불편한 노인을 돌보는 노-노 복지를 실현하겠다고 말했습니다.

지혜는 돈을 잘 버는 것도, 공부를 잘하는 것도 아니라고 모세가 말하고 있습니다. 그러면 무엇이 지혜인가? 살아갈 날이 얼마 남지 않았음을 알고 최대한 인생을 활용하는 것이 지혜 중의 지혜라고 말했습니다.

우리에게 우리 날 계수함을 가르치사 지혜로운 마음을 얻게 하소서(시 90:12).

우리의 남은 날이 얼마 남지 않았음을 알고 최선을 다해 살고 하루하루를 최대한 활용해서 하나님을 기쁘시게 하고, 천국 갈 준비를 하라는 말씀입니다. 인생을 정욕을 따라 살지 말고 하나님의 뜻을 따라 삽시다. 선한 사업에 부요하고 천국 곳간에 알곡을 쌓는 삶을 사시기 바랍니다.

순례의 길을 걸어야 합니다(5-6절)

제 고장을 떠나 다른 곳에 머물고 있거나, 여행 중에 있는 사람을 나그네라고 합니다. 그런데 난리가 일어나 잠시 고향을 떠났다가 돌아갈 고향을 영영 잃어버린 사람들이 있습니다. 고향을 이북에 둔 동포들이 그런 경우라 하겠습니다. 이런 분들은 명절이 오면 눈시울을 붉히며 고향하늘을 바라봅니다. 또 남한에 고향이 있지만 고향 땅이 댐을 만드느라 수몰되어 고향을 잃어버린 사람들도 있습니다.

그런가 하면 나느네는 나그네인데 뚜렷한 목적을 가지고 가는 나그네들이 있습니다. 이들을 순례자(巡禮者, 종교적인 목적으로 성지를 순례하는 사람)라고 합니다. 나그네의 발걸음이 정처없이 떠돈다고 한다면 순례자의 발걸음은 한 방향을 향해 끊임없이 전진합니다. 그리스도인들은 천성(天城)을 향해가는 순례자입니다. 비록 이 땅에 돌아갈 고향을 잃고 길이 막혀 못가는 실향민일지라도 낙담하고 떠돌지 않아도 됩니다. 우리는 어디로 가는지를 분명히 알고 있기 때문입니다. 우리에게는 목적지가 있습니다. 영원한 천국 본향에 예비된 집이 있습니다. 그러므로 정처없이 떠도는 방랑객이 아닙니다. 슬픈 나그네가 아닙니다. 저 멀리 뵈는 시온성을 향해가는 순례자입니다.

> 주께서 나의 날을 한 뼘 길이만큼 되게 하시매 나의 일생이 주 앞에는 없는 것 같사오니 사람은 그가 든든히 서 있는 때에도 진실로 모두가 허사뿐이니이다 (셀라) 진실로 각 사람은 그림자 같이 다니고 헛된 일로 소란하며 재물을 쌓으나 누가 거둘는지 알지 못하나이다(5-6절).

다윗은 인생의 날을 한 뼘 길이만 하다고 말했습니다. 한 뼘을 재보았더니 20cm였습니다. 인생의 길이가 20cm밖에 안 된다는 것입니다. 거기다가 각 사람은 그림자 같이 다닌다고 말했습니다. 그림자는 허상을 뜻합니다. 잠시 살다가 죽음을 맞이하는 인생의 덧없음을 표현한 것입니다. 그런 인간이 헛된 일에 소란하다니 말이 됩니까? 20cm 인생, 그림자 인생이 부귀 명예를 탐하고 "내가 잘 났니", "네가 잘났느니" 다투고 인생을 낭비하면 그야말로 방황하는 나그네 인생이 되고 마는 것입니다.

우리는 오직 여호와 하나님, 그리고 그의 아들 예수님, 그분이 계신 천국을 진정한 본향으로 삼는 성도입니다. 우리의 정체성은 영생에 있고, 우리의 모국은 천국입니다. 이 사실을 깨닫게 될 때 우리는 이 세상의 모든 것에 대해 소유와 집착을 버릴 수가 있습니다. 하나님께서는 지금 이 땅을 위해 사는 것 즉, 세상의 가치가 기준이 되고 세상일이 우선순위가 되는 삶의 방식이 얼마나 위험한지에 대해 매우 단호하게 말씀하십니다.

> 간음한 여인들아 세상과 벗된 것이 하나님과 원수 됨을 알지 못하느냐

> 그런즉 누구든지 세상과 벗이 되고자 하는 자는 스스로 하나님과 원수
> 되는 것이니라(약 4:4).

하나님은 세상의 가치관과 유혹에 빠지는 것을 영적 간음이라고 말씀하고 있습니다. 가령 제가 중국 대사로 임명을 받았습니다. 나라의 체면을 생각해서 예의를 갖추고 임무를 수행하기 위해 중국어를 열심히 배우고 문화를 익힐 것입니다. 대사이기에 중국에서 자유롭게 많은 사람들을 접촉하며 매우 바쁘게 살 것입니다. 그러다가 중국이 좋아지고 편하게 느껴지고 중국 역사를 흠모하게 되었습니다. 그래서 우리나라의 기밀을 중국에 넘기고 중국 여자와 사귀고 급기야 "나는 한국보다 중국이 더 좋다고." 그렇게 말했다고 합시다. 이 정보를 전해 들은 우리나라 외교부에서 매국노요, 배신자요, 변절자를 가만두겠습니까? 몰래 귀환시키고 감옥에 보낼 것입니다.

우리가 예수를 믿는 순간 하늘나라에서 예수 그리스도를 대신하여 이 땅에 파송한 대사가 된 것입니다(고후 5:20). 그러면 우리의 소속이 어디입니까? 하나님의 나라입니다. 어디를 위해 충성해야 합니까? 당연히 본국을 위해 충성해야 합니다. 그런데 많은 그리스도인들이 그들의 왕과 왕국을 배신하고 삽니다. 왜 그럴까요? 이곳이 영원한 고향인줄 알고 순례자의 본분을 잃어버렸기 때문입니다. 우리는 육체의 정욕을 따라 살면서 세상에 너무 정을 주지 말아야 합니다(벧전 2:11).

순례자로 살아갑시다. 순례자의 짐은 가벼워야 합니다. 순례자의 발은 본향을 향해야 합니다. 순례자의 눈은 천국을 바라보아야 합니다. 우리 모두 정욕을 버리고 힘차게 찬송 부르며 천성을 향해 순례의 길을 걸어

갑시다.

더 나은 본향을 사모해야 합니다(7절)

스위스에 간 적이 있는데 자연이 얼마나 아름다운지 감탄이 저절로 나왔습니다. 알프스의 만년설이 녹아내려 흐르는 계곡과 푸른 숲, 전원 속 아름다운 교회, 그런데 더욱 놀란 것은 사람들이 교회 나오지 않아서 그 아름다운 교회들이 텅텅 비어 있다는 사실이었습니다. 왜 그런가 하고 알아보았더니 복지제도가 잘 되어 있어서 '요람에서 무덤까지' 모든 것을 복지제도가 다 보장하기 때문에 하나님을 잊어버리게 된 것이었습니다.

이 세상이 아무리 좋아도 일시적이라는 것을 깨달은 사람이 진정한 그리스도인입니다. 이것을 깨달은 그리스도인은 가치관이 변해야 마땅합니다. 가치관을 쉽게 설명하면 무엇이 중요한가를 생각하는 것입니다. "주 예수보다 더 귀한 것은 없습니다." 이것이 예수 믿는 사람들의 가치관이 된다면 우리 삶에서 무엇인가 결정을 내려야 할 때 일시적인 것이 아닌 영원한 가치가 결정의 기준이 될 것입니다.

사도 바울은 "보이는 것은 잠깐이요 보이지 않는 것은 영원함이라(고후 4:18)."고 말했습니다. 당장 눈에 보인다고 그것을 따라가는 것은 신기루를 좇는 허무한 인생이 될 것입니다. 그러나 보이지 않지만 영원한 것을 좇는 사람은 영생의 열매를 맺게 될 것입니다.

하나님이 우리를 위해 갖고 계신 목표가 물질적 풍요나 세속적인 성공이라고 생각한다면 우리는 치명적인 실수를 범하게 될 것입니다. 진정 풍요로운 삶은 물질적 풍요와는 전혀 상관없습니다. 우리가 예수를 잘 믿는 것이 세상의 출세와 성공과 부자가 되는 것을 보장하지 않습니다. 그것은 하나님의 가치관이 아니기 때문입니다. 신앙생활의 결과를 이 세상의 성공과 평안에 초점을 맞추면 안 됩니다. 그 이유는 세상은 새벽안개와 같기 때문입니다. 그러므로 우리의 소망은 오직 예수, 오직 천국에 두어야 합니다.

> 주여 이제 내가 무엇을 바라리요 나의 소망은 주께 있나이다(7절).

예수 믿기 때문에 세상에서 괴로움을 당할 수 있습니다. 제사를 지내지 않기 위해 영적 전쟁을 치루어야 하고, 예수 믿기 때문에 참아야 하고, 희생해야 하고, 억울한 경우를 당할 수 있습니다. 그러나 그것은 새벽안개 같이 잠깐 있는 일입니다. 우리에게는 영원한 소망이 있습니다. 모든 소망은 주께 있습니다. 소망이 주께 있는 사람은 세상에서의 핍박과 환란을 두려워하지 않습니다. 수백만 수천만의 신실한 사람들이 이 땅에서 순교했습니다. 모든 것을 잃었습니다. 아무것도 내세울 것 없이 삶을 마감했습니다. 그렇지만 그들은 이곳이 끝이 아님을 알고 있었기에 당당히 순교할 수 있었던 것입니다. 하나님의 관점에서 가장 위대한 믿음의 영웅은 번영과 성공, 그리고 이 세상의 권력을 잡은 사람들이 아니라 이 세상에서의 삶을 일시적인 것으로 알고 영생에서의 약속된 상급을 기다리며 하나님을 신실하게 섬긴 사람들입니다.

미국의 한 선교사가 아프리카에서 젊음을 바치고 은퇴해서 배를 타고 귀국길에 올랐습니다. 항구에 도착해 보니 부두에 수많은 사람이 나와 환영하며 밴드가 연주를 했습니다. 이렇게 나의 귀국길을 환영하는구나 하고 감격해서 앞을 보니 플래카드에 자신의 이름이 아니라 유럽 순방을 마치고 귀국한 정치인을 맞이하는 환영 인파였습니다. 선교사는 환영 인파를 뒤로 한 채 쓸쓸하게 부두를 빠져 나왔습니다. 한 사람도 마중 나온 사람이 없었습니다. 마음이 슬퍼졌습니다. 그때 하나님께서 부드럽게 말씀하셨습니다.

"내 사랑하는 아들아 너는 아직 집에 온 것이 아니지 않냐?"

세상을 살면서 서럽고 마음 아픈 일이 있을지라도 꼭 기억하십시오. 이곳은 우리의 궁극적인 집이 아닙니다. 우리의 소망은 바로 저 천국에 있습니다.

> 그들이 이제는 더 나은 본향을 사모하니 곧 하늘에 있는 것이라 이러므로 하나님이 그들의 하나님이라 일컬음 받으심을 부끄러워하지 아니하시고 그들을 위하여 한 성을 예비하셨느니라(히 11:16).

이 세상에서 사는 시간은 우리 인생의 완결편이 아니며 예고편에 불과합니다. 우리 인생의 본격적인 이야기는 천국에서 전개 될 것입니다. 이 세상에서 순례자로 살아가려면 믿음이 필요합니다. 믿음은 가치관을 바꿀 것입니다. 새벽안개 같이 짧은 인생에 목숨 걸지 마시고 영원한 천국에 소망을 두시기 바랍니다.

시편을 통해서 보는 인생의 희로애락(喜怒哀樂)
그것은 우리의 삶이고 하나님께 올려 드리는 최고의 노래입니다.

02부

감사의 노래

어찌 그리 아름다운지요

시편 8편 1-9절

시편 8편을 읽으면서 '어떻게 하면 이렇게 찬탄을 할 만큼 주의 이름이 아름답게 느껴지고 온 세상 만물이 아름답게 보일 수 있을까?' 하는 생각이 들었습니다. 먼저 사랑하기 때문이라고 생각합니다. 사랑을 하면 눈에 콩깍지가 씌워져서 곰보도 째보도 예뻐 보인다고 말들 합니다. 다윗은 하나님을 사랑했습니다. 그래서 하나님께서 만드신 모든 세계가 아름답게 느껴진 것입니다.

그 다음, 주의 이름이 아름답게 느껴지고 온 세상 만물이 아름답게 보이는 것은 감사하는 마음이 있기 때문이라고 생각합니다. 자신은 아무것도 아닌데 하나님께서 존귀케 하시고 영광의 면류관을 씌워 주신 것에 대한 감사가 다윗의 마음에 넘쳐서 터져 나온 것이라고 생각합니다.

시편 8편에 숨어 있는 단어로 큰 의미를 가진 말이 '본다'는 것입니다. 아름다움을 보는 눈, 삼라만상과 그 운행 속에서 하나님의 손길과 사랑을 보는 눈이야 말로 보배로운 것입니다. 눈으로 매일 사물을 볼 수 있는 사람들은 볼 수 있다는 것에 대해 당연하다고 생각합니다. 그러나 볼 수 없는 시각 장애인의 처지에서는 볼 수 있다는 것이 얼마나 감사한 일인지 아십니까? 볼 수 없고, 들을 수 없고, 말할 수 없었던 삼중고를 극복하고 인류에게 희망을 주었던 헬렌 켈러라는 여인을 아시지요. 설리번이라는 선생님을 만나 말을 하게 되었습니다. 계속 노력하여 1904년 시청각 장애인 최초로 대학을 졸업했습니다. 그 후 작가, 교육자, 사회운동가로 일하다가 88세를 일기로 1968년에 돌아가셨습니다. 그는 5개 국어를 하고 여러 가지 활동을 했지만 끝내 앞을 볼 수는 없었습니다. 다음은 그가 남긴 '만약에 내가 3일 동안만 볼 수 있다면'이라는 글입니다.

만약 내가 이 세상을 사는 동안에 하나의 소망이 있다고 하면
그것은 죽기 전에 꼭 3일 동안만 눈을 뜨고 보는 것이다.

만약 내가 눈을 뜨고 볼 수 있다면
나는 나의 눈을 뜨는 그 첫 순간 나를 이만큼 가르쳐 주고
교육시켜 준 나의 선생님 애니 설리반을 찾아 가겠다.
지금까지 그의 특징과 얼굴 모습을
내 손끝으로 만져서 알던 그의 인자한 얼굴,
그리고 그의 아리따운 몸가짐을 몇 시간이라도 물끄러미 바라보면서
그의 모습을 나의 마음 속 깊이 간직해 두겠다.

다음엔 나의 친구들을 찾아가 그들의 모습과 웃음을 기억하고,
그 다음엔 들과 산으로 산보를 가겠다.
바람에 나풀거리는 아름다운 나무 잎사귀들,
들에 피어 있는 예쁜 꽃들과 풀들.

그리고 저녁이 되면 석양에 빛나는 아름다운 노을을 보고 싶다.

다음날 이른 새벽에는 먼동이 트는 웅장한 장면을 보고,
아침에는 메트로폴리탄에 있는 박물관, 오후에는 미술관,
저녁에는 보석 같은 밤하늘의 별들을 보면서 또 하루를 지내겠다.

그리고 마지막 날에는 아침 일찍 큰길가로 나가
출근하는 사람들의 얼굴 표정을 바라보고,
오전에는 오페라 하우스, 오후에는 영화관에 가서 영화를 감상하겠다.
그러다 어느덧 저녁이 되면
나는 건물의 숲을 이루고 있는 도시 한복판에 나와
네온사인이 반짝거리는 거리,
쇼 윈도우에 진열되어 있는 아름다운 상품을 보겠다.

그리곤 집에 돌아와 내가 눈을 감아야 할 마지막 순간에
나는 3일 동안 만이라도 볼 수 있게 해 주신
나의 하나님께 감사한다고 기도드리며
또다시 영원한 암흑세계로 들어 갈 것이다.

일상에서 보고 있는 것들에 대해 감사해 보셨습니까? 주변에 있는 자
연을 사랑해 보셨습니까? 우리 모두 헬렌 켈러와 같이, 다윗과 같이 사랑
하며 감사하며 살아가야 하겠습니다.

신묘막측한 주의 영광을 찬송(1, 9절)

시편 8편은 시편 중에 가장 사랑 받는 시 가운데 하나입니다. 이 시를 읽노라면 아름다운 언어를 정성스럽게 한 땀 한 땀 수를 놓은 것 같은 느낌을 갖게 됩니다. 시인은 자연 속에서 꽃과 나무, 산과 들, 고요히 흐르는 시내와 푸른 언덕, 도도히 흐르는 강물과 잔잔한 호수, 그 속에 영롱하게 빛나는 햇빛을 보면서 터져 나오는 감격을 이렇게 노래했습니다.

> 여호와 우리 주여 주의 이름이 온 땅에 어찌 그리 아름다운지요 주의 영광이 하늘을 덮었나이다(1절).

시인은 삼라만상의 아름다움을 보면서 하나님의 영광을 찬송하고 있습니다. 중국의 '공중초원'이라는 곳이 있는데 해발 2,158m 되는 곳에 청주시만 한 넓은 초원이 자리 잡고 있습니다. 여기에 기화요초가 만발한 초원이 일망무제(一望無際, 아득하게 멀고 넓어서 끝이 없음)로 펼쳐져 있기 때문에 관광객들이 점점 많아지고 있다고 합니다. 이런 곳에 가 보지 못했다고 신세한탄을 할 필요 없습니다. 하나님을 사랑하고 은혜에 감사하는 마음만 가지고 있다면 호수공원도 매우 아름답게 보이고 심학산만 가도 아주 행복할 수 있습니다. 문제는 마음입니다. 시인은 십대절경 중 한 곳도 가 보지 않았지만 주변의 경관을 보면서, 삼라만상의 운행을 보면서 신묘막측(神妙莫測, 신기하고 묘해서 측량할 수 없음)한 하나님의 능력을 보고 주의 영광을 찬송한 것입니다. 시인은 1절에 주의 영광을 찬양했던 노래를 마지막 절에서 반복하면서 시를 마무리 짓고 있습니다.

여호와 우리 주여 주의 이름이 온 땅에 어찌 그리 아름다운지요(9절),

신비한 우주 속에 담겨 있는 주의 영광을 찬양하는 내용을 마지막에 반복해서 표현함으로써 강조하고 있는 것입니다. 이런 문학적 표현법을 수미쌍관법(首尾雙關法)이라고 합니다. '이름'이란 그 사람의 인격과 성품을 반영하는 것입니다. 시인은 여기서 하나님이 지으신 온 땅에 가득한 피조물을 보면서 그분의 아름다운 성품을 발견했음을 고백하고 있습니다. 이것은 자연의 아름다움 자체에만 매료되어 찬양하는 세속주의적 자연예찬론자들과 달리 모든 자연은 여호와 하나님에 의해 조성된 것이라는 시인의 창조 신앙을 반영하고 있는 것입니다. 그러면서 하늘에 있는 해와 달, 별들의 운행 속에서 발견할 수 있는 하나님의 위대하신 권능을 찬양한 것입니다.

우리 모두 시인의 마음을 가지고 온 세상 만물의 섬세하고 아름다운 모습을 보며 창조주 하나님의 신묘막측하심과 아름다우심을 찬송하고 영광 돌리는 하나님의 자녀들이 되기를 바랍니다.

약한 자를 통하여 권능을 나타내시는 주님을 찬송(2절)

1절에서 하늘 위에 자신의 영광을 두신 주님을 찬양한 후에 분위기가 급전하여 주님의 원수와 대적, 그리고 이들과 대조적으로 어린아이와 젖먹이가 나오기 때문에 2절의 내용이 너무나 갑작스럽고 돌발적으로 느껴집니다. "주의 이름이 온 땅에 어찌 그리 아름다운지요 주의 영광이 하늘을 덮었나이다." 노래한 후에 갑자기 어린아이와 젖먹이가 나오니 1절과 2절은 무슨 상관이 있는가 의아해집니다.

주의 대적으로 말미암아 어린 아이들과 젖먹이들의 입으로 권능을 세우심이여 이는 원수들과 보복자들을 잠잠하게 하려 하심이니이다(2절).

여기에 있는 "주의 대적들"은 하나님의 우주적인 주권과 역사 속에서의 통치, 그리고 인간의 실존 속에서 개입하시는 주님의 손길을 거부하는 자들을 뜻합니다. 이들은 세상 권세를 잡고, 자기 힘만 믿고, 자기를 주장하는 교만한 자들입니다. 달리 말하면 이들은 하나님의 영광스러운 이름을 인정하지 않는 자들입니다. 이들은 자연계시와 특별계시인 성경말씀과 예수 그리스도를 믿지 않는 사람들입니다.

이와 대조적으로 '어린아이와 젖먹이'는 연약함과 겸손함의 대명사입니다. 영적으로 창조세계에 나타난 하나님의 영광과 계시를 믿는 자들입니다. 역설적으로 하나님은 이런 연약한 사람들, 어린아이와 같고 젖먹이 같은 사람들의 입을 통하여 권능을 나타내십니다. 이들이 하나님의 이름을 그들의 입에 두며 찬송하고 주님의 이름에 영광을 돌리기 때문입니다. 자연계시를 통하여 하나님의 창조를 믿고, 특별계시인 성경말씀을 통하여 예수를 그리스도로 믿는다는 것은 영혼이 겸손하고 어린아이 같지 않고는 있을 수 없는 일입니다.

"나는 손에 잡히는 것만 믿는다. 나는 보는 것만 믿는다. 나는 증명되는 것만 믿는다."라고 세상에 수많은 사람이 말합니다. 이것은 영적으로 자기가 주인이 되어 교만하기 때문입니다. 그들은 보이지 않는 하나님을 볼 수 있는 영의 눈이 매우 어두워 하나님의 권능을 인정하지 못하는 것입니다.

그와 반대로 어린아이와 젖먹이 같이 영혼이 순수하고 겸손한 사람들은 하나님의 권능을 찬송하고, 계시를 믿고, 주님께 기도하고, 주님의 이름을 찬양하게 되는 것입니다. 따라서 하나님은 자신을 인정하는 약한 자와 겸손한 자를 통하여 자신의 권능을 나타내십니다. 그 결과 원수와 보복자들이 입을 열지 못해 잠잠하게 만드신다는 뜻입니다. 예를 들어, 인류 역사상 가장 큰 거인 장수 골리앗을 물리친 것은 잘 훈련된 암살요원들이 아닙니다. 활을 잘 쏘는 명사수도 아닙니다. 칼을 잘 쓰는 검객도 아닙니다. 일사분란하게 적진을 향해 돌진하는 돌격대원들도 아니었습니다. 골리앗이 하나님의 이름을 모욕할 때 그 소리를 듣고 열 받은 소년 목동 다윗이었습니다(삼상 17:43-49).

하나님께서는 인간의 눈으로 보기에는 연약하고 보잘 것 없는 자들을 통하여 큰 권능을 나타내심으로써 평소 하나님의 존재와 권능을 인정하지 않던 대적들까지도 인정하지 않을 수 없게 만드시는 분이십니다. 예수님이 십자가에 못 박히실 때 얼마나 연약했습니까? 온갖 수치와 멸시 조롱과 침 뱉음을 당하셨습니다. 벌거벗긴 채 십자가에서 고통을 당하셨습니다. 이사야 선지자는 이 일이 있을 것을 십자가 사건 700여 년 전에 이렇게 예언했습니다.

> 그가 곤욕을 당하여 괴로울 때에도 그의 입을 열지 아니하였음이여 마치 도수장으로 끌려가는 어린 양과 털 깎는 자 앞에서 잠잠한 양 같이 그의 입을 열지 아니하였도다 그는 곤욕과 심문을 당하고 끌려갔으나 그 세대 중에 누가 생각하기를 그가 살아 있는 자들의 땅에서 끊어짐은 마땅히 형벌받을 내 백성의 허물 때문이라 하였으리요(사 53:7-8).

예수님은 어린 양과 같이 피 흘리면서까지 잠잠하셨고 십자가 고통을 당하셨습니다. 그런데 그분으로 말미암아 온 세계 열방이 구원을 얻고 천국 영생을 얻게 된 것입니다. 하나님은 이렇게 약한 자를 통하여 권능을 나타내는 분이십니다. 그것은 더욱 크신 주의 능력을 드러내기 위함입니다. 결국 모든 일들이 인간의 힘과 능력에 따라 되는 것이 아니라 하나님의 주권적 역사와 섭리에 따라 이루어지는 것임을 증거하기 위함입니다.

> 그러나 하나님께서 세상의 미련한 것들을 택하사 지혜 있는 자들을 부끄럽게 하려 하시고 세상의 약한 것들을 택하사 강한 것들을 부끄럽게 하려 하시며(고전 1:27)

약한 것을 기뻐하십시오. 더욱 주님을 의지하고 겸손하게 하나님의 권능을 찬송하십시오. 약한 자를 들어 강한 자를 부끄럽게 하시는 하나님께서 강한 자로 들어 써 주실 것입니다.

인간을 존귀하게 하신 은혜를 찬송(3-8절)

하나님은 인간을 만물의 주인공으로 만드셨습니다. 인간을 만드실 때 하나님의 형상을 따라 만들기로 성부·성자·성령 삼위 하나님께서 의논하시고 만드셨습니다(창 1:27). 그리고 만물을 창조하신 후에 사람들에게 관리권을 주셨습니다.

> 하나님이 그들에게 복을 주시며 하나님이 그들에게 이르시되 생육하고 번성하여 땅에 충만하라, 땅을 정복하라, 바다의 물고기와 하늘의 새

와 땅에 움직이는 모든 생물을 다스리라 하시니라(창 1:28).

　이렇게 존귀한 인간이 사탄의 유혹을 받아 선악과를 따 먹는 범죄를 저지르고 에덴동산에서 추방되었습니다. 추방될 뿐 아니라 고통 중에 살게 되었고 죽음을 당하게 되었습니다.

> 또 여자에게 이르시되 내가 네게 임신하는 고통을 크게 더하리니 네가 수고하고 자식을 낳을 것이며 너는 남편을 원하고 남편은 너를 다스릴 것이니라 하시고 아담에게 이르시되 네가 네 아내의 말을 듣고 내가 네게 먹지 말라 한 나무의 열매를 먹었은즉 땅은 너로 말미암아 저주를 받고 너는 네 평생에 수고하여야 그 소산을 먹으리라 땅이 네게 가시덤불과 엉겅퀴를 낼 것이라 네가 먹을 것은 밭의 채소인즉(창 3:16-18)

　인간의 조상 아담과 하와로부터 내려오는 죄를 원죄라고 합니다. 원죄로 인해 인간은 수많은 것들을 상실했습니다.

　1. 영원한 생명(창 2:17, 3:19)　2. 성결(창 2:25, 3:7)　3. 에덴동산(창 3:23)
　4. 만물을 다스리는 권세(창 1:28)　5. 하나님과 영적 교제(사 59:2)
　6. 인간의 강함(마 8:17)　7. 참 평안(요 14:27)　8. 의로움과 거룩함(롬 3:10)
　9. 선을 행하는 능력(롬 7:14-25)　10. 하나님 안에서의 자유(롬 8:21)
　11. 완전한 자제능력(엡 2:2-7)　12. 주님의 다양한 복(계 22:1-5)

　인간은 죄로 인해 놀라운 축복을 다 잃은 존재들입니다. 이런 인간들을 향해서 하나님께서 놀라운 회복의 은혜를 계획하시고 선지자들을 보내셔서 깨닫게 하시고 자연을 통해 계시해 주셨습니다. 그 결과 계시를 통해 하나님을 만난 다윗은 죄인을 의롭게 하시고 존귀케 하신 은혜를 이렇게 찬송했습니다.

> 주의 손가락으로 만드신 주의 하늘과 주께서 베풀어 두신 달과 별들을 내가 보오니 사람이 무엇이기에 주께서 그를 생각하시며 인자가 무엇이기에 주께서 그를 돌보시나이까 그를 하나님보다 조금 못하게 하시고 영화와 존귀로 관을 씌우셨나이다 주의 손으로 만드신 것을 다스리게 하시고 만물을 그의 발 아래 두셨으니 곧 모든 소와 양과 들짐승이며 공중의 새와 바다의 물고기와 바닷길에 다니는 것이니이다(3-8절).

6절에 "주의 손"은 하나님의 권능을 상징하고, 3절에 "주의 손가락"은 창조의 섬세한 아름다움을 보여 주기 위한 시적 표현입니다. 하나님은 크고 광대하신 분이신 동시에 한 사람 한 사람의 마음까지 만지시는 분이십니다. 위대하신 하나님께서 보잘 것 없는 인간들을 사랑하시고 축복해 주시는 것을 시인은 4절에서 "사람이 무엇이기에", "인자가 무엇이기에" 하며 반복해서 감사 찬송을 드리고 있습니다. 여기서 '사람'은 히브리어 에노쉬로 '인간이 깨어지기 쉽고 유한한 존재임을 나타내는 말'이고, '인자'는 히브리어 벤아담으로 '흙으로 지어진 존재, 피조물임을 강조한 말'입니다. 다윗은 영원하시고 위대하신 창조주 하나님께서 지극히 미천한 사람을 생각하시고 돌봐 주시는 은혜를 찬송한 것입니다.

그런 다음 5절에서 인간을 "하나님보다 조금 못하게 하시고 영화와 존귀로 관을 씌워 주셨다."고 인간이 비록 하나님에게는 미치지 못하지만 하나님의 보살핌을 받는 존귀한 존재로 만들어 주심을 찬송하고 있습니다. 그러면서 6절에서 8절까지는 인간을 만물의 영장으로 세우시고 청지기로 세우셔서 다스릴 수 있도록 맡겨 주신 은혜에 감사 찬송을 드리고 있습니다. 이런 권세를 받은 것도 모르고 동물과 식물과 경이로운 자연을 신으로 섬기고 두려워 떨며 우상을 섬기는 것은 천하에 어리석은 일임을 알아야 합니다.

하나님께서는 이렇게 인간을 사랑하십니다. 유한하고 깨지기 쉬운 질그릇과 같은 존재인 인간을 존귀하게 하셨습니다. 그래도 하나님을 모른다 하니 독생자 예수 그리스도를 보내 주셔서 그를 믿는 자는 누구든지 영생을 허락하는 대(大) 사면령을 내리셨습니다. 그리고 예수 안에 있는 자는 모두 다 하나님의 자녀 삼으시고 천국에서 영원히 살 수 있는 시민권을 주시고 영생을 허락하셨습니다. 이보다 더 좋은 소식은 어디에도 없습니다. 그래서 이 소식을 Good News, 복된 소식이라고 말합니다.

> 영접하는 자 곧 그 이름을 믿는 자들에게는 하나님의 자녀가 되는 권세를 주셨으니(요 1:12)

우리의 죄를 사해 주실 뿐만 아니라 죄로 인해 죽었던 우리를 하나님의 자녀 삼아 주시고 영원한 생명을 주셔서 질그릇 같은 우리를 존귀하게 하신 하나님의 은혜를 늘 찬송하며 영광 돌리시기 바랍니다.

하나님을 자랑하라

시편 44편 1-8절

사람의 본성 중 자랑하고 싶은 마음이 있습니다. 자랑은 자기 자신 또는 자기와 관계있는 사람이나 물건 일 따위가 썩 훌륭하거나 남에게 칭찬받을 만한 것임을 드러내어 말하는 것입니다. 또는 자신의 우월성을 겉으로 표현하는 것입니다. 성경은 자랑하지 말 것과 자랑할 것을 명확하게 구분하고 있습니다.

자랑하지 말 것

1. 전쟁의 승리를 자랑하지 말라(욥 20:5).

2. 악한 계획을 자랑하지 말라(시 52:1).

3. 내일 일을 자랑하지 말라(잠 27:1).

4. 지혜를 자랑하지 말라(렘 9:23).

5. 용맹을 자랑하지 말라(렘 9:23).

6. 부함을 자랑하지 말라(렘 9:23).

7. 율법을 자랑하지 말라(롬 2:23).

8. 행위를 자랑하지 말라(롬 4:2).

9. 육체(외모)를 자랑하지 말라(고전 1:29: 고후 5:12).

10. 사람을 자랑하지 말라(고전 3:21).

11. 받은 것을 자랑하지 말라(고전 4:7).

12. 허탄한 것을 자랑하지 말라(약 4:16).

13. 이생의 것을 자랑하지 말라(요일 2:16).

성경은 자랑은 옳지 않은 것이요. 교만이라고 말씀하고 있습니다. 누가복음 18장 9-14절에 보면 예수님께서 세리를 무시하면서 금식과 십일조 생활을 자랑하며 자기 의를 드러내는 바리새인들을 책망하셨습니다. 그런가 하면 자랑할 것에 대해서 이렇게 말씀하고 있습니다.

자랑할 것

1. 하나님의 이름을 자랑하라(대상 16:10; 시 20:7).

2. 주의 유산을 자랑하라(시 106:5).

3. 하나님을 자랑하라(시 44:8).

4. 하나님의 일에 대하여 자랑하라(롬 15:17).

5. 주 안에서 자랑하라(고후 10:17).

6. 십자가를 자랑하라(갈 6:14).

7. 그리스도 예수를 자랑하라(빌 3:3).

자랑하지 말아야 할 것에 비해 상대적으로 자랑할 것은 적습니다. 하나님, 예수님, 십자가만 자랑하라고 성경은 분명하게 말씀하고 있습니다. 그런데 사람 마음이 어디 그렇습니까? 미인은 미모를 자랑하고 싶고,

용사는 힘을 자랑하고 싶고, 부자는 돈을 자랑하고 싶고, 학자는 지식을 자랑하고 싶은 것이 인지상정이지요. 이런 자랑 말고도 자식 자랑하는 사람들이 더러 있습니다. 아내 자랑하는 사람은 매우 적은 편인데 가끔 그런 사람이 있습니다. 특히 이런 사람들을 팔불출(八不出: 자기 잘났다고 뽐내고 마누라 자랑, 자식 자랑, 조상 자랑, 부모 자랑, 형제 자랑, 학교 선후배 자랑 그리고 고향 자랑하는 사람을 뜻한다. 팔불용[八不用], 팔불취[八不取]라고도 한다.)이라고 합니다. 성경은 분명하게 하나님, 예수님, 십자가를 자랑하라고 성도들에게 말씀하고 있음을 기억하기 바랍니다.

본문은 고라 자손인 시인이 쓴 시로 앗수르왕 산헤립의 침공으로 인해, 유다 왕국이 절체절명의 위기에 처했던 상황을 배경으로 쓴 '민족애가'입니다. 민족애가와 비탄시는 비슷합니다. 이 두 시 모두 고난받는 현재 상황에 대한 탄식에서 과거에 베푸신 하나님의 구원의 은총에 근거한 구원 호소로 진행되며, 비탄시는 나를 구원해 달라는 호소로 그리고 민족애가는 선민 이스라엘을 구원해 달라는 호소로 마무리됩니다.

시편 44편은 아브라함, 이삭, 야곱과 맺은 언약에 따라 선민 이스라엘을 출애굽시켜 가나안 땅에 정착하게 하신 하나님의 언약을 지키시는 신실성을 부각시키고 있습니다. 그에 대한 신뢰를 바탕으로 주의 도를 버리지 않고 하나님과의 언약을 잘 지키겠으니 이스라엘 백성을 구원해 달라는 호소가 중심을 이루고 있습니다. 그러면서 하나님을 종일 자랑했다고 8절에 말씀하고 있습니다.

자랑할 나라가 있는 백성은 행복한 국민입니다. 자랑할 지도자가 있는 백성은 행복한 국민입니다. 자랑할 과거가 있는 백성은 행복한 국민입니다. 자랑할 아버지가 있는 백성은 행복한 사람입니다. 하나님은 우리가 일평생 자랑하고 날마다 자랑할 수 있는 좋으신 영의 아버지이십니다. 자랑할 무엇이 있습니까? 하나님을 자랑하며 살아가시기 바랍니다.

조상에게 베푸신 하나님의 은혜를 자랑하라(1-2절)

세상 사람들은 누구나 자랑하고 싶은 욕구가 있다고 앞에서 말씀드렸습니다. 그런데 왜 세상 자랑을 하면 안 될까요? 인간의 자랑은 헛되고, 심지어 악하기까지 하기 때문입니다. 그러므로 헛된 것이 아닌 영원하신 하나님을 자랑해야 합니다.

> 하나님이여 주께서 우리 조상들의 날 곧 옛날에 행하신 일을 그들이 우리에게 일러 주매 우리가 우리 귀로 들었나이다 주께서 주의 손으로 뭇 백성을 내쫓으시고 우리 조상들을 이 땅에 뿌리 박게 하시며 주께서 다른 민족들은 고달프게 하시고 우리 조상들은 번성하게 하셨나이다 (1-2절).

시인은 하나님께서 조상들에게 베푸신 하나님의 은혜를 자랑하고 있습니다. 1절에 "옛날에 행하신 일"은 하나님께서 이스라엘 백성을 애굽에서 구원하시고 광야 여정에서 지켜주시며 약속의 땅 가나안을 차지하게 하신 사실을 가리킵니다. 또한 하나님의 구원사역을 총칭하는 말이기도 합니다.

2절에 구원해 주신 것으로 끝난 것이 아니라 "번성하게 하셨다."고 말하고 있습니다. 70명이 애굽에 들어갔지만 200만 명이 넘는 큰 민족을 이루게 하시고, 가나안에 장대한 거인족속을 위시한 일곱 족속이 버티고 있었지만 그들을 물리치고 정복하게 하셨습니다.

그런데 이런 사실을 어떻게 알았을까요? 역사 시간에 배웠을까요? 역사박물관 견학으로 알게 되었을까요? 1절에 보니 조상들이 일러 주었다는 것입니다. 이것이 이스라엘의 힘의 원천인 구전 교육입니다. 자녀교육을 선생님에게 맡기지 말고 부모들이 구전으로 신앙을 전수해야 합니다. 하나님께 받은 은혜를 간증해야 합니다. 특히 어려서 품안에 안고 교육해야 합니다. 어렸을 때는 들은 이야기를 또 들어도 재밌고, 날마다 들어도 새롭습니다.

이스라엘 조상들은 하나님의 구원의 역사, 기적의 역사를 날마다 자녀들에게 들려주었습니다. 그래서 그 신앙이 나라를 잃고 유리방황하면서도 3천 년을 유지할 수 있었던 것입니다. 앗수르의 침략과 바벨론 포로기에도, 헬라의 지배 하에서도, 로마의 압정으로부터도 하나님의 선한 손이 나타나서 도와 주셨다고 자녀들에게 계속 계속 하나님께서 은혜 베푸신 것을 자랑했습니다.

> 우리가 우리 조상의 하나님 여호와께 부르짖었더니 여호와께서 우리 음성을 들으시고 우리의 고통과 신고와 압제를 보시고 여호와께서 강한 손과 편 팔과 큰 위엄과 이적과 기사로 우리를 애굽에서 인도하여 내시고 이곳으로 인도하사 이 땅 곧 젖과 꿀이 흐르는 땅을 주셨나이다 (신 26:7-9).

우리의 고난 찬 역사도 이스라엘 못지 않았습니다. 그 속에 하나님의 크신 손, 능력의 손이 역사하셔서 구원해 주셨음을 후손들에게 전해야 합니다. 그래야 하나님께서 우리 민족에게 베풀어 주신 하나님의 은혜를 잊지 않고 하나님을 자자손손 섬기는 후손들이 될 것입니다.

하나님의 크신 능력을 자랑하라(3절)

세상의 모든 집단이 자기의 지도자의 능력을 자랑합니다. 특별히 북한에서 김일성 일가의 우상화는 심각한 수준입니다. 김일성이 백마를 타고 항일 유격대를 지휘하여 일본군을 무찔렀다고 자랑하는데 새빨간 거짓말입니다. 김일성이 백마를 탄 적이 없습니다. 일본육사 기병과 출신의 김광서라는 분이 있습니다. 김경천이란 이름을 쓰기도 하고 김일성이라는 이름을 쓰기도 했습니다. 그가 백마를 타고 시베리아에서 이름을 날린 1923년에 김일성의 나이는 불과 11살에 불과했습니다. 그런데 김광서 장군의 행적을 마치 김일성의 것인양 덮어씌우기를 하면서 거짓 자랑을 하는 것입니다. 이단들도 교주의 능력을 자랑합니다. 교주가 사람의 마음을 꿰뚫어보는 신통력을 가졌다고 하기도 하고, 손을 얹으면 병이 낫고, 복을 빌면 만사형통한다고 자랑합니다.

교회도 조심해야 합니다. 목사를 너무 높이고 자랑하고 신격화하면 사교집단이 될 수 있습니다. 성도들은 바울의 정신을 본받아야 합니다. 사도행전 14장 8절 이하에 보면 루스드라에서 복음을 전할 때 앉은뱅이를 보고 "네 발로 일어서라." 큰소리로 외쳤습니다. 그러자 앉은뱅이가 일어나 걸었습니다. 이 광경을 본 사람들이 "신들이 사람의 형상을 하고 우리 가운데 내려오셨다."고 외치더니 소를 끌고 와서 바울과 바나바 앞에서 제사를 드리려고 했습니다. 그때 바나바와 바울이 말한 내용을 들어 보십시오.

이르되 여러분이여 어찌하여 이러한 일을 하느냐 우리도 여러분과 같은 성정을 가진 사람이라 여러분에게 복음을 전하는 것은 이런 헛된 일을 버리고 천지와 바다와 그 가운데 만물을 지으시고 살아 계신 하나님께로 돌아오게 함이라(행 14:15).

이 일은 하나님이 하신 일이지 우리가 한 일이 아닙니다. 우리들은 당신들과 똑같은 사람이라고 말한 것입니다. 우리가 예수 믿고 믿음으로 외치면 능력이 나타납니다. 그때 조심해야 합니다. 능력의 근원이 내게 있지 않고 하나님께 있기 때문입니다.

이르되 우리 조상들의 하나님 여호와여 주는 하늘에서 하나님이 아니시니이까 이방 사람들의 모든 나라를 다스리지 아니하시나이까 주의 손에 권세와 능력이 있사오니 능히 주와 맞설 사람이 없나이다(대하 20:6).

시인도 본문 말씀에서 하나님의 능력을 자랑하고 있습니다.

그들이 자기 칼로 땅을 얻어 차지함이 아니요 그들의 팔이 그들을 구원함도 아니라 오직 주의 오른손과 주의 팔과 주의 얼굴의 빛으로 하셨으니 주께서 그들을 기뻐하신 까닭이니이다(3절).

하나님을 자랑할 수 있는 근거는 능력이 무한하시기 때문입니다. 하나님은 천지 만물을 창조하셨을 뿐 아니라 운행하시는 분이십니다. 또한 인간의 생사화복을 주관하십니다. 이것을 모르는 많은 사람들이 자신의 능력으로 인생을 살아가기 위해 애쓰고 힘씁니다. 그 노력은 매우 버겁습니다. 혼자 고민하고 힘겹게 살아갑니다. 시인은 알았습니다. 이스라엘 백성들이 가나안 땅을 차지한 것이 자기 칼로 적을 무찌르고 차지한 것이 아님을 알았습니다. 자신의 팔로 바로의 군사를 물리치고 종의 결박을 풀고 출애굽한 것이 아님을 알았습니다. 오직 주의 오른손과 팔과 얼굴빛으로 구원하시고 차지하게 하신 것임을 알았습니다. 하나님께서 홍해를 가르셔서 이스라엘은 건너게 하시고 홍해를 닫으셔서 바로의 군대는 수장시키셨습니다.

> 부와 귀가 주께로 말미암고 또 주는 만물의 주재가 되사 손에 권세와 능력이 있사오니 모든 사람을 크게 하심과 강하게 하심이 주의 손에 있나이다(대상 29:12).

십자가에서 예수님 편을 드시사 사탄을 결박하시고 예수님을 부활하게 하셨습니다. 이것을 믿는 성도들은 하나님의 능력을 자랑해야 합니다. 능력은 주의 손에 있습니다. 그러므로 주의 능력을 구해야 합니다(대상 16:11).

분문에 '얼굴빛'으로 하셨다는 것은 은총을 베푸셨다는 뜻입니다. 하나님은 구하는 자에게 능력을 베푸시고 은총을 베푸시는 좋으신 아버지이십니다. 능력이 많으신 하나님께서는 약한 자를 도와주시기를 기뻐하십니다. 부족하십니까? 약하십니까? 어려운 일이 있으십니까? 하나님의 능력을 구하시기 바랍니다.

나에게 이르시기를 내 은혜가 네게 족하도다 이는 내 능력이 약한 데서 온전하여짐이라 하신지라 그러므로 도리어 크게 기뻐함으로 나의 여러 약한 것들에 대하여 자랑하리니 이는 그리스도의 능력이 내게 머물게 하려 함이라(고후 12:9).

겸손은 하나님의 능력을 전하는 전도체입니다. 약한 것을 자랑하시기 바랍니다. 하나님의 능력을 맛보게 될 것입니다. 그러면 그때 하나님의 능력을 자랑하시기 바랍니다. 하나님은 '능력 주시는 자'이심을 믿으시기 바랍니다. 하나님은 이스라엘 백성을 능력의 팔로 인도하시고 구원해 주셨습니다. 하나님은 능력을 주시는 분이십니다. 하나님의 능력을 구하시고 체험하시기 바랍니다. 그리고 하나님의 능력을 자랑하시기 바랍니다.

주 이름을 부르는 자를 구원하시는 하나님을 자랑하라(4-8절)

사람 중에는 과거를 먹고 사는 사람이 있습니다. 그런 사람을 우리 조상은 무슨 벼슬을 했고, 우리 할아버지는 천석꾼이었고, 우리 아버지는 일류대를 나왔다는 것을 자랑합니다. 그러면 너는 뭐했냐? 물으면 아무것도 안했다. 못했다. 그렇습니다. 이런 인생이 되면 안됩니다.

그런가 하면, 현재에 사는 사람이 있습니다. 아파트 평수가 몇 평이고, 어느 대학을 나왔고, 직장에서 지위는 사장이고, 차는 벤츠를 타고, 자녀들은 일류기업에 다니는 것이 자랑입니다. 그런 사람에게 내일 일을 물으면 모릅니다. 천국에 대해 물으면 꿀 먹은 벙어리가 되고 맙니다. 지금이 천국이라고 생각합니다. 그러나 그것은 30년 길어야 40년 안에 끝납니다. 새벽안개 같이 다 사라지고 말 것입니다.

또한, 미래를 사는 사람이 있습니다. 지금은 어렵고 힘들지만 소망 중에 살아갑니다. 사모하는 하나님 나라를 가기 위해 이 땅에서 힘들고 어렵고 험한 길이지만 주의 이름을 부르며 순례의 길을 갑니다.

시편 44편은 1-3절까3.지는 과거 하나님의 구원 역사를 회고하는 내용이고, 9절 이하 26절 끝까지는 현재 위기 상황을 있는 그대로 나타내고 있습니다. 매우 힘들고 대적들에게 사로잡히고 창칼에 찔려 죽을 위기의 상황입니다. 그러나 시인은 현재에 사는 세속적인 사람이 아닙니다. 그는 미래를 사는 믿음의 사람입니다. 그 믿음을 가지고 구원해 주실 하나님을 신뢰하고 자랑하는 내용이 바로 4-8절 내용입니다.

> 하나님이여 주는 나의 왕이시니 야곱에게 구원을 베푸소서 우리가 주를 의지하여 우리 대적을 누르고 우리를 치러 일어나는 자를 주의 이름으로 밟으리이다 나는 내 활을 의지하지 아니할 것이라 내 칼이 나를 구원하지 못하리이다 오직 주께서 우리를 우리 원수들에게서 구원하시고 우리를 미워하는 자로 수치를 당하게 하셨나이다 우리가 종일 하나님을 자랑하였나이다 우리는 하나님의 이름에 영원히 감사하리이다 (셀라)(4-8절).

4절에 지금 앗수르의 산헤립왕이 쳐들어와 유다의 히스기야 왕은 아무 힘도 쓰지 못하고 있습니다. 그러나 우리의 왕은 하나님이심을 믿사오니 야곱, 즉 이스라엘 백성을 구원해 달라고 호소합니다. 시인은 하나님을 왕으로 부르고 있습니다. 왕은 백성을 구원할 책임과 의무가 있습니다.

5절에 "적을 밟아 달라."고 말하고 있습니다. 이것을 원어로 표현하면

"우리가 뿔로 그들을 공중에 받아 올리겠다."는 뜻입니다. 황소나 물소가 사자를 받아 공중에 날리는 장면을 동물의 왕국에서 본 적이 있습니다. 하나님의 이름을 자랑하고 왕으로 모시면 원수마귀를 이렇게 뿔로 받아 날려버리실 것입니다.

6절에 나는 활도 의지하지 않고 칼도 의지하지 않고 오직 하나님을 의지한다고 고백합니다. 이것은 어떤 난국을 당해도 인간의 힘을 의지하지 않고 하나님만 의지하겠다는 절대 믿음의 고백인 것입니다.

7절은 이전에 우리를 구원하신 사건을 떠올리면서 과거에 구원하신 것처럼 이번에도 국가적 위기에서 구원해 주실 것을 믿는다고 고백하고 있습니다. 그리고 장래에도 하나님께서 인도하시고 구원해 주실 것을 확실히 믿었던 것입니다. 그래서 8절에 종일 하나님을 자랑하고 있습니다. 여기에 '종일'이란 히브리어 '콜욤(모두+날)'으로 '날마다'라는 뜻입니다.

여러분, 지금 상황이 어떠하십니까? 여러분을 괴롭히고 압박하고 힘들게 하는 앗수르는 무엇입니까? 재물입니까? 사탄의 송사입니까? 질병입니까? 가정문제입니까? 직장문제입니까? 그런 속에서도 시인은 하나님을 자랑하라고 우리에게 권면하고 있습니다. 어떤 위기 속에서도 주의 이름을 부르는 자를 구원하시는 하나님(롬 10:13)을 자랑하시기 바랍니다. 그러면 위기에서 건지시고 새로운 환경으로 인도해 주실 것입니다.

하나님은 현재 상황과 상관없이 내 수준과 정도와 상관없이 주의 이름을 부르는 자를 '누구든지' 구원해 주십니다. 그 인자하신 하나님을 자랑하시기 바랍니다.

감사로 제사를 드립시다

시편 50편 14-23절

　어느 시골에 노인 농부 내외가 살고 있었습니다. 이 집의 재산이라고
는 말 한 필뿐이었습니다. 어느 날 아내가 남편에게 말을 다른 더 좋은
말로 사오든가 더 좋은 물건으로 바꾸어 오라고 말했습니다. 남편은 말
을 끌고 시장으로 나갔습니다. 그런데 남편은 말을 끌고 나가서 썩은 사
과 하나를 달랑 들고 집에 들어 가는 것이었습니다. 그 모습을 옆집 부자
가 보았습니다. 틀림없이 부부 싸움이 일어날 것이라고 생각하였습니다.
그래서 부자가 노인에게 "당신 부인에게 호되게 야단맞고 부부싸움이 대
판 벌어지겠군요?"라고 말했습니다. 그랬더니 노인이 "내 아내는 어떤 경
우에도 불평하지 않고 감사합니다."라고 답했습니다. 부자는 이상하여
또 "말 한 마리가 썩은 사과 한 개로 바뀌었는데도 불평하지 않고 싸우지
않는다고요?"라고 물었습니다. 그러자 노인이 제안합니다. "예. 말 한 필
내기할까요? 나와 같이 가 볼래요?"

　노인이 집에 들어가자 아내와 이런 대화가 오고 갔습니다.

　"처음에는 말과 암소를 바꾸었지요."

　"우유를 먹게 되었으니 감사하군요."

"그런데 다시 암소와 양을 바꾸었지요."

"더 잘 되었군요. 우리 집 앞에는 풀이 많지요. 그리고 양젖도 먹고, 양털 옷까지 입을 수 있게 되었군요. 감사해요."

"그런데 암탉과 바꾸었지."

"잘 하셨어요. 암탉이 알을 낳으면 알도 먹고, 병아리도 까면 우리는 양계장 주인이 되는군요."

"그런데 암탉을 썩은 사과와 바꾸었어요."

"그러면 더 감사해야겠네요. 집에 식초가 떨어져 썩은 사과가 필요했는데 요즘엔 사과가 나오는 계절이 아니라 사과를 구하기 힘들었지요. 썩은 사과로 바꿔 오다니. 이제 썩은 사과로 식초를 만들게 되었네요. 얼마나 감사합니까?"

그래서 부자로부터 말 한 필을 공짜로 얻었습니다.

덴마크의 안데르센이 쓴 『썩은 사과』라는 동화의 내용입니다. 안데르센은 "항상 감사하는 사람이 복을 받게 된다."는 교훈을 남긴 것입니다.

감사하는 곳에는 여유가 있고 다시 문제를 풀어갈 수 있는 문제 해결 능력이 들어 있습니다. 바울은 디모데에게 "감사함으로 받으면 버릴 것이 없다(딤전 4:4)."고 말했습니다. 탈무드에는 이런 말도 있습니다.

세상에서 가장 지혜로운 사람은 배우는 사람이요, 가장 강한 사람은 자기를 이기는 사람이요, 가장 행복한 사람은 언제나 감사하며 살아가는 사람이다(탈무드).

누가 행복한 사람입니까? '감사하며 살아가는 사람'입니다. 우리가 잘 아는 인도의 시인 타고르도 "감사의 분량은 곧 행복의 분량이다."라고 말했습니다. 사람은 감사하는 것만큼 행복할 수 있습니다. 많이 행복하고 싶습니까? 그렇다면 많이 감사하시기 바랍니다.

암에 걸린 사람이 있었습니다. 처음에는 하필이면 왜 하필이면 내가 이런 병에 걸렸나 하늘을 원망하고 슬퍼하고 좌절하였습니다. 병이 점점 더 깊어졌습니다. 그러다가 어느 날 이런 생각이 들더랍니다. '어차피 죽을 목숨 이렇게 시간을 보낼 것이 아니라 뭔가 감사할 내용을 찾아보자.' 생각하고 무엇이든 감사로 고백하기 했습니다. '통증이 와도 감사합니다. 주사를 맞아도 감사합니다. 치료를 받을 때도 감사합니다. 잘 때도 감사합니다. 일어날 때도 감사합니다.' 매일 매순간 마다 감사하고 또 감사했습니다. 그러자 놀라운 일이 일어났습니다. 암세포가 하나 둘 줄어들기 시작하더니 완전히 사라졌습니다. 건강을 회복하였습니다. 감사가 암을 이긴 것입니다.

감사가 불행을 이깁니다. 행복의 결과가 감사가 아니라 감사의 결과가 행복입니다. 행복하니까 감사한 것이 아니라 감사를 하면 행복이 찾아옵니다. 스스로 불행하다고 생각하시는 분계십니까? 그럴수록 감사하십시오. 그러면 반드시 행복해집니다.

환난 속에서도 감사(14-15절)

노만 카슨이라는 미국인이 척추염을 앓게 되었습니다. 현대 의학이 모든 방법을 다 동원해서 치료했지만 병은 조금도 진전을 보이지 않았습니다. 너무 큰 고통을 잊기 위해서 코미디 프로그램을 계속 찾아보면서 웃었습니다, 그런데 몇 주 지났는데 이상한 것을 느꼈습니다. 그렇게 심했던 통증이 사라진 것입니다. 병원에 가서 검진을 받았는데 의사들도 놀라면서 완치판정을 내렸습니다. 그 후부터 노먼 카슨은 웃음에 대해 연구했습니다. 그 결과 웃으면 엔도르핀이 쏟아져 나오면서 암세포를 죽인다는 사실을 밝혀냈습니다. 세상이 그를 주목하기 시작했고 유명한 웃음치료학자가 되어 UCLA대학 교수가 되어 웃음치료학을 가르쳤습니다.

그렇습니다. 웃음은 하나님이 사람에게 주신 최고의 선물이자 최고의 복입니다. 하나님은 '항상 기뻐하라'고 말씀하셨습니다. '항상'이라는 말 속에 '환난의 상황'도 포함되어 있습니다. 환난 속에서 감사하는 사람에게 하나님께서 기쁨 주시고, 환난을 물리칠 능력 주시고, 기적도 체험하게 하십니다.

> 감사로 하나님께 제사를 드리며 지존하신 이에게 네 서원을 갚으며 환
> 난 날에 나를 부르라 내가 너를 건지리니 네가 나를 영화롭게 하리로다
> (14-15절).

사람은 누구나 환난을 당합니다. 일기가 항상 쾌청하지 않은 것처럼 인생도 천둥치고, 번개가 치고, 때로는 먹구름이 일어나고 홍수가 날때도 있게 마련입니다. 환난은 누구에게나 다 찾아옵니다. 환난을 당하지 않는 것을 바라는 것은 요행을 바라는 것입니다. 문제는 환난을 당할 때 태도가 인생을 결정하는 것입니다. 데일 카네기의 말을 한번 되새겨 보시기 바랍니다.

톱밥에 톱질하려고 하지 말라. 톱밥은 이미 톱질을 해서 톱밥이 돼 버렸

다. 톱밥에 톱질을 해도 톱밥은 톱밥이다. 실패와 고통의 과거를 계속 떠올리지 말라. 실패를 떠올리는 자기 대화를 하지 말라. 매순간 자신에게 "내게 능력 주시는 자 안에서 내가 모든 것을 할 수 있느니라." 고백하라.

이미 환난을 당했는데 원망한다고, 한탄한다고 일이 해결되지 않습니다. 그것은 자신을 두 번 죽이는 일입니다. 오히려 환난 속에서도 기도하십시오. 감사로 제사를 드리고, 서원했던 것을 다 갚으시기 바랍니다. 하나님께서 반드시 기억하시고, 회복시켜 주시겠다고 약속하고 있습니다.

다니엘은 자신을 모함하고 죽이려는 음모를 알고도 하나님을 향하여 기도하다가 사자굴에 던져졌습니다. 그것을 보고 계시던 하나님께서 사자의 입을 봉하시고, 다니엘을 건지고 영화롭게 하셨을 뿐 아니라 모함했던 정적들이 대신 사자굴에 던져졌을 때 사자가 닫혔던 입을 열고 뼈까지 부스러뜨려 죽였다고 성경은 증언하고 있습니다.

남에게 "환난 중에도 감사하라."고 말하기는 쉽습니다. 그러나 막상 자기에게 환난이 닥치면 설교하는 목사라도 "왜 나만 겪는 고난이냐?"고 원망하고 불평할지도 모릅니다.

'쉐리'라는 여인이 여행 중에 한 도시를 방문했습니다. 그녀는 우연히 하늘을 보다가 너무나 아름다운 석양에 감탄했습니다. 그런 장관을 혼자만 보기가 너무 아까워 가까운 가게에 들어가 여자 점원에게 말했습니다.

"좀 나와 보세요."

점원은 왠일인가 하면서 따라 나왔습니다. 쉐리가 말했습니다.

"저 석양을 좀 보세요. 하나님이 계시고, 그 하나님이 하늘을 만드셨어요. 이 세상은 참 아름다워요. 하나님이 계시기 때문이죠."

점원은 물끄러미 석양을 바라보다가 곧 가게로 들어갔습니다.

그 후 4년이 흘렀습니다. 그동안 쉐리는 남편과 이혼을 했습니다. 그녀는 상심한 채 소망을 잃고 살고 있었습니다. 그녀에게 삶은 감옥이고 무덤이었습니다. 그러던 어느날 쉐리는 무심코 잡지를 펼쳐 들었습니다. 거기에는 한 여인의 이야기가 실려 있었습니다. 그 여인도 결혼에 실패해서 절망 중에 있었습니다. 여인은 낯선 도시로 이사해 가게 점원으로 일했습니다. 죽지 못해 하루하루 살고 있었습니다. 그런데 어느날 주책없는 한 여자가 가게에 들어와 밖으로 나오라고 하더니 석양을 보라고 했습니다. 점원은 그 여자에게 "하나님이 살아 계시다."는 이야기를 듣고 그동안 잊고 있었던 하나님을 다시 찾게 되었습니다. 하나님은 그녀를 고통의 삶에서 건져주셨습니다. 쉐리는 깜짝 놀랐습니다. 자신의 이야기였기 때문입니다. 쉐리는 다시 하나님께로 나아갔습니다. 하나님께서는 쉐리를 고통에서 건져 주셨습니다.

성도는 환난과 핍박 중에도 하나님이 살아 계심을 믿고 기도하며 감사할 수 있어야 합니다. 이것이 신앙을 지킬 수 있는 방법입니다. 남의 말 하기는 쉬워도 자신이 감사하기는 어렵습니다. 그러나 환난 속에서도 하나님을 소망하여 감사하면 반드시 위로하시고 건져 주신다는 사실을 믿으시기 바랍니다.

악인들 속에서도 감사(16-21절)

요즈음 뉴스 보십니까? 신문을 보십니까? 인터넷을 보십니까? 마음이 평안하십니까? 사방이 막혀 있는 것 같이 답답하지 않습니까? 그래서 차라리 연속극을 보신다구요? 내용이 건설적입니까? 건강한 내용입니까? 윤리적으로 문제가 없습니까? 그것도 그래서 차라리 예능프로를 보신다 구요? 너무 가볍지 않습니까? 연예인들의 신변잡담을 듣고 있기에 마음 이 불편하지 않습니까? 세상 어디를 둘러보아도 시원한 곳이 없습니다. 세계 정세는 급박하게 돌아가고 있습니다. 국회가 꼭 필요할까? 입법부 의 역할을 할 수 있는 다른 기관을 만드는 것이 낫지 않을까? 하는 생각 이 들기도 합니다. 경제 사정은 한 치 앞을 모르겠습니다. 이런 저런 생각 을 하다 보면 가슴이 답답해지고 이 나라가 어디로 갈 것인가 하는 걱정 을 떨쳐 버릴 수가 없습니다. 그러나 성경은 그런 상황 속에서도 감사를 잊지 말라고 가르칩니다.

> 악인에게는 하나님이 이르시되 네가 어찌하여 내 율례를 전하며 내 언
> 약을 네 입에 두느냐 네가 교훈을 미워하고 내 말을 네 뒤로 던지며 도
> 둑을 본즉 그와 연합하고 간음하는 자들과 동료가 되며 네 입을 악에게
> 내어 주고 네 혀로 거짓을 꾸미며 앉아서 네 형제를 공박하며 네 어머
> 니의 아들을 비방하는도다 네가 이 일을 행하여도 내가 잠잠하였더니
> 네가 나를 너와 같은 줄로 생각하였도다 그러나 내가 너를 책망하여 네
> 죄를 네 눈 앞에 낱낱이 드러내리라 하시는도다(16-21절).

본문 상황을 보면 악인들이 득세해서 기고만장한 모습이 참으로 가관 입니다. 시인이 고발한 악인들의 모습은 스스로 참된 이스라엘 백성임을 내세우고 율법의 준수를 강조하면서도 정작 자신들은 실행하지 않고 있 습니다. 겉모습만 경건하게 꾸미고 거룩함을 가장해서 제사를 드릴 뿐이

었습니다. 율법을 마음에서 경시하던 것이 지나쳐 공공연히 무시하거나 배척하는 수준에 이르렀습니다. 행악을 멀리하기보다는 도적과 연합을 하고, 겉으로는 경건한 체 하지만 간음하는 악을 서슴치 않았습니다. 입은 사기와 속임수에 내어 주었으며 여러 사람이 모인 자리에서 약한 자를 멸시하고, 상대방을 비방하고, 모략하는 일들을 거리낌 없이 행했습니다. 그런데도 오래참고 심판을 유보하시는 하나님을 모른 채 오만방자해졌습니다. 하나님께서 이들을 엄정하게 심판하겠다고 말씀하신 것입니다. 그런데 이런 사람들도 문제지만 이런 사람들에 둘러싸인 선한 사람들에게도 문제가 발생합니다. 어떤 문제인가 하면 눈을 뜨면 당장 보이는 사람들이 전부 악인이기 때문에 악인들이 비교 기준의 잣대가 될 수 있다는 문제입니다.

예를 들면 이렇습니다. 북한 공산당만 바라보고 저들과 대립하다 보면 북한은 망해야 할 집단으로 밖에 안보입니다. 그렇다면 그것이 과연 하나님의 마음일까요? 니느웨가 망하기만을 바랐던 요나에게 하나님께서 그 땅이 회개하고 용서받아 회복되어야 할 이유에 대하여 말씀하셨습니다. 좌우를 분변하지 못하는 어린 생명이 무슨 죄가 있다고 멸망당해야 되겠느냐고 하나님이 요나를 깨우쳐 주었습니다(욘 4:11). 공산당이 밉다고, 김정은이 밉다고 망하고 죽어야 한다면 북한의 어린아이들이 무슨 죄가 있습니까? 불쌍하지 않습니까? 그러므로 악인들과 싸우고 그들에게 둘러싸여 있다가 자신도 모르게 악한 마음을 먹게 될 수 있다는 것을 깨달아야 합니다.

과거에 군부독재 타도를 외치며 싸웠던 운동권 출신들이 정권을 잡은 뒤에 옛날 독재자들과 싸우던 투쟁의 방식으로 정치했기 때문에 문제가 되고, 나와 다르면 무조건 독재라고 외치며 타도의 대상을 삼는 함정에 빠지게 되었던 것입니다. 그런 것을 생각하면 지금 문재인 대통령은 너무 잘하고 있다는 생각이 듭니다.

우리는 절대 신앙을 가져야 합니다. 우리의 기준은 변치 않는 하나님의 말씀, 오직 예수 그리스도의 사랑이 되어야 합니다. 변하고 흔들리는 사상과 주의와 사람에게 기준을 두는 비교급 신앙을 가지면 실패합니다.

악인과 비교하다 보면 영적 수준이 떨어지게 됩니다. 따라서 악인과 비교하면 시험에 들고 넘어집니다. 불평하다 멸망하고, 원망하다 멸망하고, 악인을 따라가다 멸망합니다. 악한 세상 악인들이 사방을 욱여싸고 있어도 하늘에 계신 하나님을 바라보시기 바랍니다. 오히려 감사하며 참고 기다리면 형통하게 하실 것입니다.

동행해 주시는 하나님께 감사(22-23절)

세계적 노화 연구학자인 미국 조지아대학교 레오나드 푼 박사가 100세 장수인 생활 조사차 한국에 왔다가 전북 순창 장수마을을 찾았습니다. 이 마을의 장수의 원인 중 하나가 어른을 모시고 사는 가족의 따뜻한 사랑이 있기 때문이라고 말했습니다.

우리나라에 최장수 마을이 섬진강 최상류에 자리잡은 전북 순창군 구림면 방화리입니다. 앞으로는 방화천 맑은 물이 흐르고, 뒤로는 회문산 자락이 감싸도는 분지형 마을인데, 2009년 당시 130명 주민 중 80세 이상의 노인이 12명이고, 태반이 60-70세 노인입니다. 100세 이상 노인도 9명이나 됩니다. 최고령자는 국내 최장수인 박복동 할머니로 106세입니다. 이 할머니는 1903년에 태어났습니다. 81세된 며느리 이선례 할머니와 둘이 살고 있는데, 15세에 시집온 며느리가 시어머니를 모신지 66년이 되었는데 우리나라 역사상 제일 오래 모신 기록입니다.

서울대 생화학과 박상철 교수도 노화 고령사회연구소를 운영하면서 이 마을의 장수원인을 부지런하고, 밝고 긍정적이며, 자식들의 부양을 받으며 동행하는 것이 장수의 비결이라고 발표했습니다. 자식들과 동행하는 것만으로도 장수하는데 하나님과 동행하면 얼마나 복이 되겠습니까?

> 하나님을 잊어버린 너희여 이제 이를 생각하라 그렇지 아니하면 내가 너희를 찢으리니 건질 자 없으리라 감사로 제사를 드리는 자가 나를 영화롭게 하나니 그의 행위를 옳게 하는 자에게 내가 하나님의 구원을 보이리라(22-23절).

하나님을 잊으면 안됩니다. 잠시 잠간도 하나님을 잊지 마시기 바랍니다. 그러면 하나님도 나와 함께해 주실 것입니다. 동행하는 사람이 누구냐에 따라 인생이 달라집니다. 깡패와 어울리면 조폭되고, 춤꾼과 어울리면 제비족되고, 책과 어울리면 학자되고, 자연과 어울리면 시인이되고, 하나님과 동행하면 의인이 되는 법입니다.

1994년에 뉴욕시장으로 선출된 루돌프 줄리아니가 맨해튼을 더욱 가족적인 도시로 만들고자 깨진 유리창을 수리하고, 지하철의 낙서와 성매매를 근절시키겠다고 선언했을 때 반대자가 많았습니다. 그들은 시장이 강력범죄와 싸울 자신이 없어 경범죄와 싸운다고 시장을 비웃었습니다. 그러나 줄리아니 시장은 경범죄를 근절하면 보다 안전하고 깨끗한 도시를 만들 수 있다고 굳게 믿었습니다. 몇 년 후, 연간 2,200건에 달하던 살

인범죄가 매년 천 건 이상 감소하는 등 살인, 폭력, 강도같은 강력 범죄가 급감하는 쾌거를 이룩했습니다. 이 놀라운 현상을 '깨진 유리창의 법칙'이라고 합니다. 이는 작은 부분에 주목해야 한다는 이론으로 사소하게 생각되는 작은 것을 바로 잡아야 큰 것들도 바로잡을 수 있다는 법칙입니다.

어떤 환경에서 사는 것은 매우 사소한 일 같지만 큰 영향을 받게 되어 있습니다. 깨진 유리창이 많은 환경에서 살 때 도둑이 발생하고 깡패가 모여드는 우범지대가 되듯이 거룩하신 하나님과 동행하면 거룩한 백성, 거룩한 제사장이 되는 것입니다. 당연히 하나님과 동행하면 감사로 제사를 드리게 되는 것 아니겠습니까?

우리가 하나님과 동행하는 방법이 무엇입니까? 바로 예배 드리는 것입니다. 예배는 교회에서만 드리는 것이 아니라, 삶 전체가 하나님께 드리는 산 제사가 되어야 합니다. 죄악이 관영한 시대를 살았던 노아였지만, 그는 의인이라 일컬음을 받았습니다. 그 원인이 무엇일까요?

이것이 노아의 족보니라 노아는 의인이요 당대에 완전한 자라 그는 하나님과 동행하였으며(창 6:9)

동행의 주도권은 높은 사람에게 있습니다. 그러니까 정확한 표현은 하나님께서 노아와 동행해 주신 것입니다. 노아와 동행하신 하나님이 우리와 동행해 주신다는 사실을 믿으시기 바랍니다.

한 사람이 세상에서 모지게 고생하다가 천국에 갔습니다. 예수님께서 마중을 나오자 그 품에 안겨 하염없이 눈물을 흘리며 말했습니다. "예수님, 내가 그때 그렇게 춥고, 배고픔 가운데 무거운 짐을 지고 눈 덮인 벌판을 지날 때 얼마나 외롭고 힘들었는지 아십니까?" 그러자 예수님께서 그를 데리고 영화관에 가더니 그때 상황을 보여 주시며 말씀하셨습니다. "저것 봐라. 저 눈밭에 찍힌 발자욱을 보아라." 발자욱을 자세히 보니 눈 속에 푹푹 빠져 있었습니다. 예수님께서 이어서 말씀하셨습니다. "그때 내가 너를 엎고 간 자욱이니라."

여러분 지금 어렵습니까? 고통이 있습니까? 벌판에 홀로 서 있습니까? 예수님이 동행하고 계심을 믿으시기 바랍니다. 지금도 하나님께서는 여러분을 홀로 내버려두지 않으시고 지켜보고 계십니다. 주님께 동행을 요청하시기 바랍니다. 험한 산, 깊은 골짝, 가시밭길, 깜깜한 밤도 거절하지 아니하시고 동행해 주실 것입니다.

> 또 누구든지 너로 억지로 오 리를 가게 하거든 그 사람과 십 리를 동행하고(마 5:41)

이 말씀은 당시 사회적 상황을 알아야 정확한 해석이 가능합니다. 로마 제국은 식민지 국가에서 군수물자를 옮길 때 누구나 징발하여 오 리를 동행할 수 있는 법을 시행하고 있었습니다. 그러니까 로마 군인들에게 걸린 사람들은 속으로 욕하고 저주하고 툴툴거리면서 2km를 갔습니다. 예수님께서는 그런 자들에게도 "이 왕 할 일이면 기꺼이 해 주어라."라는 뜻으로 4km까지 가 주라고 말씀하신 것입니다.

이 말씀을 영적으로 해석해 보았습니다. 예수님은 우리가 오 리만 같이 가 주셨으면 하고 바랄 때, 십 리까지도 동행해 주시는 따뜻한 사랑을 가지신 분이십니다. 그런 마음을 가진 분이시기에 그런 말씀을 하실 수 있었던 것입니다. 예수님께 동행을 요청하시기 바랍니다. "주님 나와 함께 해 주십시오. 내가 힘듭니다. 외롭습니다. 나와 동행해 주십시오." 지금도 주님은 당신과 동행해 주십니다. 그 하나님께 예배하고 어떤 역경일지라도 나와 동행해 주시는 하나님께 감사하시기 바랍니다.

수준 높은 감사

시편 107편 10−32절

　추수철에 도심을 조금만 벗어나도 벼가 누렇게 익어 추수를 기다리고 있는 가을 들녘의 황금물결을 만날 수 있습니다. 이는 농부가 그간 땀으로 빚어낸 또 하나의 예술작품입니다. 추수의 기쁨을 맛보기 위해서 농부는 봄여름 내내 쉴 틈 없이 부지런히 일하며, 무더위와 싸우고, 장마를 견디며, 태풍을 겪어야만 했습니다. 그렇기에 추수의 기쁨이 더하리라 생각합니다.

　황금들판 사이로 걸어갈 때면 논둑엔 콩이 익어가고, 온 들녘에 온갖 식물이 겨울이 오기 전에 꽃을 피워 씨를 퍼뜨리기 위해 색색의 자태를 뽐내고 있음을 볼 수 있습니다. 쑥부쟁이, 구절초, 왕고들빼기, 꽃향유, 용담 그리고 억새까지 마지막 아름다움을 불사르고 있습니다. 이런 자연을 보고 있노라면 봄, 여름을 보내며 나는 과연 어떤 빛깔의 꽃을 피웠으며, 지금 어떤 향기로 익어가고 있는가 그리고 어떤 열매를 맺어 하나님께 드리며 이웃에게 기쁨이 되고 있는지를 생각해 보게 됩니다.

　우리 민족은 농경문화를 이루고 살아왔기에 오래전부터 추수감사절을 지켜 왔습니다.

영고(迎鼓): 부여에서 추수를 감사하며 섣달에 지냈던 제천의식

무천(舞天): 동예의 제천행사로 10월에 하늘에 제사. 밤낮으로 노래하
고 춤추고 호랑이 신을 섬김

동맹(東盟): 고구려의 제천행사

상달제(上達祭): 삼한의 제천행사로 10월에 지냄

추석(秋夕): 음력 8월15일에 지내는 추수감사절로 중추절, 한가위라고
도함

지금 한국 교회에서 지키는 추수감사절은 미국에서 시작된 것을 그대로 받아들인 것입니다. 미국은 청교도들이 세운 나라입니다. 청교도(淸敎徒, Puritans)는 영국의 개신교도들로서 영국 국교회의 형식적인 제도를 거부하고 교회 장식, 사제복, 오르간, 십자가 모형 등의 사용을 비판하며, 대신 전도와 주일성수 그리고 탁자식 강대 설치를 강조했습니다. 엘리자베스1세가 청교도를 박해하자 청교도들은 신앙의 자유를 위해 네덜란드로 건너갔습니다. 그러나 11년간 네덜란드에서의 생활은 무척 고된 것이었습니다. 무역이 발달한 항구도시는 퇴폐와 향락에 젖어 올바른 신앙으로 자녀를 교육하기엔 적당하지 않았습니다. 이에 청교도들은 대륙으로 가기위해 7년 동안 일해서 번 돈으로 '스피드웰'이라는 이름의 배를 샀으나 그 배는 장기간 항해를 하기에는 너무 적었으므로 다시 다른 배를 구입한 것이 그 유명한 '메이플라워'호입니다. 이 배는 180톤의 목선으로 그리 큰 배는 아니었지만, 신앙의 열정에 불타는 청교도들은 신앙의 자유를 찾아 1620년에 그 배를 타고 드디어 신대륙인 미국으로 출발했습니다. 그런데 먹을 물과 양식이 부족한 가운데 65일간의 항해는 바로 목숨

을 건 항해였습니다.

청교도들이 신대륙에 도착했을 때는 겨울이었습니다. 그들은 극심한 추위와 식량의 부족으로 인한 영양 부족 그리고 기후차로 인해 102명 가운데 겨울을 나는 동안 44명이나 죽었습니다. 그 나머지도 질병에 시달렸습니다. 그때, 극심한 고통 속에 있던 그들에게 도움을 준 것은 마음씨 좋은 인디언들이었습니다. 미대륙의 원주민인 인디언들은 어려운 처지에 놓여 있는 청교도들에게 옥수수 등의 곡물을 가져다 주었고 농사짓는 방법도 가르쳐 주었습니다. 이들의 도움으로 다음 해인 1621년 가을, 풍성한 곡식을 추수할 수 있었습니다. 이에 청교도들은 인디언들을 초대해 자신들이 추수한 곡식과 칠면조 고기 등을 함께 먹으며 첫 추수감사예배를 드렸습니다.

그 후, 1623년에 매사추세츠주에서는 추수감사절을 공식절기로 선포하였습니다. 1787년에는 미국의 초대 대통령인 조지 워싱턴이 추수감사절을 전국적으로 지킬 것을 선포했습니다. 그리고 3대 대통령 토마스 제퍼슨에 의해 행사를 중단했다가, 1863년에 링컨 대통령이 미국의 축일로 선포하면서 11월 셋째 주일을 추수감사절로 지금까지 지키고 있습니다.

미국 선교사들의 영향을 받은 한국 기독교에서는 1904년부터 11월 셋째 주일을 추수감사주일로 지키기 시작했습니다. 오늘날 우리나라 교계의 일각에서는 우리의 실정에 맞게 추석을 추수감사절로 칭해야 한다는 주장이 나왔습니다.

50여 년 전만 해도 우리나라는 완전 농업사회를 이루고 살았습니다. 전 국민의 80%이상이 농업에 종사했습니다. 그러나 지금은 전 국민의 8%정도밖에 농사를 짓지 않습니다. 그러므로 추수감사절의 의미가 점점 퇴색되고 있습니다. 그러나 농사짓는 사람만 추수감사절을 지키는 것이 아니고 영적인 추수도 감사해야 마땅하며 한 해 동안 베풀어 주신 은혜를 헤아려 감사하는 것이 신앙인으로서 마땅한 도리라고 생각합니다. 반드시 보이는 것만 감사할 것이 아니라, 보이지 않는 영적인 은혜를 감사할 수 있는 것이 수준 높은 감사인 것입니다. 더욱이 앞으로 주실 은혜를 믿고 감사하는 선취적 믿음으로 드리는 감사야말로 아주 수준 높은 감사라고 할 수 있습니다. 수준 높은 감사로 하나님께 영광 돌리고 감사로 예배드리는 삶이 되기 바랍니다.

자유를 주심에 감사(10-16절)

이스라엘과 우리나라는 지정학적으로 매우 흡사합니다. 이스라엘은 아시아와 아프리카 그리고 유럽이 교차하는 길목입니다. 그래서 제국이 일어나 자웅을 겨룰 때마다 큰 전쟁의 소용돌이에 휘말리고 말발굽에 짓밟히는 비극을 겪게 됩니다. 애굽에서 포로생활을 했고, 앗수르에 의해 북이스라엘이 멸망당하고, 남유다는 바벨론에 의해 포로로 잡혀 갔습니다. 뒤이어 헬라의 알렉산더 부하들에게 짓밟히고, 그 다음 로마에 의해 돌 위에 돌 하나도 남지 않는 대파괴를 당하고 민족이 세계로 흩어지고 말았습니다. 이후 사라센 제국에 의해 점령당하고, 오스만 터키 제국의 지배를 받다가 영국과 미국의 도움으로 1948년이 되어서야 이스라엘을 건설하게 된 것입니다.

우리나라는 고조선 때 한나라의 침략을 시작으로 수나라, 당나라의 침공을 받았습니다. 그리고 몽골의 원나라에게 점령을 당했습니다. 그다음 명나라의 지배를 받고, 임진왜란을 통하여 일본에 의해 철저하게 강산이

유린당합니다. 그 후 청나라의 침공을 받아 왕이 청나라 황제에게 삼전도에서 아홉 번 절하는 치욕을 당했으며, 근대에 이르러 일본에게 36년간 나라를 뺏기는 비극을 겪게 됩니다. 이렇게 침략당하고 주권을 빼앗겨 보았기 때문에 자유가 얼마나 소중한 것임을 알게 되었습니다.

"자유가 아니면 죽음을 달라."는 말은 영국의 식민 지배를 받던 아메리카 13개 주의 대표가 모여 제1차 대륙회의를 열었을 때(1774년), 버지니아 주 대표 페트릭 헨리가 영국의 강압적 조치에 대항하며 연설한 내용의 일부입니다. 이 연설로 13개 주대표가 단결하여 독립전쟁을 일으키는 계기가 되었고, 미국은 자유와 독립을 얻게 되었습니다.

> 사람이 흑암과 사망의 그늘에 앉으며 곤고와 쇠사슬에 매임은 하나님의 말씀을 거역하며 지존자의 뜻을 멸시함이라 그러므로 그가 고통을 주어 그들의 마음을 겸손하게 하셨으니 그들이 엎드러져도 돕는 자가 없었도다 이에 그들이 그 환난 중에 여호와께 부르짖으매 그들의 고통에서 구원하시되 흑암과 사망의 그늘에서 인도하여 내시고 그들의 얽어 맨 줄을 끊으셨도다 여호와의 인자하심과 인생에게 행하신 기적으로 말미암아 그를 찬송할지로다 그가 놋문을 깨뜨리시며 쇠빗장을 꺾으셨음이로다(10-16절).

시편 107편의 배경이 된 사건은 이스라엘 백성이 바벨론 포로에서 귀환한 사건입니다. 나라를 잃고 70년간 바벨론에서 포로로 잡혀 살던 유대인들이 고레스왕의 해방령에 의해 고국으로 돌아오게 되었습니다. 그때의 감격을 시인은 꿈꾸는 것 같았다고 노래하고 있습니다(시 126:1). 싸워서 독립을 쟁취한 것이 아니고, 갑자기 어느 날 하늘에서 떨어진 귀환 소식은 유대인들에게는 당연히 꿈꾸는 것만 같이 느껴졌을 것입니다. 하나님의 말씀을 거역하고 흑암 중에 처한 이스라엘 백성의 부르짖음에 하나님께서 응답하사 어두움 가운데서 해방시켜 주셨습니다. 하나님의 구원 역사를 시인은 찬송하고 있습니다.

12절에 "고통을 주어 그들의 마음을 겸손하게 하셨다."는 말씀은 "하나님께서 교만한 이스라엘 백성들을 회개시키기 위하여 고난을 주셨음"을 의미합니다.

16절에 "그가 놋문을 깨뜨리시며 쇠빗장을 꺾으셨다."는 말씀은 바벨론성에는 실제로 청동으로 만든 문이 100여 개나 있었을 정도로 철옹성을 이루고 있었습니다. 그러나 하나님께서 바사왕 고레스를 들어 피 한 방울 흘리지 않고 바벨론을 함락시켰습니다. 이것은 예수 그리스도에 의해 사탄의 결박을 푸시고 사망의 권세를 깨뜨리셔서 인류를 죄와 사망에서 구원하실 것을 예언하고 있는 말씀입니다.

14절의 말씀대로 예수님께서는 흑암과 사망의 그늘에서 우리를 인도하여 내시고 사탄의 얽은 줄을 끊으셔서 구속해 주셨습니다.

이 사실을 깨달은 성도들은 더는 죄의 종이 아닙니다. 마귀의 자녀가 아닙니다. 죄에서 자유를 얻었습니다. 이 얼마나 감사한 일입니까? 여호와의 인자하심과 인생에게 행하신 기이한 일을 인하여 하나님을 찬송함이 마땅한 일입니다. 그런데 사람들은 하나님께 돌려야 할 영광과 찬송과 감사를 잊은 채 엉뚱한 곳에 마음을 빼앗기는 경우가 종종 있습니다.

어느 교회에서 예수님의 열두 제자에 대해 성경공부를 하고 있었습니다. 가룟 유다에 대해 공부하기에 이르렀습니다. 그때 어느 집사님이 목사님께 질문했습니다.

"목사님, 어째서 주님께서는 유다같은 못된 사람을 제자로 삼으셨는지 도무지 이해할 수 없습니다."

목사님이 빙그레 웃더니 "나는 그것보다 더 이상한 것이 있습니다. 주님께서 왜 나같은 사람을 택하셨는가 하는 사실입니다."

그때서야 집사님은 가룟 유다보다 나을 것 없는 자신을 구원해 주신 하나님의 은혜를 깨닫고 감사의 눈물을 흘렸습니다.

참으로 우리의 창조자가 되시는 하나님께서 온전치 못하고 더럽혀진 우리 인생을, 아니 나같은 죄인을 구원해 주시고 사랑해 주시니 이 얼마나 감사한 일입니까? 정말 사람이 무엇이관대, 그 많고 많은 사람 중에, 또 내가 누구관대 구속해 주시고 죄에서 자유를 사망에서 생명으로 인도해 주셨습니까? "감사합니다. 정말 감사합니다." 이런 감사의 고백이 있어야 하지 않겠습니까? 그리스도께서 우리에게 자유를 주신 것은 종의 멍에를 벗고, 자유를 누리게 하려 하심입니다(갈 5:1). 예수님께서 십자가를 지심으로 자유를 얻게 되었음을 믿으시기 바랍니다. 이제 자유자임을 깨닫고 다시는 종의 멍에를 메지 않고 자유하게 해 주신 주님께 감사하는 성도가 되십시오.

말씀을 주심에 감사(17-22절)

솔로몬이 왕위에 오르게 된 것은 온전히 하나님의 은혜였습니다. 다윗에게는 17명의 아들이 있었는데, 맏아들 암논은 누이동생을 겁탈했다가 동생 압살롬에게 맞아 죽었습니다. 영웅호걸인 압살롬은 아버지가 나이 들어 힘을 잃자 반란을 일으켰다가 전사하고 말았습니다. 또 아도니야라는 왕자가 다윗이 나이 들어 목숨이 경각간에 달리게 되었을 때, 자신이 왕임을 선포했습니다. 그때 나단 선지자와 솔로몬의 어머니 밧세바가 다윗왕의 병상을 찾아가 간신히 윤허(允許, 임금이 허가함)를 받아 솔로몬이 왕으로 등극할 수 있게 된 것입니다. 그가 왕위에 오르자 제일 먼저 한 일은 하나님 앞에 일천번제를 드린 일입니다. 자신의 부족을 알고 사방에 대적이 있음을 알았기에 하나님의 도우심이 필요했던 것입니다. 정성껏 일천번제를 드렸을 때, 하나님께서 솔로몬에게 나타나셨습니다. 솔로몬의 태도는 정말 겸손과 지혜 그리고 아름다움의 극치였습니다.

> 솔로몬이 이르되 주의 종 내 아버지 다윗이 성실과 공의와 정직한 마음으로 주와 함께 주 앞에서 행하므로 주께서 그에게 큰 은혜를 베푸셨고 주께서 또 그를 위하여 이 큰 은혜를 항상 주사 오늘과 같이 그의 자리에 앉을 아들을 그에게 주셨나이다 나의 하나님 여호와여 주께서 종으로 종의 아버지 다윗을 대신하여 왕이 되게 하셨사오나 종은 작은 아이라 출입할 줄을 알지 못하고 주께서 택하신 백성 가운데 있나이다 그들은 큰 백성이라 수효가 많아서 셀 수도 없고 기록할 수도 없사오니 누가 주의 이 많은 백성을 재판할 수 있사오리이까 듣는 마음을 종에게 주사 주의 백성을 재판하여 선악을 분별하게 하옵소서(왕상 3:6-9).

솔로몬의 기도를 들으신 하나님께서는 매우 흡족하셨습니다. 그래서 하나님께서 크게 복을 주셨습니다.

> 이에 하나님이 그에게 이르시되 네가 이것을 구하도다 자기를 위하여

장수하기를 구하지 아니하며 부도 구하지 아니하며 자기 원수의 생명을 멸하기도 구하지 아니하고 오직 송사를 듣고 분별하는 지혜를 구하였으니 내가 네 말대로 하여 네게 지혜롭고 총명한 마음을 주노니 네 앞에도 너와 같은 자가 없었거니와 네 뒤에도 너와 같은 자가 일어남이 없으리라 내가 또 네가 구하지 아니한 부귀와 영광도 네게 주노니 네 평생에 왕들 중에 너와 같은 자가 없을 것이라(왕상 3:11-13).

성경은 지혜의 대명사 솔로몬이 태어날 때부터 총명했다고 말하지 않고 바로 이때부터 지혜를 발휘하게 되었음을 밝히고 있습니다. 여러분은 하나님께서 "너는 내게 구하라. 내가 네게 무엇을 줄꼬?" 하나님께서 물으시면 무엇을 구하시렵니까? 저는 솔로몬처럼 "지혜의 말씀을 주옵소서." 하고 구하겠습니다. 하나님의 말씀은 능력이 있음을 깨달았기 때문입니다.

미련한 자들은 그들의 죄악의 길을 따르고 그들의 악을 범하기 때문에 고난을 받아 그들은 그들의 모든 음식물을 싫어하게 되어 사망의 문에 이르렀도다 이에 그들이 그들의 고통 때문에 여호와께 부르짖으매 그가 그들의 고통에서 그들을 구원하시되 그가 그의 말씀을 보내어 그들을 고치시고 위험한 지경에서 건지시는도다 여호와의 인자하심과 인생에게 행하신 기적으로 말미암아 그를 찬송할지로다 감사제를 드리며 노래하여 그가 행하신 일을 선포할지로다(17-22절).

17절을 보면, 말씀이 없으면 미련하게 되고 미련한 자는 범죄한다고 말씀하고 있습니다. 죄악(罪惡, 히브리어 '아온'으로 비뚤어진 행동, 위반행위, 불법을 뜻한다.)은 정해진 법규나 인간으로서 마땅히 지켜야 할 도리를 버리는 행위이자 하나님의 뜻에 어긋난 불의, 범죄 행위 자체를 가리킵니다. 인간은 죄로 말미암아 하나님과의 관계가 단절되고 그 대가로 하나님의 말씀을 듣지 못하고 들어도 깨닫지 못하게 되는 것입니다. 이것이 형벌 중에 가장 무서운 형벌입니다.

이렇게 범죄한 인간은 고통을 당하게 되어 있습니다. 그리고 고통을 당해야 비로소 하나님을 찾습니다. 인간이 고통 중에 부르짖을 때 하나님께서는 말씀으로 인간을 고치시고자 선지자를 보내셨습니다. 그러나 그들은 선지자의 말을 듣지 않았습니다. 이번에는 아들을 보내셨습니다. 그러자 아들을 십자가에 매달아 죽였습니다. 이렇게 범죄한 인간을 위경(危境)에서 건지시기 위해 하나님께서 이 땅에 보내신 하나님의 말씀이 바로 예수님입니다.

> 말씀이 육신이 되어 우리 가운데 거하시매 우리가 그의 영광을 보니 아버지의 독생자의 영광이요 은혜와 진리가 충만하더라(요 1:14).

예수님은 말씀으로 이 땅에 오신 하나님이십니다. 하나님께서 예수님을 보내 주실 것을 약속하신 이야기가 구약성경이요, 약속대로 이 땅에 오신 예수님께서 하신 말씀이 신약성경입니다. 우리가 예수님을 믿고, 구원 얻고, 하나님의 자녀가 되고, 천국에서 영원히 살 수 있게 된 것도 모두 성경말씀을 듣고 읽었기 때문입니다. 그러므로 말씀을 주신 하나님께 감사드려야 함이 마땅합니다. 20절을 보십시오. "말씀이 우리를 위험한 지경에서 건져 주신다.”고 말씀하십니다.

외국어대학교 불어불문학과를 나오고 프랑스 유학을 앞두고 있던 엘리트 청년이 알 수 없는 병에 걸려 시력을 모두 잃어버렸습니다. 그는 절망 중에 자살을 시도합니다. 밧줄에 목을 걸다가 떨어지고, 연탄불을 피워 죽으려다 실패하고, 면도칼로 손에 동맥을 끊으려고 하는데 갑자기 구약성경 320면을 보라는 하나님의 음성을 듣고 길 가는 학생에게 성경을 읽어 달라고 부탁했습니다. 그곳에 여호수아서 1장 5-6절의 말씀이 있었습니다. “내가 너와 함께 있을 것이다. 내가 너를 떠나지 아니하며 버리지 아니하리니 마음을 강하게 하고 담대히 하라.” 이 말씀이 젊은이의 마음에 꽂혔습니다. 그는 그 자리에서 절망을 딛고 일어났습니다. 신학을 하고 목사가 되었습니다. 맹인교회를 개척했습니다. 바로 그가 『낮은 데로 임하소서』라는 소설과 동명의 영화로 잘 알려진 안요한 목사님입니다.

말씀은 활자가 아닙니다. 글씨가 아닙니다. 살아 계신 하나님의 능력입니다.

> 하나님의 말씀은 살아 있고 활력이 있어 좌우에 날선 어떤 검보다도 예리하여 혼과 영과 및 관절과 골수를 찔러 쪼개기까지 하며 또 마음의 생각과 뜻을 판단하나니(히 4:12)

이 말씀을 주신 것에 대해 감사해 보셨습니까? 말씀이 우리를 살리고, 말씀이 우리를 부요하게 하고, 말씀이 우리를 천국으로 인도합니다. 왜 낙심하십니까? 왜 포기하십니까? 왜 목말라하십니까? 왜 허전해하십니까? 말씀이 없기 때문이 아닙니까?

주 여호와의 말씀이니라 보라 날이 이를지라 내가 기근을 땅에 보내리
니 양식이 없어 주림이 아니며 물이 없어 갈함이 아니요 여호와의 말씀
을 듣지 못한 기갈이라(암 8:11).

말씀을 사모하십시오. 하나님은 반드시 사모하는 영혼을 만족하게 하
십니다. "홍수 속에 마실 물이 없다."는 속담처럼 말씀의 홍수 속에 영혼
이 가난한 사람들이 너무 많습니다. 말씀이 마음에 부딪혀 변화를 맛보게
되기 바랍니다. 그리고 말씀을 주신 하나님께 감사드리는 놀라운 은총을
받게 되기 바랍니다.

소원의 항구로 인도하심에 감사(23-32절)

저의 어려서 소원은 육군사관학교를 나와 장군이 되는 것이었습니다.
그런데 시력이 나빠 갈 수 없게 되었습니다. 아마 시력이 좋았더라도 성
적이 나빠 가지 못했을 것입니다. 그 다음 청년기의 꿈은 정치계에 입문
하여 국회의원이 되는 것이었습니다. 그런데 하필 정당에 입당하러 가던
날, 신민당사에서 농성하던 김경숙 양 투신 사건이 일어나면서 신민당사
가 경찰에 의해 포위되었습니다. 얼마나 실망하고 좌절했던지 그만 심장
병에 걸리고 말았습니다.

그 후, 부목사를 하다가 구리시 인창동에 교회를 지어 주겠다는 장로
님이 나타나셔서 두 달 동안 기도하고 건축허가가 나왔는데 김창인 목사
님이 반대하셔서 그 좋은 자리에 가지 못하고 입주가 끝난지 4년이 된 일
산에 그것도 망한 교회를 사서 개척을 하게 되었습니다. 이렇게 인생의
길은 내 마음대로 되지 않습니다. 어떤 때는 풍랑이 일고, 폭풍이 불고,

칠흑과 같은 밤과 같이 한치 앞도 볼 수 없는 때가 있습니다. 그런데 폭풍이 지나간 후 바람이 잔잔해지고, 동이 터 환한 새벽이 오고 보니, 배가 어느덧 소원의 항구에 들어와 있음을 발견하게 됩니다. 이 사실을 깨달은 톱레이디라는 영국의 목사님은 이런 찬송 가사를 적었습니다.

큰 물결 일어나 나 쉬지 못하나
이 풍랑으로 인하여 더 빨리 갑니다(찬송가 373장 2절)

여러분, 인생의 바다에 풍랑이 거칠게 몰아닥치고 있습니까? 마음대로 되지 않습니까? 앞길이 캄캄합니까? 도저히 헤쳐 나가기 어렵습니까? 낙심하지 마시기 바랍니다. 하나님은 풍랑을 이용하셔서 소원의 항구로 더 빨리 인도하십니다. 여러분을 연단하신 후에는 정금같이 빛나게 하실 것입니다.

> 배들을 바다에 띄우며 큰 물에서 일을 하는 자는 여호와께서 행하신 일들과 그의 기이한 일들을 깊은 바다에서 보나니 여호와께서 명령하신 즉 광풍이 일어나 바다 물결을 일으키는도다 그들이 하늘로 솟구쳤다가 깊은 곳으로 내려가나니 그 위험 때문에 그들의 영혼이 녹는도다 그들이 이리저리 구르며 취한 자 같이 비틀거리니 그들의 모든 지각이 혼돈 속에 빠지는도다 이에 그들이 그들의 고통 때문에 여호와께 부르짖으매 그가 그들의 고통에서 그들을 인도하여 내시고 광풍을 고요하게 하사 물결도 잔잔하게 하시는도다 그들이 평온함으로 말미암아 기뻐하는 중에 여호와께서 그들이 바라는 항구로 인도하시는도다 여호와의

인자하심과 인생에게 행하신 기적으로 말미암아 그를 찬송할지로다 백
성의 모임에서 그를 높이며 장로들의 자리에서 그를 찬송할지로다(23-
32절).

누구든지 한번쯤 큰물에서 영업하는 인생을 꿈꿉니다. 그러나 광풍이
일어나고, 곤두박질치는 위험을 당하며, 영혼이 녹아내리는 것 같은 위
기를 당하게 됩니다. 혼돈 속에 헤맬 때 태도가 중요합니다. 하나님께 부
르짖느냐 아니면 우상 앞에 비느냐입니다. 전능하신 하나님 그분 앞에 빌
면, 하나님께서 그 고통에서 인도하여 내시고 광풍을 평정하사 잔잔하게
하시고 저희를 소원의 항구로 인도해 주십니다.

청교도들은 102명 중에 44명이나 죽은 광풍 속에서도 교회를 먼저 세
우고 하나님께 부르짖었습니다. 그랬더니 하나님께서 그들을 소원의 항
구로 인도해 주셨습니다. 바로 미국이라는 나라가 이렇게 이루어진 것입
니다. 사람마다 각각 다 다르지만, 소원의 항구가 있습니다. 건강, 결혼,
가정구원, 사업형통, 물질축복, 자녀 잘됨, 대학진학, 진급, 부흥 등의 소
원이 있습니다. 그러나 인생의 바다는 한 치도 예측할 수 없습니다.

이스라엘 민족은 포로로 잡혀갔습니다. 우리나라는 나라 안팎으로 위
기를 맞이하고 있습니다. 그러나 믿는 자에게는 탈출구가 있습니다. 사방
으로 육여쌈을 당하여도 하늘의 열린 문을 두신 하나님께 부르짖을 수 있
는 길이 있기 때문입니다. 인생이 평온하기를 바라나 불행은 알지 못하는
순간에 닥쳐오고, 불안과 두려움이 엄습해 옵니다. 때론 절망과 허무의
심연을 허우적거립니다. 이럴 때 믿음이 진가를 발휘합니다. 성도의 비참
한 처지는 하나님과의 대화로만 해결할 수 있습니다. 나를 소원의 항구로

이어줄 수 있는 것은 기도뿐입니다. 하나님은 기도의 길을 열어놓고 계십니다. 특히 고난 중에 드리는 기도는 강하고 신속하게 응답됩니다. 끝까지 인내하며 드리는 기도는 더 큰 감격과 기쁨을 맛보게 합니다. 하나님을 만난 자는 영혼의 자유를 찾고, 인생의 목적을 성취합니다. 하나님은 자녀들에게 소원을 심어 주시고, 기대를 넘어 합력하여 선을 이루어 주시는 분이십니다.

> 너희 안에서 행하시는 이는 하나님이시니 자기의 기쁘신 뜻을 위하여 너희에게 소원을 두고 행하게 하시나니(빌 2:13).

여러분의 소원의 항구는 어디입니까? 선장이 되시는 예수님께서 인생의 거친 바다에서 소원의 항구로 인도해 주실 것을 믿고 감사하기 바랍니다. 반드시 소원의 항구에 들어가 평안을 얻게 되기를 바랍니다.

무엇으로 보답할꼬

시편 116편 12-14절

지방마다 독특한 사투리가 있습니다. 강원도 사투리, 경상도 사투리, 전라도 사투리, 평안도 사투리, 함경도 사투리, 충청도 사투리, 제주도 사투리 다 다릅니다. 충청북도 음성군 금왕읍 용계리 무극 광산이 있는 마을에 29살 때에 목회를 하러 내려갔습니다. 그래서 당연히 충청도 사투리를 그랬시유 할 줄 알았는데 음성사투리는 그게 아니더라구요. 할껴 안할껴, 갈껴 안갈껴, 껴껴 하는 것이었습니다.

그런데 사투리는 세상에 있는 것만이 아닙니다. 사투리는 천국과 지옥에도 있습니다. 지옥 사투리는 "껄껄"합니다. 천국 사투리는 "꼬꼬"합니다. 지옥에 간 사람들은 너무너무 고통스러워서 견딜 수가 없습니다. 뜨거운 유황 불 속에서 항상 뜁니다. 뛰기는 뛰는데 죽지는 않습니다. 구데기 한 마리도 죽지 않은 채 고통이 계속되는 영원한 고통의 처소가 바로 지옥입니다. 그러니까 이 지옥에 온 모든 이들은 후회가 막심합니다. 그래서 세상에 있을 때, 교회 가자고 할 때 갈 껄. 예수 믿자고 친구가 권할 때 믿을 껄. 하고 후회하기 때문에 지옥 사투리가 "껄껄"이 된 것입니다.

그런 반면 천국 사투리는 "꼬꼬"입니다. 천국에 가 보니 기화요초 만발하고 생명수가 흐르는 가운데 생명나무마다 열두 가지 과일을 주렁주렁 맺고, 열두 진주 문이 달린 궁전에서 성곽은 벽옥이고, 성은 정금으로 되었는데 맑은 유리 같이 아름답습니다. 그곳에는 어두움이 없고, 아픔도, 슬픔도, 질병도, 눈물도 없는 하나님의 영광이 비취는 곳입니다. 그러니 너무너무 아름답고 행복하고 기쁩니다. 천국에 온 성도들이 생각해 보니, 천국에 올 만큼 잘한 일이 아무리 찾아도 없거든요. "예수님을 구주로 믿고 하나님의 아들이심을 믿습니다." 이 고백 하나로 천국에 왔단 말이지요. 때로는 주일도 놀러가느라 빼먹고 아까워서 십일조도 떼먹었고 직장에서 예수 믿는다고 말 한마디 못하고 평생 전도를 한 명도 못했는데 천국에 와 있거든요. 그러니 얼마나 미안하고 감사하고, 미안하고 감사하고, 미안하고 감사한지 그래서 생각할 때마다 이 은혜를 무엇으로 보답할꼬, 어떻게 보답할 꼬, 그렇게 "꼬꼬"하다 보니 천국 사투리는 꼬꼬가 되었답니다.

시편 116편은 할렐 시라고 분류되는 시 중에 한 편입니다. 할렐 시란 할렐루야로 시작되고 할렐루야로 마치는 시를 말합니다. 시편 116편은 각종 고난에 처한 자에게 구원을 베푸시는 하나님께 대하여 찬양하고 있습니다.

> 여호와께서 내 음성과 내 간구를 들으시므로 내가 그를 사랑하는도다 그의 귀를 내게 기울이셨으므로 내가 평생에 기도하리로다(시 116:1-2).

간절히 부르짖을 수밖에 없는 기가 막힐 사정 속에 놓여 있는 성도가 있습니다. 그 사정은 사망의 줄이 칭칭 감고 조여들어 옵니다. 지옥의 고통이 다가옵니다. 환난과 슬픔을 당합니다. 이런 역경 속에서도 이 성도는 실망치 않고 부르짖습니다. 사랑과 은혜가 풍성하신 하나님께서 그 부르짖음에 응답해 주셨습니다. 그래서 시인은 고백합니다.

> 주께서 내 영혼을 사망에서, 내 눈을 눈물에서, 내 발을 넘어짐에서 건지셨나이다(시 116:8).

그가 찬양합니다. "우리에게 향하신 여호와의 인자하심이 크고 크도다 크시도다. 크고 크도다. 크시도다." 또 찬양합니다. 눈물을 흘리며 찬양합니다. "늘 울어도 이 눈물로 못 갚을 줄 알아 이 몸 밖에 드릴 것 없어 이 몸 바칩니다." 여호와여 내게 주신 모든 은혜를 무엇으로 보답할꼬. 천국의 방언인 꼬꼬를 외치며 살아가고 있는 것입니다.

그동안 우리 교회를 향하신 하나님의 인자하심이 크고 놀랍고 기이했습니다. 개척 예배를 드렸을 때 난방장치가 제대로 되지 않은 자리에서 어린아이를 포함하여 손님으로 오신 분들까지 합해서 50명이 모여 예배를 드릴 때 감격도 있었지만 걱정과 염려가 앞을 가렸습니다. 손님으로 오셨던 분들과 가족들이 돌아가고 나서 다음 주일은 이 넓은 자리가 텅텅 비면 얼마나 쓸쓸할까 근심하지 않을 수가 없었습니다. 사실 일산에서 개척할 때 말리는 사람들이 여럿 있었습니다. 일찍이 일산에 들어와 개척했던 친구가 말했습니다. 이미 일산은 개척 시기가 지났다는 것입니다. 김창인 목사님께서도 새로 아파트가 들어설 자리에 땅을 사고 교회를 짓자고 말씀하셨습니다. 그래서 수지, 마석, 구리, 영통 지구 등 여러 곳을 다녔고 김창인 목사님께서 직접 보신 곳도 여러 곳이 되었습니다. 그런데 기도원에서 엎드려 기도하기만 하면 일산이 자꾸만 생각이 났습니다. 그러던 차에 50일간 줄다리기를 하던 불기둥교회 조혁제 목사님의 마음이 돌아서서 계약을 하게 되었습니다. 그때 김창인 목사님께서 "정 목사, 10억은 주지만 7억이 적은 돈이 아닌데 어떻게 하려고 그래?" 걱정 어린 표정으로 물으셨을 때 제 마음속에 이런 생각이 들었습니다.

'대한민국에 수많은 부목사님이 있지만 10억을 개척 자금으로 받은 것이 내가 처음인데 이런 개척의 기회를 주신 하나님께서 7억 정도 책임지시지 않겠는가!' 그래서 제가 "하나님께서 하시겠지요."라고 대답하니까 김창인 목사님께서 기가 막힌 지 대견해서 그런지 웃으시더라구요. 이렇게 교회가 출발했습니다. 그런데 하나님께서 놀랍게 역사해 주셨습니다. 하늘 문을 여시고 복을 주셨습니다.

여호와께서 내게 주신 모든 은혜를 무엇으로 보답할꼬. 이런 벅찬 감사가 저 뿐만 아니라 온 성도 여러분들에게 넘치게 되기를 바랍니다. 이런 은혜가 우리뿐 아니라 성도 여러분의 가정과 심령에도 넘치게 되기를 바랍니다.

은혜를 아는 것이 보답입니다(12절)

내게 주신 모든 은혜를 내가 여호와께 무엇으로 보답할까(12절).

사람이 짐승과 다른 것은 힘이 센 것도 아니요, 고기가 맛있는 것도 아닙니다. 힘이 센 것으로 치자면 곰이 더 세고, 고기가 맛있는 것으로 치자면 소고기가 더 맛있지요. 사람이 사람답다는 것은 은혜를 아는 것입니다. 은혜를 알고 보답하면 최선입니다. 그러나 너무 큰 은혜, 너무 귀한 은혜를 어찌 다 보답할 수 있겠습니까?

하나님의 은혜, 어머니의 사랑, 스승의 가르침이 어찌 다 갚을 수 있겠습니까? 그런데 비극적인 것은 은혜를 갚기는커녕 은혜를 은혜로 알지도 못하는데 인간의 비극이 있습니다. 가끔 짐승들이 사람들을 깨우칩니다.

전북 임실에 가면 충견비라는 비석이 하나 있습니다. 어떻게 개에게 비석을 다 세워 주었을까? 옛날 김개인이라는 한 선비가 흰 강아지를 귀여워하며 길렀습니다. 이 강아지가 자라 성견이 되었습니다. 이 선비가 외출을 하면 백구도 따라 나섭니다. 한 식구처럼 아들처럼 아끼고 사랑했습니다.

하루는 아지랑이 피어오르는 따뜻한 봄날, 이 선비가 이웃마을 친구네 집에 잔치가 있어 채비를 차리고 나서니까 눈치 빠른 백구가 얼른 따라 나섭니다. 멀리 내를 건너고 동산을 넘고 산모퉁이를 돌아 잔치 집에 가서 친구를 만나 회포를 풀고 기분 좋게 술에 취해 집으로 돌아옵니다. 그런데 술이 과했던지 다리가 풀리고 나른합니다. 그래서 내를 건너 산모퉁이를 도니 양지바른 언덕에 무덤이 하나 있는데 담배나 한 대 피고 쉬어 가자 생각하고 곰방대에 담배를 말아 피워 물고 있다가 자기도 모르게 쓰러져 잠이 드니 백구가 그 옆에 앉아 주인을 지키고 있습니다.

그런데 주인이 피우다 놓은 담배불이 잔디에 붙어 연기가 모락모락 오르더니 바람을 타고 잔디에 불이 붙기 시작했습니다. 백구가 급히 냇가로 내려가서는 온 몸을 물에 적셔 가지고 올라와 잔디에 뒹굴어 젖은 몸으로 불을 끕니다. 그러기를 수십 차례 주인 주변에 물을 계속 묻혀 불이 접근

하지 못하도록 막았습니다.

주인이 몇 시간을 잤는지 매캐한 연기를 느끼면서 잠에서 깨어 보니 주변에 불이 계속 번지고 있는데 백구가 없습니다. 그래서 일어나 찾아 보니 백구가 불에 끄시른 채 쓰러져 죽어가고 있었습니다. 그러고 보니 자기 옷은 물에 젖어 있고 자기가 누워 있던 잔디는 물에 젖어 있는 것을 발견했습니다. 백구는 죽었습니다. 죽음으로 사랑에 보답. 그래서 충견 비를 세우게 된 것입니다. 은혜를 보답할 줄 아는 백구를 기린 것입니다.

사람은 은혜에 보답할 줄 알아야 합니다. 최소한 보답할 수 없어도 은혜를 은혜로 알기는 해야 합니다. 사도 바울은 고백했습니다.

> 그러나 내가 나 된 것은 하나님의 은혜로 된 것이니 내게 주신 그의 은혜가 헛되지 아니하여 내가 모든 사도보다 더 많이 수고하였으나 내가 한 것이 아니요 오직 나와 함께 하신 하나님의 은혜로라(고전 15:10).

나의 나 됨은 나 잘나서 된 것이라고 생각합니까? 그렇게 생각하면 안 됩니다. 우리 교회가 놀라운 성장을 이룬 것 정성진 목사가 잘나서입니까? 아닙니다. 제가 누구보다 저를 잘 압니다. 실력도, 배움도, 건강도, 지혜도, 인격도, 사랑도 어느 것 하나 내세울 만한 것 없는 사람임을 잘 압니다. 그렇다고 신도시의 입주에 때맞추어 교회를 시작한 것도 아닙니다. 신도시 입주가 끝난 5년차 되던 1월에 280번째 교회로 개척했습니다. 사람이 많이 사는 아파트 지역도 아닙니다. 인구밀도가 아파트 지역에 비해 1/10밖에 안 됩니다. 또 1년간 다른 교회가 목회하다 어려워서 손들고 나간 자리였습니다. 시설이 되어 있지 않아 8개월간 쉬지 않고 공사했습니다. 그럼에도 불구하고 보석과 같이 귀하고 신실한 일꾼들이 날마다 등록했습니다. 일 년 동안 한주일도 거르지 않고 줄을 이어 등록했습니다. 340세대 1,050명. 기적이 일어난 것입니다. 1,000명 전도를 위해 기도하자고 개척 한 달만에 만난 김정옥 전도사가 말씀할 때에 속으로는 '이분이 좀 뺑이 쎄구나!' 생각하면서도 목사가 믿음 없다는 소리를 들을까 봐 "그래야지요." 했는데 이 기도가 응답된 것입니다. 이런 결과를 놓고 볼 때 제가 한 것이 아닙니다. 하나님께서 하신 것입니다.

개척 교회 목사의 기를 꺾지 않으시고 힘을 주시기 위해 하나님께서 얼마나 도우셨는지 모릅니다. 반주자가 필요합니다 기도하면 보내 주시고, 지휘자를 보내 주십시오 기도했더니 베토벤같이 생긴 분이 나오셨습니다. 이런 간증은 수도 없습니다. 연말에 차가 한 대 필요해서 기도했더니 기도한지 이틀 만에 젊은 집사님 내외가 크리스마스 인사하러 오셔서 목사님 자가용 비용으로 천만 원을 헌금하셨습니다. 그래서 "집사님, 사실은 제가 교회에 승합차가 필요해 기도한 지 이틀 됐는데 승합차를 사도 되겠습니까?" 했더니 쾌히 승낙하셔서 스타렉스를 한 대 샀습니다. 이게 제가 한 것입니까? 아닙니다. 하나님께서 하신 것입니다.

가끔 새 신자들이 등록합니다. 등록 심방을 하다 대화를 하면 느끼는 공통점이 있습니다. 어떻게 이런 생짜백이이신 분이 스스로 교회를 오셨을까? 알고 보면 누군가가가 그분을 위해 오랫동안 기도하고 있었던 것입니다. 나의 나됨은 하나님의 은혜, 부모님의 은혜, 스승의 은혜, 배후의 기도자의 은혜임을 기억하시기 바랍니다.

너희는 사도들과 선지자들의 터 위에 세우심을 입은 자라 그리스도 예수께서 친히 모퉁잇돌이 되셨느니라(엡 2:20).

나를 위해 예수님께서 십자가에서 피 흘리고 돌아가셨습니다. 그가 친히 모퉁이돌이 되셨고, 내 인생, 내 생명은 예수님을 기초로 새롭게 탄생되었다는 사실을 믿으시기 바랍니다. 그리고 나 하나를 위해 여러분 한분 한분을 위해 베드로가 순교했습니다. 바울이 순교했습니다. 주기철, 손양원, 수많은 믿음의 선진이 피와 땀과 눈물과 기도를 드렸다는 사실을 믿으시기 바랍니다. 그러므로 은혜를 받은 사람답게 은혜에 보답하는 삶을 살아야 합니다.

> 만일 어떤 과부에게 자녀나 손자들이 있거든 그들로 먼저 자기 집에서 효를 행하여 부모에게 보답하기를 배우게 하라 이것이 하나님 앞에 받으실 만한 것이니라(딤전 5:4).

그러나 더욱 중요한 교육 방법은 내 자신이 먼저 은혜에 보답하는 사람이 되는 것입니다. 우리가 아무리 하나님의 은혜를 보답한다고 해도 만분지일을 갚을 수 있겠습니까? 그러나 은혜를 은혜로 알고 감사할 때 하나님은 기뻐하시고 우리의 삶에 더욱 넘치는 은혜를 내려 주십니다. 은혜를 잊지 말고 감사하십시오.

하나님의 이름을 높이는 것이 보답입니다(13절)

> 내가 구원의 잔을 들고 여호와의 이름을 부르며(13절)

이 말씀은 나를 구원해 주신 하나님의 이름을 높이겠다는 고백입니다. 또 이 말씀은 나를 구원해 주신 하나님의 이름을 영원히 찬송하겠다는 고백입니다. 우리 그리스도인들은 언제나 나를 내세우는 일을 조심해야 합니다. 내가 큰일을 했다. 이것은 신앙적 용어가 아닙니다. "하나님께서 나를 통해 큰 역사를 이루셨습니다." "나를 도구 삼으셔서 하나님의 일을 이루셨습니다." 이렇게 말하는 것이 신앙적 언어입니다. 그래서 천국에 가면 모두 '하' 씨만 있고 지옥에 가면 '내' 씨만 있다고 합니다. 하나님께 영광 돌리는 사람은 천국 가고, 내가 했다고 자신을 높이는 사람은 지옥 간다는 말입니다. 하나님의 이름에 영광을 돌려야 합니다. 예수님의 이름에 영광을 돌려야 합니다. 그리고 그 크신 이름을 찬양해야 합니다. 찬양으로 하나님께 영광 돌리는 것은 인간이 하나님께 할 수 있는 최상의 선물입니다. 하나님은 돈을 받지 않으십니다. 달러가 아무리 귀해도 달러도 안 받으십니다. 하나님은 오직 우리의 경배와 찬양을 기뻐 받으십니다.

우리는 셀 수 없는 큰 은혜를 받았습니다. 구원의 은혜를 받았습니다. 일평생 하나님의 이름에 영광 돌리는 삶을 살기 바랍니다.

서원을 지키는 것이 보답입니다(14절)

여호와의 모든 백성 앞에서 나는 나의 서원을 여호와께 갚으리로다
(14절).

사람들은 위급한 순간에 하나님께 서원을 합니다. 하나님 이번에 살려 주시면 하나님을 위해 살겠습니다. 하나님, 이번에 사업 붙들어 주시

면 하나님을 위해 물질을 드리겠습니다. 하나님, 아들 주시면 바치겠습니다. 하나님, 병을 고쳐 주시면 이젠 다시 술 먹지 않겠습니다. 하나님, 재판에 이기게 해 주시면 이젠 다시 죄짓지 않겠습니다. 그런데 사람의 마음은 뒷간에 들어갈 때와 나올 때 맘이 다른 법입니다. 그래서 약속을 어기는 때가 얼마나 많은지 모릅니다. 저도 그랬습니다. 정치가가 되고 싶었던 젊은 날 가진 것이라고는 말 하나 밖에 없었는데 그만 심장병으로 말도 잘 못하게 되었습니다. 그때 하나님 이젠 이런 것 다 포기합니다. 그리고 신학 하면서 이젠 다시 정치 안하겠습니다. 왠걸 가는 데마다 실속 없는 회장, 위원장, 장장장 하다가 세월 허송하고 말았습니다. 이게 인간의 모습입니다. 그래서 하나님께서 민수기 30장 2절을 통해 다짐하고 계십니다.

> 사람이 여호와께 서원하였거나 결심하고 서약하였으면 깨뜨리지 말고 그가 입으로 말한 대로 다 이행할 것이니라(민 30:2).

하나님 앞에 서원한 것은 그것이 자신에게 해를 끼치고 불이익을 가져다준다 할지라도 변치 아니하고 이행해야만 합니다(시 15:4).

제가 교회를 시작하면서 하나님 앞에 서원한 것이 세 가지 있습니다.

하나님을 뜨겁게 섬기는 교회

예배에 감격이 있고 예배에 하나님만 영광 받으시도록 섬기는 교회. 이웃을 섬기는 교회. 개척 첫 달에 12곳을 섬기고 1년 만에 24곳을 섬기고 2년 되던 해 48곳을 섬기고 장차 예산의 51%를 선교에 드려 섬기는 교회를 이루어 가리라 서원했습니다.

인재를 양성하는 교회

첫해 장학금 천만 원을 지급하기 시작해, 21년 만에 6억으로 늘어났습니다. 유치원, 초등학교, 중학교를 세웠습니다.

21세기 미래 지도자를 양육하기 위해 훌륭한 교육 지도자를 모시고 청소년들 교육에 과감히 투자하는 교회. 평신도들을 훈련시켜 목회의 동반자로서 양육하므로 목회를 함께해 나가는 교회를 이루어 가는 것이 서원을 지키는 길이 될 것입니다.

상식이 통하는 교회

보통 사람들의 의식으로, 세상 사람들의 이해력으로도 납득할 수 있도록 교회를 운영하는 교회. 교회가 몇몇 사람의 유력한 사람에 의해 좌지우지 되지 않고, 어떤 층 어떤 사람의 의견도 존중되고 반영되는 사람을 중시하는 공동체. 사랑이 식어가는 세상 속에서 사랑을 꽃 피우고 소외된 사람 없이 더불어 사는 교회 모든 살림이 공개되고 명백하여 문제가 되지 않는 그야말로 상식이 통하는 공동체. 이런 교회를 이루어 나가는 것이 서원을 지키는 길이 될 것입니다.

교회가 하나님과의 약속을 잘 지키는 신실한 교회로서 계속해서 하나님의 크신 은혜를 받도록 간절히 기도하시기 바랍니다. 뿐만 아니라 성도님들 모두가 하나님께 서원한 모든 약속을 철저히 지켜 한나와 같이 복을 받고, 사무엘과 같이 복을 누리게 되기를 바랍니다.

하나님을 사모하십니까? 말씀을 사모하십니까?

연인이 서로 밤낮으로 생각하며 사모하듯

날마다 생각하며 사모하십니까?

날마다 하나님과 교제하며 하나님의 은총을 사모하십니까?

실로 온 세상으로부터 버림받고 땅끝에 서 있는 것과 같은

외로움과 고통의 순간에도

잠잠히 하나님만을 갈급하게 찾을 수 있는 영혼이야말로

진정 하나님이 보시기에 가장 아름다운 영혼이라 할 수 있습니다.

목마른 사슴이 시냇물을 사모하듯 은혜를 사모하십시오.

사모하는 영혼을 만족하게 채워 주시는

하나님의 은총이 함께할 것입니다.

시편을 통해서 보는 인생의 희로애락(喜怒哀樂)
그것은 우리의 삶이고 하나님께 올려 드리는 최고의 노래입니다.

고난의 노래

사방에 욱여쌈을 당할 때

시편 3편 1-8절

　지금 대한민국은 사방에 욱여쌈을 당하고 있습니다. 120여 년 전 구한 말, 세계열강이 조선을 잡아 삼키려 하던 때와 흡사한 형국이 전개되고 있습니다.

　미국의 트럼프 대통령은 부동산 재벌 출신으로 협상과 투기로 돈을 번 사람입니다. 당선 후 짧은 기간에 나타난 행보를 볼 때 선거 때 했던 말과 일관성 있는 정책을 펼치는 것을 볼 수 있습니다. 미국의 이익이 되는 일이라면 동맹도 이웃도 필요 없습니다. '자유와 평등 그리고 이민자들이 만든 나라'와 같은 가치는 이미 박물관으로 옮겼습니다. 국제평화를 위해 희생한다든지 대의명분 같은 것은 뒷전으로 물러가고 말았습니다. 중국의 시진핑은 강한 군사력으로 동아시아뿐 아니라 서남아시아까지 세력을 확산시키며 모택동과 같이 권력을 장악하고, 한국의 사드배치를 문제 삼아 경제, 문화 모든 부분에 압박을 가하면서 미국을 버리고 중국 쪽에 줄을 설 것을 강요하고 있습니다. 러시아의 푸틴은 어떠합니까? 마초근성이 농후한 강력한 지도자로 미국과 중국 두 나라가 모두 손을 내어 밀고 있기 때문에 그의 입지가 더 강화될 전망입니다. 그리고 일본의 아베는 한국과는 각을 세우면서도 미국과는 보조를 맞추는 실리 외교를 펼치고 재무장을 준비하면서 역대 일본 수상 중에 최고의 지지를 받고 있습니다.

이렇게 우리를 감싸고 있는 4대 강국이 자국우선주의, 민족주의, 강력한 국가를 외치는 스트롱맨 전성시대를 구가하고 있습니다. 외부환경이 사방에서 우리의 목을 조여오고 있는데 우리나라의 사정은 어떠합니까? 경제만 보더라도 실물경제는 바닥을 치고 있습니다. 자영업자들과 중소기업가들이 1997년 IMF보다, 2008년 세계금융위기 때보다 더 어렵다고 하소연하고 있습니다. 가장들은 실직하고 조기 퇴직자들이 비정규직으로 몰리면서 청년 실업은 더 가중되고 있습니다. 청년들의 절반이 고시에 매달리고 있고, '내가 이럴 거면 뭐 하러 대학 나왔나!' 자조적인 탄식을 하고 있습니다.

다윗은 숱한 역경을 헤치고 왕의 자리에 올랐습니다. 양치는 소년이 형들에게 위문품 전달하러 전쟁터에 갔다가 졸지에 골리앗을 물리치고 전국적인 영웅이 되었습니다. 이 일로 왕의 사위가 되어 왕의 식탁에 앉는 영예를 누리게 되었습니다. 그러나 그 부귀와 영예도 잠시였습니다. 치솟는 다윗의 인기를 시샘한 사울왕이 창을 던져 죽이려 하는 것을 겨우 피해 도망자 신세가 되었습니다. 강원도만 한 조그만 나라에서 왕의 추적을 피할 곳이 없자 원수의 나라 블레셋으로 망명했습니다. 블레셋 왕이 기뻐하며 맞이했지만 블레셋 신하들이 "이번 기회에 화근을 없애야 한다."라고 다윗을 죽일 모의를 하는 것을 눈치 챈 다윗이 갑자기 침을 흘리고, 머리를 풀어헤치면서 벽에 글을 끄적거리며 미친 짓을 하자 블레셋 왕이 "저놈이 미쳤구나! 재수 없다! 내어 쫓아라!" 하면서 성 밖으로 내쳤습니다. 그때 '걸음아 날 살려라.' 하면서 달아나 목숨을 건졌습니다.

이런저런 고비를 넘기며 10년 목숨을 부지한 끝에 사울왕이 전사하고 드디어 다윗이 왕위에 오르게 되었습니다. 적군을 물리치고 왕국이 점점 안정되었을 때 그만 낮잠을 자다 발코니에 나와 예루살렘 성읍을 내려다 보다가 목욕하는 여인을 보고 음욕이 일어, 불러다 동침하는 죄를 저질렀 습니다. 그 여인이 임신하자 은폐하기 위해 그 남편 우리아 장군을 전선 에서 사지에 몰아넣어 죽이고 말았습니다. 감쪽같이 해치웠다고 생각할 즈음에 나단 선지자가 나타나 죄를 지적하자 회개하고 죄 용서함을 받았 습니다. 그러나 죄책은 면할 수가 없었습니다. 그 죄책으로 인해 아들 압 살롬이 반역하는 일생 최대의 수치를 당한 위기에 때에 지은 시가 본문입 니다. 본문 말씀을 상고하면서 은혜 받고 각자 인생길에서 사방에 욱여쌈 을 당할 때 어떻게 해야 할 것 인가를 깨닫게 되기를 바랍니다.

열린문을 두신 하나님을 바라보아야 합니다(1-2절)

압살롬이 반란을 일으켰을 때 다윗은 사방에 욱여쌈을 당한 것 같은 사면초가의 위기에 봉착했습니다. 압살롬의 반란은 이런 연유로 일어났 습니다. 다윗에게는 여러 후궁에게서 난 20명의 아들이 있었습니다. 그 중 맏아들이 암논, 셋째가 압살롬, 열째가 솔로몬입니다. 그런데 맏아들 암논이 이복누이 동생 다말 공주를 흠모하다가 겁탈했습니다. 다말의 오 빠가 압살롬인데 압살롬이 2년간 벼르다가 양털 깎는 자리에 왕자들을 초청해 잔치를 베풀고 술을 먹인 후에 미리 준비시킨 부하들에게 눈짓하 자 부하들이 암논을 칼로 찔러 죽였습니다. 압살롬은 그 길로 그술왕에게 망명하여 3년간 지냈습니다. 다윗왕이 압살롬을 보고 싶어 하는 것을 눈 치 챈 요압이 상복 입은 여인을 왕 앞에 보냈습니다.

다윗왕이 상복을 입은 여인에게 무슨 일로 왔느냐 물으니 여인이 대답하기를 이 여종에게 아들 둘이 있는데 둘이 들판에서 싸우다 그만 형이 동생을 쳐 죽이고 말았습니다. 그런데 동네 사람들이 일어나 동생 죽인 놈을 내놓으라고 합니다. 그 아들을 내놓으면 남편도 이미 없고, 동생도 없는데 우리 집안의 대를 이을 사람이 없어지고 맙니다. "임금님이여, 종을 불쌍히 여기시옵소서." 하고 아뢰니 다윗왕이 "너는 안심하고 집으로 가라. 내가 명을 내려 네 아들에게 손을 대지 못하도록 해 주마." 그러자 여인이 "성은이 망극하옵니다." 하더니 "그런데 왕이시여, 하나님의 백성에게 대하여 은혜를 베푸시면서 어찌하여 압살롬 왕자에게는 은혜를 베풀지 않으십니까?"

다윗이 "요압이 시켰느냐?"고 묻습니다.

"네, 그러하옵니다."

이렇게 돼서 압살롬을 데리고 옵니다. 그런데 예루살렘에 오라고 해 놓고는 2년 동안 얼굴을 보지 않았습니다. 이에 압살롬이 요압에게 "이럴 거면 왜 나를 데려 왔냐?"고 항의하자 왕에게 간청하여 압살롬을 5년 만에 만나게 되었습니다. 이때부터 압살롬은 아버지가 자기를 완전히 용서하지 않았다고 생각하고 주도면밀하게 반란을 준비해서 백성들의 인심을 샀습니다. 무려 4년 동안이나 준비한 끝에 반란을 일으켰는데 민심이 완전히 다 돌아서고 말았던 것입니다.

사방에 대적이 일어났습니다. 1절에 "대적이 어찌 그리 많은지요.", "나를 치는 자가 많으니이다.", 2절에 "많은 사람이 나를 대적하여", 이렇게 '많다'는 말이 세 번 연속 나온 것을 보면 얼마나 절망적인 상황에 처해 있었던가를 짐작할 수 있습니다.

전령이 다윗에게 와서 말하되 이스라엘의 인심이 다 압살롬에게로 돌아갔나이다 한지라 다윗이 예루살렘에 함께 있는 그의 모든 신하들에게 이르되 일어나 도망하자 그렇지 아니하면 우리 중 한 사람도 압살롬에게서 피하지 못하리라 빨리 가자 두렵건대 그가 우리를 급히 따라와 우리를 해하고 칼날로 성읍을 칠까 하노라(삼하 15:13-14).

얼마나 황급히 도망을 쳤는지, 또 아들에게 반란을 당해 도망가는 자신의 신세가 얼마나 부끄러웠는지 모릅니다.

다윗이 감람 산 길로 올라갈 때에 그의 머리를 그가 가리고 맨발로 울며 가고 그와 함께 가는 모든 백성들도 각각 자기의 머리를 가리고 울며 올라가니라(삼하 15:30).

부끄러워 머리를 가리고 황급히 나오느라 맨발로 도망을 나왔습니다. 울며불며 산을 넘어 피난길에 올랐습니다. 사람들은 입방아를 찧습니다. 다윗은 구원받지 못한다. 이제 다시는 일어설 수 없다. 완전히 망했다. 쫄딱 망했다. 한번 인심이 돌아서니까 무섭습니다.

사울왕은 베냐민 지파였습니다. 시므이는 사울왕의 친척이었으니 다윗과 원한이 있었던 차에 증오를 드러내고 있는 것입니다. 인생을 살다 보면 이와 같이 사방에서 욱여쌈을 당할 때가 종종 있습니다. 아무도 도울 이 없고 사방에 조롱하는 무리와 손가락질하는 수많은 사람들에게 둘러싸일 때가 있습니다. 이때가 하나님을 만날 만한 때인 것을 기억하시기 바랍니다.

세상 사람 모두 떠나고 사방에 원수가 둘러진 칠지라도 하나님이 가까이 계심을 믿으시기 바랍니다. 사도 바울은 그런 지경에 낙심하지 말라고 권면합니다(고후 4:8, 14). "사방에 욱여쌈을 당하여도 낙심하지 말아라. 포기하지 말아라. 하나님이 너와 함께하신다. 부활의 주님이 너와 함께하신다. 부활의 주님이 너를 다시 일으키신다. 반드시 회복시키신다." 이렇게 말씀하고 있습니다. 부활의 주님을 바라보시기 바랍니다.

부활하신 예수님이 요한계시록 3장 8절에서 말씀하십니다.

> 볼지어다 내가 네 앞에 열린 문을 두었으되 능히 닫을 사람이 없으리라 내가 네 행위를 아노니 네가 작은 능력을 가지고서도 내 말을 지키며 내 이름을 배반하지 아니하였도다.

부활하신 주님이 여러분에게 하늘에 열린 문을 보여 주시기를 바랍니다. 하나님을 진정 의지하는 자는 소망을 갖고, 어떤 고난과 위기 속에서도 다시 일어날 수 있습니다. 하나님을 진정으로 의지하는 백성은 어떤 고난과 위기가 닥쳐도 낙심하지 않습니다. 사방에 욱여쌈을 당했지만 하늘에 열린 문을 두신 하나님을 바라보기 때문입니다. 하나님께서 도움의 손길을 펼치사 이 나라를 위기에서 건져 주실 것입니다. 이 믿음으로 주님을 바라보고 마침내 승리의 노래를 부르게 되기를 바랍니다.

방패를 들어야 합니다(3-6절)

유대 왕국의 4대 왕이 여호사밧입니다. 히스기야, 요시야와 함께 종교개혁을 일으킨 3대 성군 중 한 사람입니다. 우상의 잔재를 제거하고, 하나님의 말씀을 가르치고 신앙 회복을 위해 힘을 쏟았습니다. 그 결과, 남북 분열 후에 최대의 번영을 구가하게 되었습니다. 이웃나라 블레셋도 조공을 바치고, 아라비아 사람들도 숫양 7,700마리와 숫염소 7,700마리를 바쳤습니다. 한창 태평성대를 누리던 중에 갑자기 모압, 암몬, 마온 이 세 족속이 연합하여 유다왕국을 쳐들어왔습니다. 이 급보를 전해 들은 여호사밧이 금식 기도회를 선포했습니다. 백성들과 함께 모여 간절히 기도합니다.

"우리 조상들의 하나님 여호와여 주의 손에 권세와 능력이 있사오니 능히 주와 맞설 사람이 없나이다. 만일 재앙이나 난리나 견책이나 전염병이나 기근이 우리에게 임하면 주의 이름이 이 성전에 있으니 우리가 이 성전 앞과 주 앞에 서서 이 환난 가운데에서 주께 부르짖은즉 들으시고 구원하시리라 하셨나이다. 우리가 큰 무리를 대적할 능력이 없고 어떻게 할 줄도 알지 못하옵고 오직 주만 바라보나이다(역대하 20장 6-12절 요약)."

이렇게 기도할 때 하나님의 성령이 야하시엘이라는 사람에게 임했습니다. 그가 일어나 "너희는 이 큰 무리로 말미암아 두려워하거나 놀라지 말라 이 전쟁은 너희에게 속한 것이 아니요 하나님께 속한 것이니라. 여호와가 구원하시는 것을 보라. 여호와가 함께 하시리라(역대하 20장 14-16절 요약)." 그러자 여호사밧 왕이 일어나 성가대에게 거룩한 예복을 입히고 군대를 세워 찬송하며 적진을 향해 나갔습니다. "여호와께 감사하세 그의 인자하심이 영원하도다(대하 20:21)." 아마 이 광경을 보던 적들이 "저놈이 죽으려고 환장했구나." 그랬을 것입니다. 그런데 놀라운 일이 일어났습니다.

그 노래와 찬송이 시작될 때에 여호와께서 복병을 두어 유다를 치러 온 암몬 자손과 모압과 세일 산 주민들을 치게 하시므로 그들이 패하였으니 곧 암몬과 모압 자손이 일어나 세일 산 주민들을 쳐서 진멸하고 세일 주민들을 멸한 후에는 그들이 서로 쳐죽였더라(대하 20:22-23).

그래서 그 골짜기의 이름을 브라가 골짜기, 즉 찬송의 골짜기라고 오늘날까지 부르게 된 것입니다.

다윗은 피난을 가면서 천만인에게 포위를 당한 것 같은 위기에 봉착했습니다. 밤에 반란군이 들이 닥칠까 봐 잠을 잘 수가 없었습니다. 그런데 밤에 편안하게 잠을 자고 아침에 거뜬하게 일어났습니다. 어떤 연고로 상황이 반전되었을까요? 3-4절에 그 답이 나와 있습니다.

여호와여 주는 나의 방패시요 나의 영광이시요 나의 머리를 드시는 자이시니이다 내가 나의 목소리로 여호와께 부르짖으니 그의 성산에서 응답하시는도다 (셀라)(3-4절).

다윗은 많은 대적이 일어나 사방에 욱여쌈을 당했을 때 방패를 들었습니다. 방패는 작은 방패와 큰 방패가 있습니다. 본문에 나오는 방패는 히브리어로 '마겐 바아디'라고 합니다. 앞뒤를 막아 주는 큰 방패라는 뜻입니다. 하나님께서 철저하게 보호해 주심을 뜻합니다. 에베소서 6장 16절에서 방패는 믿음이라고 말씀합니다. 하나님의 자녀들은 사방에 욱여쌈을 당할 때 믿음의 방패를 들어야 합니다. 4절에 보십시오. 믿음의 방패를 든 사람은 기도합니다.

다윗은 "나의 목소리로 여호와께 부르짖었다."고 고백하고 있습니다. 그러자 하나님께서 그의 부르짖음에 응답하셨습니다. 성산에서 응답하였습니다. 성산이 어디입니까? 시온산을 뜻합니다. 하나님은 시온산에만 계신 것은 아닙니다. 하나님은 무소부재하십니다. 어디에나 계십니다. 우리가 기도의 두 손을 모으는 자리가 성산입니다. 하나님은 부르짖는 자의 기도에 반드시 응답하십니다.

다윗이 하나님께 부르짖으며 믿음의 방패를 들고 잠을 잤더니 불안한 마음이 사라지고 단잠을 잘 수 있었습니다. 그리고 다음날 아침에 상쾌하게 일어났습니다. 그때 다윗은 "천만인이 나를 에워싸 진 친다 하여도 나는 두렵지 않습니다."라고 외칠 수 있었습니다. 하나님께서는 바로 이런 다윗의 믿음을 보시고 압살롬의 계획을 꺾으시고 물리쳐 주셨습니다. 그래서 시편 3편의 별명이 '아침의 노래'인데 이스라엘 사람들은 어려움을 당하면 이 시를 아침마다 읽는 전통이 있습니다.

정치인은 정치가답게 조금 부풀리고 편을 가릅니다. 군인은 군인답게 강하게 말합니다. 외교관은 외교관답게 기름친 듯 빠져나갑니다. 경제인은 경제인답게 속셈을 가지고 말합니다. 그리스도인은 신앙인답게 믿음을 가지고 말해야 합니다. 강대상에서 제발 정치인이 할 얘기를 하지 마시기 바랍니다. 그리스도인들도 정치에 참여하고, 투표에 참여해야 합니다. 그러나 교회는 만민이 기도하는 곳이요, 성도들은 믿음의 방패를 들어야 합니다. 교회는 세상과 무언가 달라야 하지 않겠습니까?

우리는 날마다 영적 전쟁을 치릅니다. 대적이 우리를 둘러 진치고 "너는 이제 끝났다 대한민국은 바람 앞에 등불이다."라고 말합니다. 하나님의 사람들이여, 믿음으로 "아니!"라고 외치시기 바랍니다. "하나님께서 끝이라 하시기 전에는 절대 끝이 아닙니다." 대한민국은 하나님께서 지키신 나라입니다. 한국 전쟁도 극복하고, 보릿고개도 넘고, IMF도 극복하고, 세계 10위의 경제대국을 이루고, 민주화를 이룬 저력이 있는 나라입니다. 사람의 말이나 환경 때문에 지레 겁먹지 마십시오. "2차 세계대전 때 전쟁에 나가 총에 맞아 죽은 미군 병사보다 본토에서 전쟁에서 지면 어떡하나? 걱정하다 죽은 사람이 더 많다."는 말이 있습니다. 염려하지 말고 믿음의 방패를 드십시오. 믿음의 방패는 원수의 화살을 막아냅니다. 믿음의 기도는 병든 자를 일으킵니다. 상황을 역전시킵니다. 시편 107편 13-14절의 말씀입니다.

> 이에 그들이 그 환난 중에 여호와께 부르짖으매 그들의 고통에서 구원하시되 흑암과 사망의 그늘에서 인도하여 내시고 그들의 얽어 맨 줄을 끊으셨도다.

대한민국이 사방에 욱여쌈을 당했습니다. 바로 이때가 믿음의 방패를 들 때입니다. 하나님께 부르짖을 때입니다. 하나님께서 부르짖는 우리의 기도를 들으시고 사방을 욱여싸고 있는 정치, 경제, 국방, 사회 등 모든 대적을 물리쳐 주실 것을 믿습니다. 마침내 승리의 노래를 부르게 될 것입니다.

선취적 신앙(先取的 信仰)을 가져야 합니다(7-8절)

사방에 욱여쌈을 당할 때 절대 포기하면 안 됩니다. 끈질기게 살아남다 보면 기회가 옵니다. 강한 자가 이기는 것이 아니라 살아남은 자가 이기는 것입니다. 결국 살아남는 자가 강한 자입니다. 끝까지 견디는 자가 구원을 얻습니다.

그러면 어떤 신앙을 가져야 끝까지 견딜 수 있을까요? 선취적 신앙을 가질 때 끝까지 견딜 힘을 얻습니다. 선취적 신앙은 미리 이루어질 것을 믿고 감사하는 신앙입니다. 아직 어떤 일이 이루어지지 않았지만 생각한 대로 믿는 대로 미래에 이루어질 것을 믿는 신앙입니다. 이런 신앙의 모습을 시편에서 찾아볼 수 있습니다.

시인은 자기가 처한 고통과 고난으로 당장 죽을 것 같은 상황으로 울부짖고 악인에게 저주를 내려 달라고 기도합니다. 그러다가 갑자기 자기의 기도와 간구가 성취되었다고 감사의 기도를 드립니다. 이런 시를 읽다 보면 조금 황당한 생각이 들 때도 있습니다. 이 시인이 조울증에 걸린 것이 아닌가 하는 생각도 듭니다. 그러나 그런 것이 아닙니다. 그러나 선취적 믿음은 하나님의 약속을 미리 보게 합니다. 본문에 선취적 믿음이 나타납니다.

> 여호와여 일어나소서 나의 하나님이여 나를 구원하소서 주께서 나의 모든 원수의 뺨을 치시며 악인의 이를 꺾으셨나이다 구원은 여호와께 있사오니 주의 복을 주의 백성에게 내리소서 (셀라)(7-8절).

다윗은 위기의 상황 속에서 하나님께 바라보지만 마시고, 앉아 있기만 하지 마시고 일어나 권능의 역사를 행사해 주실 것을 요청하고 있습니다. 이것은 하나님을 아버지로 섬기는 자녀들이라면 당연히 요청할 수 있는 것입니다. 이것이 '자녀의 권세'입니다. 자녀는 아버지에게 요구할 권리가 있습니다. 등록금을 요구하고, 먹을 것을 요구하고, 생활비를 요구하고, 어려움을 호소하고, 도움을 요청할 수 있습니다. 이런 요구는 하나님이 항상 도울 태세를 갖추시고 눈동자 같이 지키시며 능력이 많으신 분이라는 믿음을 가질 때 가능한 것입니다.

그 다음에 다윗은 나를 괴롭히는 원수의 뺨을 때려 달라고 요청합니다. 원수를 꺾으셔서 내가 당한 수치를 갚아 달라는 요청입니다. 더 나아가 원수의 이를 꺾어 달라고 요청합니다. 이를 꺾는다는 것은 맹수의 이빨, 즉 공격할 수 있는 모든 힘을 꺾어 달라는 요청입니다. 원수를 무력화시키셔서 승리하게 해 달라는 탄원입니다. 그러면서 구원은 하나님께 있다고 고백합니다. 이것은 평생 적진을 달리던 다윗의 체험에서 나오는 고백입니다.

그런데 마지막에 묘한 기도를 드립니다. "복을 주의 백성에게 내려 달라."고 기도합니다. 지금 수많은 백성이 압살롬 편에 들어 자신에게 반기를 들었습니다. 그럼에도 불구하고 그들에게 복을 내려 달라고 기도한 것입니다. 이런 기도를 드릴 수 있었던 것은 이번 고난의 원인이 다윗 자신의 범죄로 인해 일어났다는 것을 알고 있었기 때문입니다.

죄가 없어 성자가 아니라 죄인임을 크게 깨달아 성자가 되는 것입니다. 이런 깨달음이 다윗을 성군이 되게 한 것입니다. 이 다윗의 마음을 한국 교회가 가져야 합니다. 우리 모두 "국가적 위기가 나 때문입니다." 가슴을 치고 회개해야 합니다. 요나와 같이 "이 큰 폭풍을 만난 것이 나 때문입니다(욘 1:12)." 깨닫고 회개해야 합니다.

우리는 여당·야당이 아니라 예수당입니다. "우리가 듣는 모든 것은 사실이 아니라 의견이고, 우리가 보는 모든 것은 진실이 아니라 관점"이라는 마르쿠스 아우렐리우스의 말을 기억하시기 바랍니다. 하나의 의견과 하나의 관점을 진리라고 외치는 세상에 휩쓸리면 안 됩니다. 광장의 소리와 군중의 함성에 빠지면 안 됩니다. 가슴을 찢는 회개와 하나님께서 반드시 이 나라를 건지시고 회복시켜 주실 것이라는 선취적 신앙을 갖게 되기를 바랍니다. 놀라운 일이 일어나게 될 것입니다.

믿음은 미래에 일어날 일을 현재화하는 것입니다. 그러므로 염려는 뒤로 미루시고 믿음은 앞당기시는 것이 좋습니다. "염려는 후불하고 감사는 가불하라. 염려는 후불하고 믿음은 선취하라." 이런 믿음 가질 때 사방의 대적이 물러가고 승리의 노래를 부르게 될 것입니다. 사방에 욱여쌈을 당했습니까? 하나님이 우리를 위하시면 누가 우리를 대적하겠습니까? 우리 주 그리스도 예수 안에 있는 하나님의 사랑에서 우리를 끊을 자가 없습니다. 우리는 넉넉히 이길 수 있습니다. 구원은 하나님께 있다고 외치시기 바랍니다. 사방에 욱여쌈을 당했습니까? 하늘에 열린 문을 바라보시기 바랍니다. 믿음의 방패, 기도의 방패, 찬송의 방패를 드시기 바랍니다. 선취적 신앙을 가지고 구원의 하나님을 바라보고 승리를 선포하시기 바랍니다.

절대 신앙

시편 27편 1-14절

시편 27편은 다윗이 큰 위기를 당한 상황에서 하나님께 호소하고 있는 내용을 주된 내용으로 하는 비탄시입니다. 그런데 이 위기의 상황이 언제 당한 일인지를 명확하게 밝히고 있지 않습니다. 다윗의 인생 중에 당한 큰 위기의 상황을 생각해 봅시다. 골리앗과의 싸움, 사울왕의 추격, 외적과의 전쟁 그리고 압살롬의 반역이 있었습니다.

성서학자 중에는 압살롬의 반역으로 도망할 수밖에 없었던 긴급한 상황을 배경으로 한 시라고 주장하는 사람들이 있습니다. 다른 학자들은 사울왕의 끝없는 추격을 10년 동안 받으면서 위기를 당한 때라고 주장합니다. 아무튼 다윗이 큰 위기를 당해 슬퍼하고 탄식하면서 하나님의 구원을 기원한 시입니다.

이런 시를 비탄시(悲嘆時, 슬퍼하고 탄식하는 시로 시편 중에 제일 많은 36편의 시가 있다.)라고 분류합니다. 대부분의 비탄시는 '고통을 호소함'에서 '구원의 간구'로 그리고 이어 '구원에 대한 확신'에서 '찬양'이라는 구조를 가지고 있습니다. 그런데 시편 27편은 이런 형식을 탈피하여 먼저 구원해 주실 것을 확신하는 것으로 시작한 다음에 구원을 호소하고, 구원을 간구하고, 다시 한번 확신하고, 찬양하는 순서로 되어 있는 구조로 되어 있습니다. 절대 확신, 절대 신앙이 두드러지게 나타나는 것이 시편 27편의 특징입니다. 시편 27편은 다윗의 뛰어난 신앙을 보여 주고 있습니다. 그것은 바로 절대 신앙입니다. 다윗은 비록 지금 큰 위기를 맞고 있지만 하나님의 구원하심을 통한 최종적 승리에 대한 강한 확신이 바탕에 깔려 있습니다. 이것을 절대 신앙이라고 하는 것입니다.

육신을 입고 세상을 살아가는 동안에는 예수 잘 믿고, 성경말씀대로 살고, 교회 중심으로 살아도 고난당하고 가난하게 살 수 있습니다. 현 세상이 갖고 있는 온갖 모순이 질고를 만들기 때문입니다. 또한 세상 끝날까지 이 땅에는 선과 악이 혼재되어 의인이 핍박받고, 고난받을 수 있는 혼돈의 상황이 일어날 수밖에 없습니다. 그러므로 예수 잘 믿는다고 '고난 끝, 행복 시작'이 아니라, 의인도 고난당할 수 있는 것이 죄악 세상입니다. 그러나 궁극적으로는 하나님의 심판에 의해 정의가 승리하고 사랑이 이깁니다. 하나님께서 영원한 구원과 복을 약속하셨기 때문입니다. 이것을 믿는 것이 신앙이요, 어떤 시련과 역경 속에서도 이 믿음 붙잡고 흔들리지 않는 믿음을 절대 신앙이라고 하는 것입니다. 이런 신앙인들의 이름을 히브리서 11장에 보여 주고 있습니다. 아벨, 에녹, 노아, 아브라함, 사라, 이삭, 야곱, 요셉, 모세, 라합, 기드온, 바락, 삼손, 입다, 다윗, 사무엘 이런 이름을 말하다가 36절부터 무명 용사들의 이야기가 나옵니다.

> 또 어떤 이들은 조롱과 채찍질뿐 아니라 결박과 옥에 갇히는 시련도 받
> 았으며 돌로 치는 것과 톱으로 켜는 것과 시험과 칼로 죽임을 당하고
> 양과 염소의 가죽을 입고 유리하여 궁핍과 환난과 학대를 받았으니 (이

런 사람은 세상이 감당하지 못하느니라) 그들이 광야와 산과 동굴과 토굴에 유리하였느니라 이 사람들은 다 믿음으로 말미암아 증거를 받았으나 약속된 것을 받지 못하였으니(히 11:36-39)

이런 무명의 용사들은 온갖 고난 속에서도 믿음을 지켰습니다. 이들은 믿음으로 구원받고 영생을 약속받은 증거를 가졌으나 이 세상에서는 약속된 것을 받지 못했습니다. 그럼에도 불구하고 믿음이 전혀 흔들리지 않았습니다. 조롱당하고, 감옥에 갇히고, 순교를 당하면서도 전혀 흔들리지 않았습니다. 히브리기자들은 이들을 한 마디로 "이런 사람은 세상이 감당하지 못하느니라."고 표현했습니다. '세상이 감당치 못할 사람'이라는 말입니다. 다시 말해 절대 신앙을 가진 사람들이라는 뜻입니다.

요셉을 보십시오. 노예로 팔렸을 때 하나님을 원망할 수도 있었을 텐데 하나님을 더욱 의지했습니다. 그랬더니 하나님께서 그와 함께하셔서 형통한 자가 되게 하셨습니다. 보디발의 아내가 요셉을 유혹했을 때에도 "하나님 앞에서 어떻게 죄를 지을 수 있겠습니까?" 하며 유혹을 뿌리쳤다가 앙심을 품은 그 여인의 무고로 감옥에 갇혀 언제 죽을지 모르는 죄수의 신분이 되었지만 그곳에서도 하나님을 더욱 의지했더니 형통한 자가 되었습니다(창 39:20-23).

절대 신앙은 미련한 자 같으나 지혜로운 자가 되는 길이요, 망하는 자 같으나 형통한 자가 되는 첩경입니다. 고난이 있습니까? 생명의 주관자 되시는 하나님께서 지키시고 도우신다는 절대 믿음을 가지시기 바랍니다. 하나님께서 원수를 물리쳐 주시고, 사탄의 결박을 풀어 주시고, 승리를 안겨 주실 것입니다.

두려움을 떨쳐 버려야 합니다(1-6절)

사람들이 공통적으로 느끼는 두려움에는 어떤 종류가 있을까요? 미래에 대한 두려움, 죽음에 대한 두려움, 사람에 대한 두려움, 질병에 대한 두려움 등등 여러 가지가 있을 것입니다. 세상에서 제일 무서운 게 무엇일까요? 호랑이일까요? 아니 사람이라고 합니다. 깜깜한 밤길 외딴 곳에서 사람과 마주칠 때 가장 두렵다고 합니다. 더욱이 반란군에 쫓겨 피난 중인 다윗에게 인기척은 공포의 대상이었을 것입니다. 그런 속에서 그는 두려움을 떨쳐버리기 위해 더욱 하나님을 의지했습니다.

여호와는 나의 빛이요 나의 구원이시니 내가 누구를 두려워하리요 여호와는 내 생명의 능력이시니 내가 누구를 무서워하리요(1절).

'빛'은 생명과 구원 및 환희를 의미합니다. 빛이 들어오면 어두움이 사라지는 것 같이 하나님이 함께하시면 대적은 물러가고 생명의 길로 인도해 주실 것을 다윗은 확신했던 것입니다. 다윗은 "하나님께서 생명의 능력(히브리어 마오즈, 피난처[산성, 방패, 요새])이 되시기 때문에 무섭지 않다."고 외치고 있습니다. 다윗은 하나님께서 자신의 생명을 보호하시며 피난처가 되심을 확신했던 것입니다.

하나님은 우리의 피난처시요 힘이시니 환난 중에 만날 큰 도움이시라(시 46:1).

이런 절대적인 믿음을 가졌기에 그는 두려움을 극복할 수 있었습니다.

악인들이 내 살을 먹으려고 내게로 왔으나 나의 대적들, 나의 원수들인 그들은 실족하여 넘어졌도다 군대가 나를 대적하여 진 칠지라도 내 마음이 두렵지 아니하며 전쟁이 일어나 나를 치려 할지라도 나는 여전히 태연하리로다(2-3절).

2절은 과거의 급박한 위기 상황 속에서 하나님께서 구원해 주셨던 경험을 묘사하고, 3절은 과거의 구원 역사를 생각하면서 앞으로 설령 "군대가 나를 포위할지라도 나는 두려워하지 않겠다."고 고백합니다. 다윗은 평생 전쟁터에서 죽음의 고비를 숱하게 넘었던 백전노장입니다. 이전에 구원해 주신 하나님께서 앞으로도 지켜주실 것을 믿는다는 고백입니다. 오히려 나를 에워싼 대적들이 멸망할 것을 확신하고 있습니다. 이전에 받은 은혜를 기억하면 지금 당하는 고난도 참고 견딜 수 있습니다.

내가 여호와께 바라는 한 가지 일 그것을 구하리니 곧 내가 내 평생에 여호와의 집에 살면서 여호와의 아름다움을 바라보며 그의 성전에서 사모하는 그것이라 여호와께서 환난 날에 나를 그의 초막 속에 비밀히 지키시고 그의 장막 은밀한 곳에 나를 숨기시며 높은 바위 위에 두시리로다 이제 내 머리가 나를 둘러싼 내 원수 위에 들리리니 내가 그의 장막에서 즐거운 제사를 드리겠고 노래하며 여호와를 찬송하리로다(4-6절).

4절에서 다윗은 과거부터 지금까지 하나님께 계속해서 간구했던 한 가지 소원이 있는데 "하나님의 집에 살면서 하나님의 아름다우심을 바라보며 하나님의 성전을 사모하는 것"이라고 고백합니다. 이 말을 한마디로 표현하면 "하나님의 은혜를 덧입게 해 달라."는 것입니다. 이어서 5절에 '초막'과 '장막'과 '바위'를 3중적으로 표현하면서 하나님의 보호를 기원하고 있습니다. 하나님은 택한 자녀를 끝까지 보호해 주시는 능력의 주님이심을 믿으시기 바랍니다. 그리고 6절은 원수들에게서 벗어나 완전한 승리를 얻게 하시면 승리의 모든 영광을 하나님께 돌려드리고 하나님께서 구원해 주셨음을 널리 증거하며 영원히 찬송하겠다고 선언합니다.

환난을 당할 때 성도들이 조심해야 할 것은 매우 슬퍼하고, 낙담하고, 두려워하는 것입니다. 사무엘상 4장에 엘리 제사장의 두 아들 홉니과 비느하스가 블레셋과의 전쟁에서 패하여 언약궤를 빼앗기고 전사했습니다. 이 소식을 들은 엘리가 의자에 앉아 있다가 뒤로 넘어져 목이 부러져 죽고 말았습니다. 성도는 환난 당할 때 실족하면 안 됩니다. 뒤로 물러가면 넘어집니다. 기도의 무릎을 꿇고 오히려 하나님 앞에 부르짖으시기 바랍니다. 하나님의 도우심을 확신하고, 사람을 두려워하지 말고, 모든 일에 기도와 간구로 하나님께 아뢰고, 앞으로 전진해야 합니다. 그러면 하나님께서 도우십니다. 폭풍이 몰아칠 때라도 어미 품 안에 있는 새끼는 두려워하지 않습니다. "하나님이 나와 함께 하시고 나의 생명의 능력이 되시니 나는 두렵지 않습니다." 이렇게 담대히 외치고 두려움을 물리치시기 바랍니다. 세상을 살아가면서 사람을 두려워하면 큰일을 할 수 없습니다.

그러므로 우리가 담대히 말하되 주는 나를 돕는 이시니 내가 무서워하지 아니하겠노라 사람이 내게 어찌하리요 하노라(히 13:6).

생명의 주관자는 하나님 밖에 없음을 믿으시기 바랍니다. 그 하나님은 자녀들을 때를 따라 도우시고, 연약함을 동정하시고, 긍휼을 베풀어 주시는 분이십니다.

> 우리에게 있는 대제사장은 우리의 연약함을 동정하지 못하실 이가 아니요 모든 일에 우리와 똑같이 시험을 받으신 이로되 죄는 없으시니라 그러므로 우리는 긍휼하심을 받고 때를 따라 돕는 은혜를 얻기 위하여 은혜의 보좌 앞에 담대히 나아갈 것이니라(히 4:15-16).

주님을 절대 의지하는 믿음으로 두려움을 물리치고, 환난을 물리치고, 승리의 노래를 부르게 되기를 바랍니다.

하나님의 얼굴을 찾아야 합니다(7-10절)

이 시간 자신의 믿음을 점검해 보시기 바랍니다. 큰 어려움을 당할 때 또는 문제를 해결해야 할 때, 어떻게 하십니까? 믿음 없는 사람들이 점쟁이를 찾는 일은 다반사(茶飯事, 차 마시는 일이나 밥 먹는 일과 같이 일상에서 늘 일어나는 대수롭지 않은 일)일 것입니다. 그러나 믿는 사람이 그럴 수는 없을 것입니다. 그러면 관련된 힘 있는 사람을 찾으십니까? 아니면 하나님께 무릎 꿇고 기도하면서 도우심을 구하십니까? 이것이 말같이 쉬운 것은 아닙니다. 당장 관계된 사람이 머리에 떠오르는데 보이지 않는 하나님께 해결해 달라고 기도하는 일이 결코 쉬운 일은 아닙니다.

사울왕의 말년에 블레셋이 쳐들어 왔습니다. 두 나라 군대가 마주보며 진을 치고 때를 보고 있을 때 사울이 두려워서 마음이 크게 흔들렸습니다. 사울이 "신접한 여인을 찾으라."고 신하들에게 말하자 "엔돌이라는 곳에 신접한 여인이 있나이다.'"라고 보고했습니다. 그러자 사울이 변장하고 밤에 그 여인을 찾아갔습니다. 그 무당에게 죽은 사무엘을 불러 달라고 하니 죽은 사무엘이 나타나 "내일 너와 네 아들들이 나와 함께 있으리라." 하고 사라졌습니다. 다음 날 아들들이 전사하고 이스라엘은 크게 패하고 말았습니다. 하나님의 기름 부으심을 받았던 사울왕이 결코 해서는 안 될 일을 했고 영적으로 타락한 그의 가문이 망하고 나라가 누란(累卵, 쌓거나 포개 놓은 알이라는 뜻으로 매우 위태로운 형편을 비유적으로 이르는 말)의 위기에 빠지게 된 것입니다.

> 귀인들을 의지하지 말며 도울 힘이 없는 인생도 의지하지 말지니(시 146:3)

어려운 일을 당할 때 그 사람의 믿음을 알아볼 수 있습니다. 다윗은 큰 환난을 당했을 때 더욱 하나님을 찾았습니다.

> 여호와여 내가 소리 내어 부르짖을 때에 들으시고 또한 나를 긍휼히 여기사 응답하소서(7절).

'부르짖는다'는 것은 혼신의 힘을 다해 하나님께 매어달리는 간절한 기도를 가리킵니다. 자신의 마음과 뜻과 힘을 다해 하나님의 도우심을 간구하는 간절한 기도는 하나님의 응답받는 비결입니다. 연약하고 유한한 인간, 죄인인 인간은 하나님의 긍휼하신 은혜를 덧입는 것만이 살길임을 알아야 합니다.

> 너는 내게 부르짖으라 내가 네게 응답하겠고 네가 알지 못하는 크고 은
> 밀한 일을 네게 보이리라(렘 33:3).

하나님은 우리들에게 부르짖는 기도를 장려하고 계십니다. 문제가 있습니까? 그 문제가 큽니까? 더욱 부르짖으시기 바랍니다. 다윗은 하나님을 찾는 것이 하나님의 얼굴을 구하는 것임을 깨달았습니다.

> 너희는 내 얼굴을 찾으라 하실 때에 내가 마음으로 주께 말하되 여호와
> 여 내가 주의 얼굴을 찾으리이다 하였나이다 주의 얼굴을 내게서 숨기
> 지 마시고 주의 종을 노하여 버리지 마소서 주는 나의 도움이 되셨나이
> 다 나의 구원의 하나님이시여 나를 버리지 마시고 떠나지 마소서 내 부
> 모는 나를 버렸으나 여호와는 나를 영접하시리이다(8-10절).

'하나님의 얼굴'은 하나님의 은총과 긍휼을 가리키는 말입니다. 다윗은 하나님의 명령대로 얼굴을 구하고 간절히 기도했습니다. 다시 말해 하나님의 은총과 긍휼을 의지하고 간절히 기도했다는 말입니다. 우리가 마음을 다하고 성품을 다해서 하나님을 구하면 만나 주시고(신 4:29), 해결해 주시고(사 1:18), 응답해 주십니다(마 7:7-8).

본문 9절을 보십시오. 다윗은 '얼굴을 숨기지 마시고, 버리지 마시고, 떠나지 마소서.'라고 3중적으로 강조하면서 하나님의 얼굴을 찾았습니다. 세상에서 가장 큰 사랑은 부모의 사랑입니다. 육신의 부모가 피치 못할

사정으로 인해 자식과 떨어지는 일이 혹 있을지라도 하나님은 자기 백성을 끝까지 책임져 주심을 믿으시기 바랍니다.

> 내가 확신하노니 사망이나 생명이나 천사들이나 권세자들이나 현재 일이나 장래 일이나 능력이나 높음이나 깊음이나 다른 어떤 피조물이라도 우리를 우리 주 그리스도 예수 안에 있는 하나님의 사랑에서 끊을 수 없으리라(롬 8:38-39).

부모와의 단절은 세상에서 가장 믿었던 희망이 단절된 것을 의미합니다. 그런 어려움이 있습니까? 사방이 막혔습니까? 캄캄합니까? 하나님의 얼굴을 구하고 찾으시기 바랍니다. 궁휼히 풍성하신 하나님께서 다윗을 구해 주신 것 같이 구해 주실 것입니다. 궁휼이 풍성하신 하나님께서 성벽이 되어 주시고, 여러분의 이름을 손바닥에 새기시고 문제를 해결해 주실 것입니다.

> 여인이 어찌 그 젖 먹는 자식을 잊겠으며 자기 태에서 난 아들을 궁휼히 여기지 않겠느냐 그들은 혹시 잊을지라도 나는 너를 잊지 아니할 것이라 내가 너를 내 손바닥에 새겼고 너의 성벽이 항상 내 앞에 있나니(사 49:15-16)

승리를 확신해야 합니다(11-14절)

지금은 비록 적들이 위세를 떨치고 자신의 모습은 비바람에 떠는 작은 새같이 느껴질지라도 승리를 확신하고 선포하는 것이 영적 전쟁에서 승리의 비결이라는 것을 알아야 합니다. 다윗은 극심한 고통을 당하고 사방에 욱여쌈을 당한 가운데에서도 승리를 확신하면서 선포하고 있습니다. 어떻게 그럴 수 있을까? 또라이 아닌가? 헛것을 본 것은 아닐까? 그렇게 생각할 수도 있겠지만 성경에 나타난 수많은 위기를 극복한 영적 장수들의 발자취를 연구하면 답이 나옵니다.

먼저 구원의 은총을 기억하면 승리를 확신할 수 있습니다. 다윗은 여덟 형제의 막내로 태어나 별로 아버지의 인정을 받지 못했습니다. 사무엘 선지자가 왕을 찾아 다윗의 집에 왔을 때도 다윗의 아버지 이새는 형 일곱 명을 불러 모아놓고 다윗은 양을 치고 있으라고 하면서 부르지도 않았습니다. 그러나 그는 양을 치면서 사자를 물리치고, 곰과 싸우면서 하나님의 구원의 은총을 체험했습니다. 골리앗과의 싸울 때도 구원의 은총을 체험했습니다. 사울의 분노의 창을 피할 때도 구원의 은총을 체험했습니다. 이런 수많은 구원의 은총을 기억하면서 그는 승리를 확신할 수 있었던 것입니다.

또 한 가지는 주님만 바라보아야 합니다. 보통사람들은 세상도 보고 주님도 봅니다. 사람도 의지하고 하나님도 의지합니다. 염려는 염려대로 하고 기도는 기도대로 합니다. 그러면 안 됩니다. 오직 주님만 바라봐야 합니다. 마태복음 14장에 예수님께서 물 위를 걸어 제자들에게 오시는 것을 본 베드로가 나도 물 위로 걷게 해 달라고 했습니다. 예수님께서 오라 하시니 베드로가 물 위로 걸어서 예수님께로 가다가 바람이 불고 파도가 치는 것을 보고 무서워하자 물에 빠져갔습니다. 예수님께서 손을 내밀어 건져 주셨습니다. 그리고 이렇게 말씀하셨습니다.

> 예수께서 즉시 손을 내밀어 그를 붙잡으시며 이르시되 믿음이 작은 자
> 여 왜 의심하였느냐 하시고(마 14:31)

 주님만 바라보지 않고 세상을 보면 의심이 생깁니다. 그러면 확신이
사라지고 물에 빠지게 되는 것입니다. 과거 구원의 은총을 기억하면서 승
리를 확신하고, 주님만 바라보고 승리를 확신하시기 바랍니다. 다윗이 그
랬습니다.

> 여호와여 주의 도를 내게 가르치시고 내 원수를 생각하셔서 평탄한 길
> 로 나를 인도하소서 내 생명을 내 대적에게 맡기지 마소서 위증자와 악
> 을 토하는 자가 일어나 나를 치려 함이니이다 내가 산 자들의 땅에서
> 여호와의 선하심을 보게 될 줄 확실히 믿었도다 너는 여호와를 기다릴
> 지어다 강하고 담대하며 여호와를 기다릴지어다(11-14절).

 11절에 '평탄한 길'은 안전한 길, 곧은길을 의미합니다. 다시 말해 대적
의 위험이 없는 안전한 상황을 뜻합니다. 다윗은 이러한 상황은 자신의
의지나 힘으로 되는 것이 아니고 오직 하나님의 인도에 의해서만 가능하
다고 고백하면서 원수의 위협에서 건져 달라고 간구한 것입니다. 하나님
은 택한 자녀들을 단련하여 정금으로 만드시기 위해 처음부터 평탄한 길
을 주지 않으시고, 연단을 마칠 때 쯤 평탄한 길을 주심을 기억하시기 바
랍니다.
 12절에서는 "내 생명을 대적에게 맡기지 말아 달라."고 간절하게 애원
하고 있습니다. 그들은 거짓으로 남을 해하는 자이며 악행을 일삼는 자임

을 하나님께 고발하고 있습니다. 하나님께서 상황을 모르실 리 없습니다. 다만 하나님을 의지하는가를 보고 계신 것입니다.

13절에서 앞의 내용들과 확연히 다른 고백이 흘러나옵니다. 승리를 확신하는 내용입니다. 이미 승리한 사람처럼 다윗은 승리를 선포하고 있습니다. 다윗이 하나님의 은총을 입을 것을 믿지 않았다면 자살하든지, 망명하든지, 포기하고 말았을 것입니다. 그는 "여호와의 선하심을 보게 될 줄 확실히 믿었다."고 고백합니다. 이 믿음이 그를 살렸고 영적 전쟁에서 승리하게 했던 것입니다.

마지막 절에서 '너'라는 2인칭을 사용해서 자신을 포함한 모든 성도들에게 어떤 형편에 있든지 "강하고 담대하여 여호와를 기다릴지어다." 권유하고 있습니다. "강하고 담대하라."는 말씀은 하나님께서 여호수아에게 주신 말씀이요. 다윗에게 또한 우리 모두에게 주신 말씀입니다. 이 세상에서 환난당하고 고난당하는 모든 성도들에게 여호와를 신뢰하고 승리를 확신할 것을 당부하는 권면의 말씀이기도 합니다.

우리나라 사람들은 "줄 사람은 생각도 하지 않는데 김치국물 먼저 마시지 말라."고 말합니다. 그런데 성경은 그렇지 않습니다. 선취적 신앙을 가지고 김치국물을 먼저 마시라고 합니다. 이것을 '바라봄의 법칙'이라고 합니다. 이 법칙은 꿈을 꾸고, 그 꿈을 바라보며 쉼 없이 나아가는 사람에게는 하나님께서 그 꿈을 이루도록 도와주신다는 법칙입니다. 시련을 겪다 보니, 나이를 먹다 보니, 먹고 살기 바쁘다 보니 꿈을 포기했습니까? 안 됩니다. 하나님의 자녀들은 모두 요셉과 같이 꿈꾸는 사람이 되어야 합니다. 당대에 이루어지지 않으면 자손 대에라도, 손자 때에라도 이루어진다는 아브라함의 믿음을 가지시기 바랍니다. 다윗과 같이 내가 신자들의 땅에서, 다시 말해 생명 있는 동안에 하나님의 선하신 도움 받아 세상을 이기신 주님, 승리하신 예수님과 함께 영적 전쟁에서 승리하게 될 것을 확신하고 나아가 마침내 문제를 극복하고 간증이 되는 절대 신앙인이 되시기 바랍니다.

> 이것을 너희에게 이르는 것은 너희로 내 안에서 평안을 누리게 하려 함이라 세상에서는 너희가 환난을 당하나 담대하라 내가 세상을 이기었노라(요 16:33).

고난받으신 메시아

시편 22편 1-21절

시편 150편 중에서 메시아를 예언하고 있는 시는 일곱편(2, 16, 22, 24, 45, 72, 110편)입니다. 메시아(Messiah)는 기름 부음을 받은 자라는 뜻입니다(헬라어로 '그리스도'라고 번역했다.). 이스라엘에서는 왕, 제사장, 선지자를 임직할 때 기름을 부어 성별하는 의식이 있었습니다. 구약에서 메시아는 세상의 전쟁을 종식시키고, 정의를 회복하기 위해 하나님이 보내실 분으로 묘사되고 있습니다.

시편 22편은 일곱 편의 메시아 예언시 중에서도 예수님께서 십자가에 달려 처절하게 고난당할 것을 가장 생생하게 예언하고 있습니다. 시편 22편의 내용은 '메시아 고난'이라는 한 주제에 집중되어 있습니다. 물론 이 시의 내용이 1차적으로는 다윗의 체험에서 나온 신앙의 감정을 토로한 것입니다. 하지만 거기에 성령께서 역사하셔서 궁극적으로는 하나님이신 그리스도께서 성육신(成肉身, Incarnation: 하나님이 인간의 몸을 입고 세상에 오신 것으로 도성인신[道成人身]이라고도 한다.)하셔서 인간을 위해 십자가를 지실 것을 예언하고 있습니다.

예수님 탄생 1,000년 전 다윗을 통해 기록된 예언의 말씀이 예수님을 통하여 이루어진 사실은 참으로 놀랍습니다. 다윗의 노래가 단순한 사람의 노래가 아니라 성령의 감동으로 된 것임을 입증하는 것입니다. 이것은 성경 전체가 성령의 감동으로 된 것으로 절대 진리의 말씀으로 받아야 할 것을 깨닫게 합니다. 성경은 우리들에게 구속사의 실체를 계시해 주는 유일한 기준임을 웅변해 주는 것입니다.

고난 주일은 종려 주일이라고도 부릅니다. 그 이유는 예수님께서 십자가를 지시기 위해 나귀새끼를 타고 예루살렘에 입성하실 때 예루살렘에 있던 수많은 백성이 손에 손에 종려나무 가지를 꺾어 들고 예수님을 환영한 데서 유래한 이름입니다. 종려나무(Plan tree)는 이스라엘에 흔한 야자나무입니다. 예루살렘의 군중은 왕으로 오시는 이라고 예수님을 열렬하게 환영했습니다. 호산나 호산나(hosanna, '구하옵나니 이제 구원하소서.'라는 뜻으로 찬양의 외침으로 사용한 말이다.) 소리 높여 찬송했습니다.

예수님을 왕으로 영접했던 군중들이 예수님을 십자가에 못 박기까지 닷새도 걸리지 않았습니다. 사람들은 이렇게 변합니다. 언제는 왕이라고 환영하더니 이제는 죄인이라고 십자가에 못 박으라고 외칩니다. 여기에서 우리 모두 자신의 모습을 돌이켜 보아야 합니다. 모든 것이 잘 되고 형통할 때는 예수님이 최고라고 말하다가도 일이 꼬이고 병들고 어려워질 때는 예수님이 나에게 해 준 것이 뭐가 있느냐고 나와는 상관이 없다고 말하는 사람이 많습니다. 이와 반대의 경우도 있습니다. 어렵고 고난이 닥쳐올 때 간절히 기도하고 하나님께 매어 달리다가도 잘되고 형통해서 남부러울 것이 없게 되면 자신이 잘 나고 운이 좋아서 된 것이라고 하나님을 떠나는 사람들이 많습니다. 이것이 연약하고 변덕이 심한 인간의 모습이요, 자화상이 아닐까요? 오늘 바로 이런 자신을 돌아보는 날로 삼는 지혜자들이 되시기 바랍니다.

본문 말씀 속에 나타난 메시아 예언을 살펴보는 중에 예수님과 함께 고통받고, 예수님과 함께 십자가 지는 신앙의 체험을 갖게 되기를 간절히 바랍니다. 그리고 모든 성경은 하나님의 감동으로 된 것임을 믿고 하나님의 말씀을 따라 진리의 길을 걷고 영원한 생명에 이르는 복을 받으시길 바랍니다.

멸시를 당하셨습니다(6-8절)

고려가 건국되어 250년쯤 되었을 때 태평성대가 지속되자 무관을 뽑는 과거시험을 없애고, 군의 최고 지휘관도 문신이 맡고, 무신은 3품 이상의 벼슬에 오를 수 없도록 제한했습니다.

1170년 8월 30일, 왕이 보현원에 가면서 무신들의 무술경기를 열었습니다. 3품 벼슬의 대장군 이소응과 젊은 무신이 겨뤘는데 늙은 이소응이 패하자 임금의 총애를 받는 문신 한뢰가 대장군 계급이 아깝다 하면서 뺨을 쳤는데 계단에서 굴러 떨어졌습니다. 이것을 지켜보던 무신들의 눈에 불꽃이 튀었습니다. 특히 상장군 정중부는 얼마 전 내시가 장난을 치면서 수염을 태운 모욕을 겪은 적이 있었던 차라 더욱 분을 참을 수 없었습니다. 그날 밤 무신들이 반란을 일으켜 문신들을 다 죽이고 의종을 퇴위시키고 허수아비 왕 명종을 세웠습니다. 이 사건을 무신정변이라고 부릅니다. 이로부터 100년 동안 무신정권 시대가 열리게 된 것입니다.

사람을 멸시하면 안됩니다. 사람들은 멸시와 천대를 받으면 도저히 참지 못하고 기회가 되면 반란을 일으킵니다. 그런데 우리 예수님께서는 멸시와 천대를 다 받으셨습니다. 그렇게 멸시당하실 것을 본문에 예언하고 있습니다.

> 나는 벌레요 사람이 아니라 사람의 비방 거리요 백성의 조롱거리니이
> 다 나를 보는 자는 다 나를 비웃으며 입술을 비쭉거리고 머리를 흔들며
> 말하되 그가 여호와께 의탁하니 구원하실 걸, 그를 기뻐하시니 건지실
> 걸 하나이다(6-8절).

'벌레'가 무엇을 뜻합니까? 극단적인 '무기력함', '하찮은 것'을 표현한
것입니다. 예수님께서 사람들에게 극단적인 모욕과 멸시를 받는 등 인간
이하의 취급을 받으실 것을 예언한 말씀입니다. 사람들이 입을 삐쭉이며
비방하고 조롱했습니다. 십자가에 달리신 예수님에게 "어디 너의 하나님
이 구원하시는가 보자, 네가 뛰어내려 봐라." 조롱했습니다. 이 예언에
대해 이사야 선지자가 이렇게 예언했습니다.

> 그는 멸시를 받아 사람들에게 버림받았으며 간고를 많이 겪었으며 질
> 고를 아는 자라 마치 사람들이 그에게서 얼굴을 가리는 것같이 멸시를
> 당하였고 우리도 그를 귀히 여기지 아니하였도다(사 53:3).

이 말씀의 예언이 십자가를 지신 그날 그대로 이루어졌습니다(마
26:67-68, 27:27-31, 27:39-44). 예수님을 조롱하고 멸시한 사람들은 여러
부류의 사람들이었습니다. 예수님이 유대인의 왕이라 자칭하며 군중을
선동하여 반란을 꾀하는 불순한 자라고 고발했던 대제사장과 서기관들과
장로들이 있었습니다. 총독 빌라도의 사형선고를 집행하는 로마의 군병

들이 있었습니다. 또한 십자가에 함께 못 박힌 양편 강도가 있었습니다. 그리고 수많은 무리가 좋은 구경거리를 만났다고 십자가를 지고 가는 예수님을 따라 골고다 언덕까지 올라왔습니다. 지렁이도 밟으면 꿈틀거리는 법인데 예수님은 그들의 멸시와 조롱을 묵묵히 다 받으셨습니다.

미국에 끌려온 아프리카 노예들에게 기가 막힌 찬송이 있습니다. 찬송가 147장 "거기 너 있었는가"입니다.

거기 너 있었는가 그때에 주님 그 십자가에 달릴 때

오 때로 그 일로 나는 떨려 떨려 떨려 거기 너 있었는가 그때에(1절)

예수님이 십자가 지실 때 멸시와 조롱, 채찍과 침뱉음, 온갖 모욕을 다 당하셨는데 알고 보니 내가 그 군중 속에 있었음을 깨달은 노래입니다. 이런 것을 영적 각성이라고 합니다. 예수님의 십자가 지신 것은 나 때문이요, 내 죄 때문임을 알게 된 것입니다. "주님께서 자신을 멸시하고 조롱한 나를 위하여 십자가 지신 것을 깨달았습니다. 주님, 이제부터 나도 주님을 위해 멸시와 조롱을 다 감수하고 주님의 은혜, 주님의 사랑을 전하겠습니다." 이렇게 결심하시기 바랍니다.

십자가의 고통을 당하셨습니다(14-18절)

예수님께서 십자가에 달리시기 전에 채찍질을 당하셨습니다. 채찍의 모양은 쇠구슬과 날카로운 뼛조각이 여러 개 달려 있어 때릴 때마다 살점을 찢었습니다. 3세기 역사가 유세비우스는 "채찍에 맞으면 정맥이 밖으로 드러나고 근육과 뼈와 창자까지 노출되었다."고 설명했습니다. 많은 사람이 십자가에 달리기 전 채찍에 맞아 죽기도 했습니다. 피를 많이 흘려 쇼크를 받기 때문입니다. 예수님은 십자가에 달리기 전에 이미 만신창이가 되었습니다. 십자가에 달릴 때의 고통은 말로 다할 수 없습니다. 당시 손과 발에 박은 못이 발견되었는데 길이가 18cm로 대단히 두꺼운 것입니다. 못을 박을 때 고통은 뼈가 부서지는 통증이라고 말합니다.

십자가에 달린 후에는 몸이 점점 처지기 때문에 호흡곤란이 오게 됩니다. 호흡을 하려면 발을 세웠다 내렸다 해야 하는데 그때마다 못 박힌 곳에 통증은 이루 말할 수 없는 것이었습니다. 십자가에 못 박히면 질식해서 죽게 됩니다. 예수님은 물과 피를 다 흘리시고 여섯 시간 만에 돌아가셨습니다. 그런데 예수님께서 십자가에서 당하신 고통은 자신의 죄 때문이 아니었습니다. 바로 당신과 나, 우리들의 죄 때문에 참혹한 고통을 당하신 것입니다.

> 나는 물 같이 쏟아졌으며 내 모든 뼈는 어그러졌으며 내 마음은 밀랍 같아서 내 속에서 녹았으며 내 힘이 말라 질그릇 조각 같고 내 혀가 입천장에 붙었나이다 주께서 또 나를 죽음의 진토 속에 두셨나이다 개들이 나를 에워쌌으며 악한 무리가 나를 둘러 내 수족을 찔렀나이다 내가 내 모든 뼈를 셀 수 있나이다 그들이 나를 주목하여 보고 내 겉옷을 나누며 속옷을 제비 뽑나이다(14-18절).

예수님께서는 시편 22편의 예언 그대로 십자가 고통을 당하셨습니다. 14절에 "물 같이 쏟아졌으며"는 물과 피를 다 쏟으신 모습을 뜻하고, "내 모든 뼈는 어그러졌으며"는 육신의 처절한 고통을 뜻합니다. "내 마음은 내 속에서 녹았으며"는 처절한 고통 속에서 고뇌하는 모습을 그리고 있습니다. 15절에 "내 혀가 입천장에 붙었나이다."는 십자가에서 "내가 목마르다"고 하셨던 예수님의 모습을 보여 줍니다. 16절에 "개와 악한 무리들이 내 수족을 찔렀나이다."는 잔인하고 무례한 로마군병들이 손과 발에 못 박고 옆구리를 찌른 것을 뜻합니다. 17절에 "내 모든 뼈를 셀 수 있나이다."는 채찍에 맞아 뼈가 다 드러나 수를 셀 수 있을 정도가 된 모습을 뜻합니다. 18절에 "내 겉옷을 나누며 속옷을 제비 뽑나이다."하신 말씀도 그대로 되었습니다.

> 군인들이 예수를 십자가에 못 박고 그의 옷을 취하여 네 깃에 나눠 각각 한 깃씩 얻고 속옷도 취하니 이 속옷은 호지 아니하고 위에서부터 통으로 짠 것이라 군인들이 서로 말하되 이것을 찢지 말고 누가 얻나 제비 뽑자 하니 이는 성경에 그들이 내 옷을 나누고 내 옷을 제비 뽑나이다 한 것을 응하게 하려 함이러라 군인들은 이런 일을 하고(요 19:23-24)

이 고통 외에 예수님께서 드러나지 않은 큰 고통을 당하셨으니 그것은 3년간 양육한 제자들이 예수님의 십자가의 의미를 전혀 모르고 있었다는 사실입니다(눅 18:32-34).예수님이 십자가 지실 때 제자들이 다 도망갔던 것은 십자가의 고통만 두려워했지 그 의미를 전혀 몰랐기 때문입니다. 이것이 예수님의 마음에 더 큰 고통을 안겨 드렸던 것입니다. 과연 우리들은 어떠합니까? 예수님의 십자가 고통이 나를 위함임을 믿으십니까? 그렇다면 그 고통이 내게 전이되고 다가와야 정상 아니겠습니까? 이것이 느껴지지 않는다면 예수 믿는다는 것이 무슨 소용이 있겠습니까? 예수님의 십자가 고통이 느껴지고, 내 죄 때문임을 깨닫게 되고, 아픔에 동참하고, 그 사랑에 감격하는 시간이 되기를 바랍니다.

하나님께 버림받으셨습니다(1-2절)

한국 전쟁이 끝나고부터 전쟁 고아들이 외국에 많이 입양되었습니다(1958년부터 2015년까지 166,512명). 그런데 어릴 때 해외로 입양된 아이들이 성장해서 부모를 찾아오는 경우가 많은데 하나같이 왜 부모가 나를 버렸을까하는 궁금증을 안고 옵니다. 피치 못할 사정이 있었을텐데 그 사정이 과연 무엇이었을까 궁금한 것입니다. "사랑받지 못한 여인보다 잊혀진 여인이 불쌍하다."는 말이 있듯이 자신이 버림받았다는 것이 사람의 마음속에 큰 상처가 되는 것입니다.

예수님은 하나님의 아들이신데 이 땅에 오셨습니다. 이에 대하여 빌립보서에 이렇게 말씀하고 있습니다.

> 그는 근본 하나님의 본체시나 하나님과 동등됨을 취할 것으로 여기지 아니하시고 오히려 자기를 비워 종의 형체를 가지사 사람들과 같이 되셨고 사람의 모양으로 나타나사 자기를 낮추시고 죽기까지 복종하셨으니 곧 십자가에 죽으심이라(빌 2:6-8).

근본이 하나님이신 예수님께서 높고 높은 하늘보좌를 버리시고 낮고 천한 인간의 몸을 입고 세상에 오셨습니다. 그러고도 십자가에서 인간의 죄를 대신 지고 죽으셨습니다. 이 대속의 죽음을 이사야 선지자가 예언했습니다.

> 그가 곤욕을 당하여 괴로울 때에도 그의 입을 열지 아니하였음이여 마
> 치 도수장으로 끌려가는 어린 양과 털 깎는 자 앞에서 잠잠한 양 같이
> 그의 입을 열지 아니하였도다 그는 곤욕과 심문을 당하고 끌려갔으나
> 그 세대 중에 누가 생각하기를 그가 살아 있는 자들의 땅에서 끊어짐은
> 마땅히 형벌받을 내 백성의 허물 때문이라 하였으리요 그는 강포를 행
> 하지 아니하였고 그의 입에 거짓이 없었으나 그의 무덤이 악인들과 함
> 께 있었으며 그가 죽은 후에 부자와 함께 있었도다(사 53:7-9).

이사야 선지자는 죄 없는 예수님께서 우리 죄를 짊어지시고, 우리 대
신 죽임을 당하시고 지옥에 떨어지게 되실 것을 예언하기를 "그는 강포를
행하지 아니하였고 그 입에 거짓이 없었으나 그 무덤이 악인들과 함께 있
었으며 그가 죽은 후에 부자와 함께 있었도다."라고 예언했습니다. 그리
고 본문은 예수님께서 십자가를 지시고 하나님께 버림받게 될 것을 예언
했습니다.

> 내 하나님이여 내 하나님이여 어찌 나를 버리셨나이까 어찌 나를 멀리
> 하여 돕지 아니하시오며 내 신음 소리를 듣지 아니하시나이까 내 하나
> 님이여 내가 낮에도 부르짖고 밤에도 잠잠하지 아니하오나 응답하지
> 아니하시나이다(1-2절).

이 예언대로 하나님께서 예수님을 버리셨습니다. 왜 버리셨을까요? 죄

와는 상관없으신 거룩하신 하나님께서 십자가를 지신 예수님의 양 어깨에 짊어진 나의 죄, 너의 죄, 우리의 죄, 온 인류의 죄를 보시고 차마 그 죄악의 흉하고 추함을 보실 수 없어 고개를 돌리고 외면하신 것입니다. 하나님과의 교제가 끊어진 순간 예수님은 절규하셨습니다.

하나님은 갈보리 언덕에 인류의 제단을 쌓으시고 아브라함이 이삭을 번제물로 바친 것처럼 예수님을 인류를 위한 속죄양으로 삼으신 것입니다. 그래야만 아담의 범죄로 인해 원죄로 얼룩진 인류의 죄와 사망의 줄을 끊을 수 있었기 때문입니다. 그러나 아버지와의 인연이 끊기고, 아버지에게 버림받아야 하는 순간 "엘리 엘리 라마 사박다니 나의 하나님 나의 하나님 어찌하여 나를 버리셨나이까?" 절규하신 것입니다. 절대고독, 절대절망의 절규였던 것입니다.

우리가 죄에서 자유를 얻고 마귀의 종에서 하나님의 자녀로, 본질상 진노의 자녀에서 천국 백성으로, 죄로 인해 죽었던 우리가 영원한 생명을 누리게 된 것은 바로 이런 예수님의 희생의 공로요, 하나님의 사랑으로 인한 것임을 기억하시기 바랍니다. 이것을 깨달은 하나님의 자녀라면 거룩한 생활에 힘써야 합니다. 우리가 죄를 지으면 예수님을 다시 십자가에 못 박는 어리석은 사람이 되는 것입니다. 우리는 이제 나를 위해 십자가에서 고통당하시고 버림받아 죽으신 예수님을 위해 살아야 합니다.

예수님은 다윗과 선지자의 예언을 이루시기 위해 십자가를 지셨습니다. 그것은 나를 위해 지신 것입니다. 메시아이신 예수님께서 십자가를 지심으로 우리가 구원을 얻었습니다. "이 큰 은혜와 사랑을 받았사오니 이제부터 나도 내 몫의 십자가를 지겠습니다." 이렇게 결단하며 고난에 동참하는 그리스도인들이 되기 바랍니다.

인생의 광야

시편 63편 1–11절

　성지순례 중에 유대광야를 보았습니다. 황량한 광야의 풍경 앞에 모두가 할 말을 잃고 말았습니다. 광야(Wilderness)는 사막과 조금 다릅니다. 광야는 강수량이 적어서(1년 강수량 30mm 정도) 나무나 풀이 매우 적고 인간의 활동이 제약되는 지역으로 유목을 하는 베두인족이 살고 있지만, 사막(desert)은 강수량이 거의 없어서(1년 강수량 30mm 이하) 나무나 풀이 없고 사람이 살 수 없는 지역을 말합니다.

　이스라엘 지역으로 들어가 보니 갈릴리 물을 끌어들여 광야에 물을 주고 야자수, 바나나, 포도와 야채 농사를 짓고 있는 것을 볼 수 있었습니다. 하지만 3,450년 전 출애굽한 이스라엘 백성들이 나무 한 그루 찾아보기 힘든 광야에서 40년간을 지냈다는 것은 하나님의 보호와 인도하심이 아니었던들 도저히 불가능한 일임을 알 수가 있었습니다.

　사람이 보지 않고 용감하게 말하는 것이 얼마나 무모한 것인가를 깨달았습니다. 출애굽 한 이스라엘 백성들이 광야에서 목이 말라 모세를 원망하고 하나님을 원망하는 이야기를 성경에서 읽을 때마다 이스라엘 백성들은 고질적인 원망병환자라고 생각했었습니다. 그런데 그 현장에 가 보니 원망하지 않는 사람이 비정상적인 사람이라는 것을 생각하게 되었습니다. 물을 찾을래야 찾을 수 없고, 그늘을 찾을래야 찾을 수 없는 광야, 모래와 돌덩어리밖에 없는 황량한 벌판이 몇 100km 계속 이어지고 있는 곳이 바로 시나이반도입니다. 가끔 오아시스가 나타나면 그곳을 선점하고 있던 부족들과 전쟁을 해서 값비싼 대가를 치러야만 물을 확보할 수 있었던 곳이었습니다. 그래서 물이 떨어지고 목이 탈 때마다 백성들은 모세를 원망하며 돌을 들어 치려 달려들었던 것입니다. 비록 애굽에서 노예살이를 했지만, 나일강 삼각주에 자리 잡은 고센땅은 푸른 풀밭과 늘 마실 수 있는 풍성한 물이 있었기에 그들은 광야의 험난한 생활 속에서 과거를 추억하며 다시 돌아가자고 난동을 일으켰던 것을 알 수 있었습니다. 나도 그 자리에 있었다면 역시 그랬을 것이라는 생각을 했습니다. 아니, 그들보다 더 원망하며 난동을 피웠을 것이라고 생각합니다.

그렇다면 이스라엘 백성들에게 있어서 광야 40년은 과연 어떤 의미를 지니고 있을까요? 마냥 40년의 세월을 손해만 본 것일까요? 그런 것은 아닙니다. 광야 40년이 이스라엘에게 준 유익도 결코 만만한 것은 아니었던 것입니다. 누구나 인생 여정을 돌이켜 볼 때, 광야같이 험한 시절이 한 번 쯤은 있었을 것입니다. 그때는 목이 마르고, 배가 고프고, 도저히 살 수 없을 것 같고, 사방이 욱여쌈을 당해 숨이 막힐 것 같았는데, 지나고 보니 그때 그 아픈 경험이 오늘의 나를 만들어 준 힘이 되지 않았던가 생각하게 되는 것입니다.

영국 속담에 "잔잔한 바다에서는 좋은 어부가 나올 수 없다."라는 말이 있습니다. 거친 북해의 파도가 영국의 항해술을 발달하게 했고, 그들은 세계를 정복하여 해가 지지 않는 대영제국을 건설했던 것입니다.

수많은 사람들이 의지결핍증을 앓고 있는 세상에서 우리는 광야와 같은 역경과 고난이 인생의 자양분이 됨을 알아야 합니다. 극심한 핍박을 당하던 초대교회 때 사도 베드로는 신자들을 이렇게 위로했습니다.

> 모든 은혜의 하나님 곧 그리스도 안에서 너희를 부르사 자기의 영원한 영광에 들어가게 하신 이가 잠깐 고난을 당한 너희를 친히 온전하게 하시며 굳건하게 하시며 강하게 하시며 터를 견고하게 하시리라(벧전 5:10).

광야 길을 걸을 때는 그 길이 끝이 없을 것 같이 생각되지만, 가다 보면 오아시스가 나타납니다. 대적을 만나 괴로움을 당하지만, 그들을 물리치고 나면 더 굳세고 강한 사람이 되게 하시고 견고한 반석 위에 설 수 있도록 힘과 능력을 얻게 되는 것입니다.

지금 혹시 광야를 걷고 계신 분이 있으십니까? 불평, 원망, 절망, 낙망, 포기하지 마시기 바랍니다. 광야는 가나안 땅을 들어가기 위해 잠시 머무는 정거장이요, 하나님만 바라보고 의지하도록 훈련 받는 곳이요, 젖과 꿀을 얻기 위해 잠시 지체하는 처소이지 영원히 머물 자리가 아님을 기억하시기 바랍니다. 그러므로 사막을 지나면 오아시스가 나오고, 광야를 지나면 요단강에 이르고, 요단강을 지나면 젖과 꿀이 흐르는 가나안 복지가 나오게 된다는 꿈과 희망을 품으시기 바랍니다. 그때가 되면 '광야는 아름다운 추억이었노라.' 하면서 광야의 유익을 깊이 깨닫게 될 것입니다.

영혼을 정화시킵니다(1-2절)

광야 길을 버스를 타고 몇 시간을 달려가면서 생각해 보았습니다. "내가 이 길을 걸어가야만 한다면, 과연 무엇을 가지고 갈까? 물과 지팡이 외에 모든 것이 다 걸리적거리지 않겠는가?"

한참 더울 때는 섭씨 45도를 넘는 광야 길을 하루 종일 걷는다고 상상해 보십시오. 그런데 놀라운 것은 기독교 초창기에 유대광야를 찾아와 광야에 동굴을 파고 수도 생활하는 사람들이 5천 명 가량이 되었다는 기록이 있습니다. 이들은 왜 광야를 찾아왔을까요? 그것은 광야는 영혼을 정화시키는 힘이 있기 때문입니다. 광야에 홀로 설 때 자신은 지극히 작아지고 하나님께 가까이 가도록 영혼을 정화시킵니다.

또 다른 면을 생각해 보면, 광야에 홀로 서면 형언키 어려운 고독을 느끼게 됩니다. 그렇기 때문에 이제까지 아무데서도 체험할 수 없었던 하나님과의 대화가 가능하게 되는 것입니다. 테베의 성 파울루스는 몇 십 년 동안 광야에서 전심으로 기도하며 수도했습니다.

하나님께서 이스라엘 백성을 황량한 광야로 데려가신 것도 벌거벗은 영혼으로 하나님 앞에서 율법의 말씀을 듣고 새 사람이 되게 하시려는 계획이 있었던 것입니다. 이스라엘 백성들은 애굽에서 430년을 살았습니다. 애굽은 온갖 우상의 박물관입니다. 열 가지 재앙에 나오는 뱀, 파리, 개구리도 모두 그들이 섬기는 신입니다. 수백 가지의 우상에 찌든 그들의 영혼을 정화시키고, 430년간 노예생활하면서 체질화된 노예 근성을 뿌리 뽑고, 오직 하나님만 섬기도록 변화시키기 위해 영혼을 정화시키는 장소로서 광야가 필요했던 것입니다.

하나님이여 주는 나의 하나님이시라 내가 간절히 주를 찾되 물이 없어 마르고 황폐한 땅에서 내 영혼이 주를 갈망하며 내 육체가 주를 앙모하나이다 내가 주의 권능과 영광을 보기 위하여 이와 같이 성소에서 주를 바라보았나이다(1-2절).

다윗은 압살롬의 반역을 피하여 메마른 광야에서 애타게 하나님을 찾았습니다. 마치 목마른 사슴이 시냇물을 갈구하듯 하나님의 도우심을 구하고 있는 것입니다. 이전에 예루살렘에서 평안할 때 구하지 못했던 하나님을 구하면서 평안할 때 주를 섬기는 일이 얼마나 기쁘고 복된 일인지를 절실하게 깨닫고 성소가 있는 예루살렘을 바라보며 기도한 것입니다. 이런 것을 볼 때, 물이 없고 메마르고 곤핍한 땅이지만 광야가 주는 유익이 있음을 알 수가 있습니다. 영혼이 전심으로 주를 갈망하고 앙모(히브리어 카마. 모든 힘을 다해 애타게 찾는 것)하게 되는 것입니다.

예루살렘에서 유대광야가 그리 멀지 않은 곳에 위치하고 있습니다. 우리 인생 길에서 광야가 그리 멀리 있지 않습니다. 날마다 잔칫날이고, 날마다 행복하고, 때마다 형통하고, 일마다 히트 칠 수는 없는 것입니다. 높은 산이 있으면 낮은 골짜기가 반드시 나오게 마련입니다. 그러나 광야를 두려워하지 마십시오. 광야는 하나님께서 차려 놓은 잔칫상이 있는 곳입니다.

이스라엘 백성들에게 반석을 쳐서 생수를 먹이시고, 만나와 메추라기를 먹여 주신 곳이 광야입니다. 40-50년 전 우리의 생활은 지금에 비하면 거친 광야였습니다. 그러나 우리가 굶어 죽지 않고, 얼어 죽지 않고, 오늘까지 건강하게 살아가도록 광야 같은 세월을 지나오게 하신 것처럼 이스라엘 백성들의 발이 부르트지 않고, 신이 해어지지 않고, 옷이 닳지 않도록 그들을 먹이시고 입혀 주신 것을 기억하시기 바랍니다.

가만히 생각해 보십시오. 지금과 비교하면 광야 같았던 60-70년대가 따뜻하게 느껴집니까? 지금이 따뜻하게 느껴집니까? 그때는 이웃끼리, 가족 간에도 비록 흥부네 집 같았지만, 오가는 따뜻한 정이 있지 않았습니까? 이것이 광야의 유익입니다.

인생은 누구나 한 번은 광야를 통과하지 않으면 안 됩니다. 그러나 광야를 두려워하지 마시기 바랍니다. 광야에 나오면 주님과 함께 잔치할 수가 있기 때문입니다. 애굽에서 먹던 고기와 채소가 없을지라도 하나님이 차리신 만나와 메추라기가 있으며 하나님이 보여 주시는 불기둥과 구름기둥이 있습니다. 광야는 가난을 즐길 줄 알게 만들며 감사를 회복시켜 줍니다. 세상의 화려함만 추구하던 사람이 내면을 바라보며 진정한 자아를 발견하게 만드는 곳이 광야입니다.

광야는 하나님의 손(능력)만 구하고 하나님의 얼굴(뜻)을 구하지 않는 신앙인들에게 하나님의 뜻을 구하게 만듭니다. 우리 모두 광야로 나아갑시다. 그리고 하나님 앞에 다 털어 놓읍시다. 나의 영적 상태는 이렇습니다. 가난합니다. 바닥이 났습니다. 탈진했습니다. 더럽습니다. 음란합니다. 하나님은 우리를 아십니다. 탈진한 엘리야를 로뎀나무 아래 쉬게 하시고, 어루만지시고, 떡을 먹이시고, 회복시켜 주십니다(왕상 19:4-5). 이렇게 하나님의 위로와 평안이 있는 곳이 광야입니다. 광야는 상한 영혼을 치유하는 하나님의 손길이 나타나는 곳입니다.

여러분의 상태가 광야와 같이 메마르고 곤핍합니까? 엘리야의 하나님이 여러분의 하나님이심을 믿으시기 바랍니다. 다윗의 하나님이 나의 하나님이심을 믿으시기 바랍니다. 하나님께서 상한 영혼을 치유하시고 더러운 영혼은 정화시키시고 곤핍한 영혼을 채워 주실 것입니다. 인생의 광야에서 앙망하던 주님을 만나시고 영혼이 정화되는 유익을 얻으십시오.

주님만 의지합니다(3-8절)

신명기에 보면 하나님께서 의도적으로 이스라엘 백성들을 광야로 인도하셨다는 것을 알 수 있습니다.

> 네 하나님 여호와께서 이 사십 년 동안에 네게 광야 길을 걷게 하신 것을 기억하라 이는 너를 낮추시며 너를 시험하사 네 마음이 어떠한지 그 명령을 지키는지 지키지 않는지 알려 하심이라 너를 낮추시며 너를 주리게 하시며 또 너도 알지 못하며 네 조상들도 알지 못하던 만나를 네게 먹이신 것은 사람이 떡으로만 사는 것이 아니요 여호와의 입에서 나오는 모든 말씀으로 사는 줄을 네가 알게 하려 하심이니라(신 8:2-3).

왜 광야에서 40년간 돌리셨을까요? 그것은 하나님을 경외하며 말씀에 순종하는 백성을 만드시기 위함이었습니다. 하나님은 인간을 창조하시면서 '자유의지'를 주셨습니다. 그런데 범죄한 인간은 육체의 정욕과 안목의 정욕을 따라 살아갑니다. 이스라엘 백성들도 감각적으로 살았습니다. 주님만 바라보면서 의지하지 않고, 계속 자신의 욕심을 따라 살고자 했습니다. 사람은 자아가 깨어지지 않고는 교만해져서 하나님의 은혜를 쉽게 잊어버리고 자기 의지대로 살아갑니다. 그래서 하나님께서는 인간의 힘으로는 아무것도 얻을 수 없는 광야로 인도해 하나님을 의지하고 바라보는 훈련을 시키신 것입니다.

저는 성격이 강하고 담대한 사람입니다. 거기에다 눈에 뵈는 게 없습니다. 시력이 안 좋았으니까요. 사막에 떨어뜨려도 살 자신이 있었습니다. 그런데 그게 깨지는 데 오래가지 않았습니다. 눈이 나빠서 군대 가지 않아도 되는데 남자가 군대 안 가면 되겠냐 하면서 군대를 갔습니다. 군대 가서 엄청 맞으면서 깨지고, 2차로 26세 때 하나님이 때리셔서 겸손해졌습니다. 신학교에 들어가서도 기가 펄펄했습니다. 하나님께서 17년간을 전도사와 부목사로 뺑뺑이를 돌리셔서 43세에 개척하게 하셨습니다. 개척할 때쯤 되니까, 10년쯤 하면 밥 먹을 수 있을까? 생각이 겸손해졌습니다. 하나님을 바라보게 만드신 것입니다. 예전에는 무엇을 해도 출세할 자신이 있었습니다. 그런데 지금은 교회서 쫓겨나면 아무것도 할 수 없다는 생각이 듭니다. 그러니 교인들한테 잘 보이려고 방긋방긋 웃고 하나님을 전적으로 의지하는 것입니다.

광야에 서면 철저하게 자기가 소유하고 있던 것이 소용없어집니다. 광야는 물질에서 관계에서 자기 자신감에서 떠나게 만듭니다. 광야에서 황금이 무슨 소용이 있습니까? 광야에서 아버지, 어머니, 아내, 남편이 무슨 도움이 됩니까? 광야에서 자신이 자기에게 해 줄 것이 무엇이 있습니까? 광야에서는 오직 하나님의 불기둥과 구름기둥이 필요할 뿐입니다. 하나님께서 주시는 생수와 만나와 메추라기가 필요할 뿐입니다. 다윗은 그것을 알았습니다.

주의 인자하심이 생명보다 나으므로 내 입술이 주를 찬양할 것이라 이러므로 나의 평생에 주를 송축하며 주의 이름으로 말미암아 나의 손을 들리이다 골수와 기름진 것을 먹음과 같이 나의 영혼이 만족할 것이라 나의 입이 기쁜 입술로 주를 찬송하되 내가 나의 침상에서 주를 기억하며 새벽에 주의 말씀을 작은 소리로 읊조릴 때에 하오리니 주는 나의 도움이 되셨음이라 내가 주의 날개 그늘에서 즐겁게 부르리이다 나의 영혼이 주를 가까이 따르니 주의 오른손이 나를 붙드시거니와(3-8절)

광야에서는 주의 인자가 생명보다 낫습니다. 주님만이 도움이 되십니다. 주님의 오른손만이 나를 건지실 수 있습니다. 다윗은 그것을 알았고, 주님을 찬송했습니다. 하나님은 그의 찬송을 들으시고 그를 건져 주셨습니다. 여러분, 광야에 놓여 있습니까? 주의 인자를 믿고 찬송하시기 바랍니다.

광야의 밤중은 아무것도 보이지 않습니다. 독사와 전갈이 나를 언제물고, 쏘며, 여우와 맹수가 언제 나를 해칠지 모릅니다. 그러나 주님께서 날개 아래 품어 주시면 안전하게 거할 수 있습니다. 주님께서 여러분을 능력의 오른 팔로 붙들어 주셔서 승리의 길로 인도해 주실 것입니다.

질병의 광야를 만났습니까? 오히려 찬송하시기 바랍니다. 하나님께서 치료해 주실 것입니다. 물질의 광야를 만났습니까? 오히려 찬송하시기 바랍니다. 하나님께서 채워 주실 것입니다. 갈등의 광야를 만났습니까? 오히려 찬송하시기 바랍니다. 하나님께서 풀어 주실 것입니다.

해바라기가 해를 바라보듯, 주님의 사람들은 주님만 바라보는 주바라기가 되어야 합니다. 택한 백성들이 구원자이신 하나님을 전적으로 의지하는 것을 잊기 시작할 때 하나님은 우리의 삶에 필요한 것들을 소진시키셔서 광야로 몰아내시고 그곳에서 주님만 바라보게 만드십니다. 이스라엘 백성들이 광야생활을 통하여 하나님과 동행하는 법을 배웠던 것처럼, 우리도 지금 만난 광야를 통하여 하나님만 바라보고 주님과 동행하는 비결을 배워야 합니다.

광야는 험한 곳입니다. 목마른 곳입니다. 시험이 있는 곳입니다. 그러나 하나님을 바라보기만 하면 생수가 터지는 곳입니다. 만나와 메추라기가 내리는 곳입니다. 불기둥과 구름 기둥이 나타나는 곳입니다. 광야에 있습니까? 주님만 의지하시기 바랍니다. 성령의 능력이 나타날 것입니다. 예수님의 사랑이 회복될 것입니다. 하나님의 위로와 평강이 임할 것입니다.

> 내 영혼아 네가 어찌하여 낙심하며 어찌하여 내 속에서 불안해 하는가 너는 하나님께 소망을 두라 그가 나타나 도우심으로 말미암아 내가 여전히 찬송하리로다(시 42:5).

광야에 선 사슴과 같이 목마른 성도들이 하나님을 바라보면 그 도우심을 인하여 낙망과 불안이 물러가고 찬송하게 될 것을 시인은 가르쳐 주고 있습니다. 우리 그리스도인들은 오직 예수님을 바라보아야 합니다. 그분만이 우리를 온전케 하실 수 있기 때문입니다.

> 믿음의 주요 또 온전하게 하시는 이인 예수를 바라보자 그는 그 앞에 있는 기쁨을 위하여 십자가를 참으사 부끄러움을 개의치 아니하시더니 하나님 보좌 우편에 앉으셨느니라(히 12:2).

광야는 누구에게나 찾아옵니다. 그때 주님을 바라보십시오. 광야는 택한 백성들에게 하나님을 만날 수 있는 은총의 기회입니다. 광야와 같은 시련 속에 있는 성도 여러분! 주님만 바라보시기 바랍니다. 여러분의 심령의 광야에 화초가 피고 시냇물이 흐르게 되기를 바랍니다.

단련합니다(9-11절)

요즈음은 야생화를 집 안에서 키우는 사람들이 많이 늘었습니다. 야생화를 집 안의 화분에 옮겨 심을 때, 영양분 있는 흙에 심거나 햇빛에 노출시키면 오히려 자생력을 잃고 죽고 맙니다. 야생화는 영양이 없는 마사토에 심은 후, 신문지로 덮어 실외 한 구석에 일주일 동안 방치해야 생존의 뿌리를 내리고 자생력을 갖게 됩니다.

구약시대 이스라엘 민족은 이집트에서 탈출한 후, 약속의 땅에 들어가기까지 40년 동안 광야에서 방황했습니다. 사실 이집트에서 팔레스타인까지 넉넉잡아 40일이면 도달할 수 있는 거리였습니다. 그런데 그들은 광야에서 40년을 방황했던 것입니다. 그 까닭은 하나님을 믿지 않고 불순종했기 때문입니다. 그러나 한편으로 생각해 보면, 광야 40년은 강한 민족을 만들기 위한 훈련의 시간이었던 것입니다. 이스라엘 민족은 광대하고 위험한 광야 곧, 불뱀과 전갈이 있고 물이 없는 건조한 땅에서 오랜 기간 연단 받음으로써 그 어떤 극심한 환경 가운데서도 살아갈 수 있는 자생력을 갖게 된 것입니다. 또 이들은 광야 40년 동안에 여러 차례의 전쟁을 경험합니다. 르비딤골짜기에서 아말렉족속을 물리치고(출애굽기 17장), 아다림에서 가나안족속을 물리치고(민수기 21장), 헤스본에서 아모리 왕 시혼을 물리치고(민수기 21장), 요단동편에서 미디안 다섯 왕을 물리칩니다(민수기 31장). 이런 전쟁을 통하여 이스라엘 백성들을 연단하시고 강한 군사로 거듭나게 하셨던 것입니다.

나의 영혼을 찾아 멸하려 하는 그들은 땅 깊은 곳에 들어가며 칼의 세력에 넘겨져 승냥이의 먹이가 되리이다 왕은 하나님을 즐거워하리니 주께 맹세한 자마다 자랑할 것이나 거짓말하는 자의 입은 막히리로다 (9-11절).

표제어는 본문의 상황을 말해 주기를 '다윗이 유다광야에 있을 때에'라고 말하고 있습니다. 다윗과 유대광야는 매우 깊은 관계가 있습니다. 그는 광야에서 양을 치는 목동이었습니다. 또한 골리앗을 물리치고 사울왕의 사위가 되었지만, 왕의 미움을 받았을 때 유대광야에 10년간 몸을 숨겨 목숨을 건졌습니다. 그리고 노년에 아들 압살롬이 반란을 일으켰을 때 맨발로 기드론 시내를 건너 광야로 피신한 적이 있습니다.

주석학자들은 오늘 본문은 압살롬의 반란을 배경으로 한 시라고 말합니다. 다윗은 일찍이 광야의 연단을 경험한 적이 있지만, 나이 들어 다시 당하는 연단은 참으로 힘들고 견디기 어려웠을 것입니다. 그러나 옛적 광야의 연단을 생각해 볼 수 있는 경험의 유익이 있었습니다. 유년 시절 주의 지팡이와 막대기로 사자와 늑대를 막아 내었던 기억이 떠올랐습니다. 청년 시절 사울왕의 집요한 추격 속에서도 하나님께서 보호해 주셨던 기억이 떠올랐을 것입니다. 그는 이전의 경험을 통해 장래에도 인도해 주실 것을 확신하고 있었던 것입니다.

우리가 생각하는 광야는 그냥 사막과 같이 평평한 땅이라고 생각하기 쉬운데 아주 험한 산과 바위가 있는 곳이 광야입니다. 나무와 풀이 없을 뿐이지 사람이 은신할 수 있는 곳은 얼마든지 있습니다. 특히 굴이 많습니다. 그러기에 위험을 당한 사람들이 광야로 숨어들었습니다. 애굽 사람을 죽인 모세가 미디안 광야로 도망쳤고, 아합과 이세벨의 위협을 피해 엘리야가 브엘세바 광야로 피신했습니다.

그 후에 광야는 영적인 수련을 하는 기도의 장소로 성경에 나타나기도 합니다. 세례 요한이 유대광야에서 수도생활을 했습니다. 학자들은 세례 요한을 에세네파에 속한 사람이라고 추측합니다. 에세네파(Essenes)는 바리새파, 사두개파와 더불어 예수님 생존 당시 있었던 유대인의 종파로 모든 것을 공유하며 엄격한 행동 규칙을 지키고, 단순한 생활을 하며, 광야에서 공동체 생활을 했습니다(약 4,000명 가량 정도로 추정).

예수님도 공생애를 시작하기 전에 광야에 가셔서 40일간 금식하며 기도하셨습니다. 금식을 마치자, 마귀가 시험했던 이야기가 마태복음 4장에 나타난 유명한 이야기입니다. 광야는 이렇게 시험과 연단이 있는 곳입니다. 예수님은 성령에 이끌리어 광야에 가셨고 거기에서 시험을 받으셨다고 기록하고 있습니다. 내가 원하지 않아도 성령님은 나를 위한 연단과 시험의 장소인 광야로 이끌 수 있다는 사실을 알아야 합니다. 예수님은 광야에서 마귀의 시험을 성경말씀으로 물리치시고 승리하셨습니다.

우리 인생의 길에 푸른 풀밭과 쉴 만한 물가만 나타나면 얼마나 좋겠습니까? 그러나 쉬지 않고 광야가 나타나게 마련입니다. 그러나 그 광야의 연단(헬라어 도키메. 금을 제련하여 순금을 가려내는 것. 참고로 '도키모스'는 '인정받는 자'라는 뜻)을 극복하면 푸른 풀밭과 쉴 만한 물가가 나타난다는 사실을 믿으시기 바랍니다.

금을 얻기 위하여 금이 섞인 돌을 채광합니다. 돌 1톤 속에 금 6g만 들어 있어도 수지가 맞습니다. 그렇기 때문에 돌을 쇠방아로 가루를 내어서 그것에 수은을 집어넣으면, 수은이 금가루와 함께 밑으로 떨어지고 수은을 분리해 내면 정금이 되는 것입니다. 이런 연단의 과정을 겪어야 비로소 반짝이는 금이 되는 것같이 광야의 연단을 통해서 강한 십자가 용사가 되는 것입니다.

> 그러나 내가 가는 길을 그가 아시나니 그가 나를 단련하신 후에는 내가 순금 같이 되어 나오리라(욥 23:10).

하나님께서 우리로 광야를 지나가게 하시는 것은 고생시키시고자 하심이 아니라 연단 받아 정금이 되게 하시려는 것임을 기억하시기 바랍니다. 인생의 광야를 통과하고 정금이 되십시오.

고난의 유익

시편 119편 65-72절

　세상을 살아가는 데는 여러 가지 비결이 있습니다. 인생 대학에는 여러 학과가 있습니다. 그중에 대표적인 두 개의 학과가 있는데 하나는 행복학과요, 다른 하나는 고난학과입니다. 행복학과의 특징은 입학생은 많은데 졸업하기가 어렵습니다. 고난학과의 특징은 행복학과를 졸업하지 못한 많은 학생들이 편입해 와서 엄청난 학생들이 졸업을 합니다. 여러분은 과연 어느 학과에 재학 중이십니까? 또 어느 학과를 졸업하기를 원하십니까?

　예수 믿고 교회 다니는 것은 행복학과를 다니는 것입니다. 그래서 "교회 다니고 예수 믿으면 고난은 끝이다."라고 생각하는 사람들이 있습니다. 교회 나오면 복을 받습니다. 병 고침을 받습니다. 막힌 사업이 뚫려 형통하게 됩니다. 자식들이 대학에 척척 들어갑니다. 자녀들이 결혼을 잘합니다. 이렇게 전도하면서 자신 있게 말하는 사람들이 있습니다. 사실입니다. 그런 복을 받는 것이 사실입니다. 그러나 모두 그렇게 되는 것이 아니고, 당장 그렇게 되는 것도 아닙니다. 시간이 오래 걸리기도 하고, 지지리 고생만 하다가 가는 사람도 있습니다. 왜 그럴까요? 예수 믿고 교회

다니는 것은 행복학과에 입학한 것이 사실이지만 그 학과 필수과목 공부 중에는 고난학도 있다는 것을 알아야 합니다.

인생 대학에는 어느 학과든지 반드시 고난학이 필수 과목으로 되어 있습니다. 마태복음 8장에 보면 예수님께서 타신 배가 풍랑을 만났습니다. 배가 침몰할 지경이 되었습니다. 공포 속에서 제자들이 예수님을 찾았습니다. 그 풍랑 속에서도 예수님은 주무시고 계셨습니다. 제자들이 예수님을 깨우며 "우리가 죽게 되었습니다. 구원해 주십시오." 두려워하는 제자들의 소리에 일어나신 예수님께서 "어찌하여 무서워하느냐? 믿음이 적은 자들아!" 하시고서는 곧 일어나 바람과 바다를 꾸짖으시자 바다물결이 아주 잔잔하게 되었습니다.

이 사건이 우리에게 주는 교훈은 예수 믿고 교회 다니는 사람들에게도 바다의 풍랑과 같은 고난이 있다는 사실입니다. 고난이 없는 것은 인생이 아닙니다. 석가모니는 인생을 아예 고통의 바다라고 말하였습니다. 모든 인생이 공통적으로 겪는 고통 네 가지를 생(生), 노(老), 병(病), 사(死)라고 말했습니다.

예수님도 인생 길에 고난 풍파가 쉬지 않음을 깨우쳐 주셨습니다. 그러나 다른 성현들과 차별되는 것은 고통의 문제를 해결해 주셨다는 점입니다.

수고하고 무거운 짐 진 자들아 다 내게로 오라 내가 너희를 쉬게 하리라 나는 마음이 온유하고 겸손하니 나의 멍에를 메고 내게 배우라 그리하면 너희 마음이 쉼을 얻으리니 이는 내 멍에는 쉽고 내 짐은 가벼움이라 하시니라(마 11:28-30).

풍랑을 잔잔하게 하신 예수님은 우리의 고난을 해결해 주실 수 있는 하나님의 아들이십니다. 하늘과 땅의 모든 권세를 하나님께로부터 받으셨습니다. 죄를 사하는 권세, 귀신을 쫓아내는 권세, 병 고치는 권세, 모든 능력을 제어할 권세, 만민을 다스리는 권세를 받으셨습니다. 모든 정사와 권세의 머리가 되십니다. 이 사실을 믿으십니까? 믿는다면 풍랑 만난 제자들처럼 예수님을 깨우십시오. 예수님께 사정을 아뢰십시오!

마음속에 근심 있는 사람, 눈물나며 깊은 한숨이 절로 나는 사람, 괴로움과 두려움이 있는 사람, 죽음의 공포에 사로잡힌 사람, 슬픈 마음, 은밀한 죄, 한치 앞도 알 수 없는 사업의 문제, 흔들리는 직장의 위치, 가족 간의 갈등, 육신의 질병, 찾아도 찾아도 잡을 수 없는 직장, 결혼의 문제, 무엇이나 근심하지 말고 주 예수께 다 아뢰시기 바랍니다. 좋은 친구 같은 예수님께서 여러분들의 모든 문제를 다 해결해 주실 줄 믿습니다.

고난이나 실패는 없으면 좋습니다. 그러나 고난은 예외가 없습니다. 크기가 다를 뿐 언제 어디서나, 누구에게나 고난은 있습니다. 예수님도 십자가 고난을 당하셨습니다. 중요한 것은 고난을 통해 절망과 죽음에 이르는 사람이 있는가 하면 희망과 생명을 얻는 사람이 있다는 사실입니다.

본문에서 시인은 "고난 당한 것이 내게 유익이라(71절)."고 역설적으로 선언하고 있습니다. 고난이 너무 심해 정신 상태가 이상하게 된 것일까요? 아니면 그렇게 말할 만한 이유가 있는 것일까요?

세상을 보는 시야가 넓어집니다(65-67절)

자가용 승용차만 운전하는 사람들은 대부분 버스나 대형 트럭을 무서워합니다. 길에서 큰 차가 옆으로 다가 오면 두려워하며 얼른 피하려고 합니다. 그리고 생각합니다. '저렇게 큰 차를 어떻게 운전할까?' 아무나 할 수 없는 일이라고 생각합니다. 그래서 큰 트럭을 운전하는 분에게 물어 보았습니다.

"운전하기가 힘들지 않습니까?"

"아니요. 작은 차보다 쉽습니다. 시야가 좋거든요."

뭐가 좋다고요? 시야! 운전대의 높이가 높기 때문에 앞이 환하게 보여 운전하기가 쉽다는 것입니다.

고난이 주는 유익도 이와 같습니다. 고난이 주는 최고의 유익은 보이지 않던 것들이 보이기 시작하는 것입니다. 남의 마음을 이해하지 못하던 자기중심적이고, 이기적이던 마음이 변하여 아픈 사람, 배고픈 사람, 상처받은 사람을 볼 수 있는 눈이 열리게 되는 것입니다.

다음은 제가 암에 걸렸을 때 지은 시입니다.

암 선고 받고

주님!
감사합니다.
십자가 고난에 동참하게 하시오니 감사합니다.
느끼려 느끼려 해도
느낄 수 없었던
십자가 고통을 암을 통하여
조금이나마
느끼게 하시니

감사합니다.

나

이제

체휼로서

십자가를 십자가라고

증언하겠습니다

나는 살려고 목사 되지 않았습니다

죽으려고 목사 되었습니다

오직 주님

주님의 몸 된 교회 위해

주께서 맡기신 양무리 위해

이제껏

잘 참고 잘 죽었습니다

죽어야 살고

예수 안에 죽어야 영원히 사는

하늘의 법을 따라

잘 죽겠습니다

(2007. 4. 6 금 고난일 밤, 오전 9시 암센터에서 암 선고를 받고)

여호와여 주의 말씀대로 주의 종을 선대하셨나이다 내가 주의 계명들

을 믿었사오니 좋은 명철과 지식을 내게 가르치소서 고난 당하기 전에

는 내가 그릇 행하였더니 이제는 주의 말씀을 지키나이다(65-67절).

이 시인도 처음 고난을 당할 때에는 '왜 하나님을 잘 섬기는데 나에게 고난이 찾아올까?' 이해하지 못했습니다. 그런데 고난을 극복하고 보니 합력하여 선을 이루시고자 하는 하나님의 뜻을 깨닫고 "하나님께서 나를 선대하셨다."고 65절에서 고백하고 있습니다. 세상을 보는 시야가 넓어지고 마음이 달라졌다는 고백입니다.

66절에 명철(明徹)이라는 단어가 나옵니다. 우리말의 뜻은 '머리가 밝아지는 것, 마음의 눈이 밝아지는 것, 총명하고 사리에 밝음'을 말하고, 히브리말(타암)의 뜻은 좋은 포도주인지 아닌지를 분별해 내는 감각이 뛰어난 것을 뜻하던 말이 변하여 '사물이나 행위의 가치를 판단하는 분별력이나 이해력을 가리키는 말'이 된 것입니다.

고난을 잘 통과하면 명철해져서 선악을 분별하고 진리와 비진리를 분별합니다. 그래서 67절 말씀처럼 고난을 통과하면 좁은 시야로 그릇 판단하던 것을 벗어나 명철해지기 때문에 말씀의 담 밖을 넘지 않고, 주의 법도 안에서 자유롭게 행보하게 된다는 것입니다. 이렇게 고난을 통과하고 나면 어찌 하나님의 백성들에게도 고난이 있습니까? 이렇게 묻는 이들에게 그 이유를 설명할 수 있게 됩니다. 하나님의 백성이 고난을 당하는 이유는 믿음을 연단하기 위해서입니다(욥 23:10). 그리고 죄를 깨닫게 하기 위해서입니다(눅 15:18).

그런데 이러한 고난을 대하는 사람들의 행동은 두 가지로 완전히 갈라집니다. 하나님을 원망하고 불평하는 사람은 절망하고 파멸에 이르게 되고, 돌이켜 보고 회개하는 사람은 복을 받고 성숙해집니다. 같은 햇빛을 받아 한편에서는 그 빛으로 진흙처럼 굳게 되어 가는가 하면, 다른 한편으로는 얼음이 녹는 것처럼, 똑같은 고난을 당해도 그 반응이 완전히 다릅니다. 하나님의 사람은 얼음처럼 단단한 마음을 녹이며 눈물로 회개해서 새로운 사람이 되고 새로운 세상을 살게 되는 것입니다.

요즈음 세상이 어렵습니다. 세상이 어려우면 그리스도인이라고 예외일 수 없습니다. 그러기에 고난당한다 생각하지 마십시오. '시야를 넓히시려고 하시는구나. 나를 큰 사람 만드시는구나.' 생각하시기 바랍니다. 고난에는 목적이 있습니다. 나를 키우시려는 하나님의 뜻을 발견하시기 바랍니다.

> 내가 주께 대하여 귀로 듣기만 하였사오나 이제는 눈으로 주를 뵈옵나이다(욥 42:5).

고난을 통하여 영의 눈이 열린 욥의 고백입니다. 이 고백이 우리 모두의 고백이 될 수 있기를 바랍니다. 고난이 있습니까? 고난을 통해 내 마음을 넓히시고 믿음을 정금과 같게 만드시고, 세상을 보는 시야가 넓어지게 하시려는 목적이 있음을 믿고 오히려 감사하시기 바랍니다. "주께서 내 마음을 넓히시오면 주의 계명들의 길로 달려가겠습니다(시 119:32)." 고백하며 고난을 통과하시기 바랍니다.

진리에 집중하게 됩니다(68-71절)

신앙생활을 잘하기 위해서 가장 중요한 것 중에 하나가 단순훈련입니다. 많은 모임과 만남을 정리해야 합니다. 취미생활도 정리해야 합니다.

그렇지 않고는 신앙이 성장할 수 없습니다.

단순 훈련

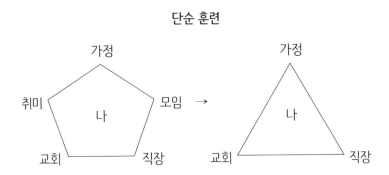

팬타곤 형상을 트라이앵글로 단순화하지 않고는 신앙생활을 잘할 수 없습니다. 어떤 분들은 유치원부터 대학 동창회까지, 반창회, 동향회, 군대 동기회, 심지어 달먹회까지 만들어 모입니다. 달먹회가 뭐냐구요? 한 달에 한 번 모여 맛있는 음식 먹는 모임, 그런거 하면서 어떻게 신앙생활 잘할 수 있습니까? 단순 훈련을 가지치기라고도 합니다.

> 무릇 내게 붙어 있어 열매를 맺지 아니하는 가지는 아버지께서 그것을 제거해 버리시고 무릇 열매를 맺는 가지는 더 열매를 맺게 하려 하여 그것을 깨끗하게 하시느니라(요 15:2).

지저분한 것, 신앙성장에 도움이 되지 않는 것, 만나고 오면 마음만 싱숭생숭하고 어지러운 모임, 과감하게 깨끗이 정리하십시오. 그리고 교회 안에서 친밀하게 성도의 교제를 가지시기 바랍니다. 성경공부에 참여하고, 축구, 야구, 족구, 농구, 탁구, 등산, 배드민턴, 골프, 마라톤, 게이트

볼, 스포츠 선교단에 참여하여 함께 운동하고, 중보 기도팀에 들어가 함께 기도하고, 전도팀에 들어가 함께 전도하고, 봉사팀에 들어가 공부방 교사로, 도서관, 상담실 등 얼마든지 할 일이 있습니다. 이렇게 신앙적 모임을 통해 신앙의 유대를 갖지 않고는 사탄의 유혹을 뿌리칠 수 없습니다. 사자가 얼룩말을 잡을 때 보면 꼭 무리에서 이탈해 있는 말을 집중 공격합니다. 교회에 다녀도 미치지는 말아야지 굳게 맹세하면서 변두리 신앙에 머무르면 사탄의 공격을 당한다는 사실을 기억하시기 바랍니다.

> 주는 선하사 선을 행하시오니 주의 율례들로 나를 가르치소서 교만한 자들이 거짓을 지어 나를 치려 하였사오나 나는 전심으로 주의 법도들을 지키리이다 그들의 마음은 살쪄서 기름덩이 같으나 나는 주의 법을 즐거워하나이다(68-70절).

68절에서 시편 기자는 "주는 선하사 선을 행하시오니"라고 고난 중에서 고백하고 있습니다. 하나님은 징계를 통해서 택한 자녀들에게 유익을 주십니다. 농부가 과일나무를 가지치기하는 것은 미워서 죽이려는 것이 아니고, 과일을 더 많이 크게 먹음직스럽게 맺도록 하기 위함입니다. 농부가 되시는 하나님께서도 가지치기와 같은 고통을 통해서라도 우리의 삶을 풍요롭게 하십니다. 이럴 때 마귀는 항상 거짓말로 하나님의 자녀들을 미혹합니다. "네가 하나님 섬겨 잘 된 게 무엇 있냐?" 그런 말을 들을 때 69절을 보십시오. "나는 전심으로 주의 법도들을 지키리이다." 진리에 집중하는 법을 배우게 되었다는 말씀입니다. 진리에 집중하게 되니 거짓되고 허황된 것을 보게 되었습니다. "그들의 마음은 살쪄서 기름덩이 같으나(70절)"라는 뜻은 "저것이 욕심이구나, 바로 저것이 정욕이구나, 저것이 영적 비만이고 멸망의 길이로구나." 하는 것을 보게 된 것입니다. 그렇게 되니까 더욱 "주의 법" 곧 하나님의 말씀이 "꿀같이, 송이꿀같이 달게 느껴지고, 영혼에 양약이 되었다."고 고백하고 있는 것입니다. 그러면서 아름답고도 귀한 신앙을 선포합니다.

> 고난 당한 것이 내게 유익이라 이로 말미암아 내가 주의 율례들을 배우게 되었나이다(71절).

진리에 집중하게 되니 고난관이 완전히 달라졌습니다. 고난을 통해 잃는 것보다 얻는 것이 더 많고, 특별히 구원의 소망에 이르는 인내와 연단을 받고 하나님의 영광에 기쁨으로 참예할 수 있는 믿음을 얻게 된다는 비밀을 깨닫게 된 것입니다.

집중하는 것 중요합니다. 사탄은 우리에게 마음의 염려를 불어넣습니다. 염려는 헬라어로 '메림나오'라고 하는데 '마음이 나뉜다'는 뜻입니다. 사탄은 사람의 마음을 갈라놓아 정신분열증 환자가 되게 만듭니다. 부부 간에 마음이 나뉘게 만듭니다. 교회 안에서 마음이 나뉘게 만듭니다. 국론을 나뉘게 만듭니다. 그러나 성령이 주는 하나님의 마음은 하나가 되게 합니다.

집중의 위력은 대단히 큽니다. 검술을 하는 사람은 콩 한 알을 보고 집중합니다. 오랜 시간 집중하다 보면 사과 만하게 보입니다. 그때 칼을 내리치면 콩을 반쪽 낼 수 있는 것입니다. 고난이 올 때 고난만 바라보면 더 깊은 고난에 빠지게 됩니다. 그러나 말씀에 집중하고, 예수 그리스도의 십자가에 집중하면 주의 율례를 배우게 되는 법입니다.

> 사랑하는 자들아 너희를 연단하려고 오는 불 시험을 이상한 일 당하는
> 것 같이 이상히 여기지 말고 오히려 너희가 그리스도의 고난에 참여하
> 는 것으로 즐거워하라 이는 그의 영광을 나타내실 때에 너희로 즐거워
> 하고 기뻐하게 하려 함이라(벧전 4:12-13).

고난이 있습니까? 고난에 함몰되지 말고 말씀에 집중하기 바랍니다. 보이지 않던 것들이 보이게 될 것입니다. 이웃도 보이고, 주의 십자가도 보이게 될 것입니다. 그때 "그 고난이 오늘의 나를 만들었습니다." 고백할 수 있게 됩니다.

가치관이 달라집니다(72절)

우리나라의 모든 물건 값의 기준이 되는 것은 쌀값입니다. 농경 사회를 지나 산업사회가 되고, 산업 사회가 변하여 정보화 사회가 되었는데도 이와 같이 가치기준을 바꾼다고 하는 것은 대단히 어려운 일입니다. 그런데 인생 대학 고난학과를 졸업하면 가치관까지도 달라질 수 있습니다.

여러분은 무엇이 가장 가치 있는 것이라고 생각합니까? 가족, 사랑, 믿음, 우정, 진리, 학문, 건강 등등. 그러나 우리의 생활을 실제로 움직이고 가장 큰 영향을 주는 것은 뭐니 뭐니해도 머니(Money)입니다. 돈만큼 현대인들에게 높은 효용성을 지닌 것은 없습니다. 돈이면 안 되는 일이 없고, 돈이면 죽던 사람도 살리고, 태중에 아기도 손을 쑥 내밀면서 빨리 나오고, 돈 많으면 세상에서도 양반대접을 받습니다. 그런데 이것이 비단

요즘만 그런 것은 아닙니다. 옛부터 그랬습니다. 사람이 만든 발명품 중에 가장 성공적인 것이 돈이요, 가장 실패작도 돈입니다.

본문의 시인도 돈이 제일이라는 가치관을 가지고 있었습니다.

주의 입의 법이 내게는 천천 금은보다 좋으니이다(72절).

이 시인이 고난당하기 전에는 마음속에, 머릿속에, 생활 속에, 돈이 제일이다 돈돈돈 돈이 우상이었습니다. 그런데 고난을 통하여 완전히 가치관이 달라졌습니다. 나는 아무리 많은 재물, 천천의 금은보다 하나님의 말씀을 더 사랑합니다. 하나님 말씀이 내게는 가장 좋습니다. 돈 없이는 살아도 예수님 없이는 못 삽니다. 이렇게 바뀌게 된 것입니다. 할렐루야! 예수님이 금보다 더 귀하고, 주님의 말씀이 금보다도 귀합니다. 고난을 넘어 이런 신앙을 갖게 되기 바랍니다.

『지선아 사랑해』라는 베스트셀러가 있습니다. 전에 이 책을 읽으면서 많이 울었습니다. 책을 쓴 이지선은 이화여대 유아교육과 4학년이던 2000년 7월 30일, 학교 도서관에서 공부를 마치고 저녁 10시경 오빠가 운전하는 승용차로 귀가 하다가 음주운전자가 뒤에서 들이받아 차에서 불이 났는데 몸의 55%에 3도 화상을 입었습니다. 얼굴은 형체를 알아볼 수 없게 되었습니다. 온 몸이 녹아내려 의사들도 가망이 없다고 머리를 흔들었습니다. 중환자실에서 2개월, 11차례 수술, 3년 동안 통증과의 싸움에 피부가 당기고, 아프고, 가려워 잠을 잘 수가 없어 진통제를 맞아야 잠을 잘 수가 있었습니다. 양쪽 엄지손가락만 빼고 여덟 손가락을 한 마디씩 잘랐습니다. 그 고통과 절망은 상상을 할 수가 없습니다. 그런데 그

책 중에 이런 대목이 있습니다.

"세상 사람 누구에게나 고난은 있습니다. 제가 당한 일이 흔히 일어나는 일은 아니지만 그 누구에게나 일어날 수 있는 일입니다. 그 고난을 어떻게 이기느냐가 중요한 것이겠지요. 지금 제 안에 담겨 있는 고난이 가져다 준 축복의 보물들은 정말 그 무엇과도 바꾸고 싶지 않습니다. 예전에는 몰랐던 하나님의 은혜를 알게 되었고, 사랑을 맛보았습니다."

나만 고난당하고 있다고 생각하는 사람들, 받은 은혜에 감사하지 못하고 원망과, 불평과, 불만 속에 사는 사람들, 내가 가장 불행하고 비참하다고 생각하는 사람들은 이 책을 꼭 한번 읽으시기 바랍니다. 주님과 함께 고난의 산을 넘고, 풍랑 이는 바다를 건너시기 바랍니다. 여러분들의 가치관이 새롭게 변하게 될 것입니다. 이전에 꼭 잡았던 것들을 손에서 내려놓고, 주님의 손을 붙잡고, 주님의 말씀에 귀를 기울이게 되시기 바랍니다.

> 그리스도의 고난이 우리에게 넘친 것 같이 우리가 받는 위로도 그리스도로 말미암아 넘치는도다(고후 1:5).

주님은 우리를 위해 십자가의 고난을 당하셨습니다. 그러므로 우리의 연약함을 모두 체휼하셔서 우리가 고난당할 때 "주님!" 하고 부르기만 하면 우리에게 다가오셔서 위로해 주십니다. 그러므로 고난을 두려워하지 마십시오. 고난은 내게 유익입니다. 감기 걸렸을 때 감사해 보셨습니까? 코가 막히고, 목이 칼칼하고, 머리가 지끈거리는데 감사하기가 어디 쉽겠습니까? 그러나 암에 걸린 사람은 감기에 안 걸린다는 사실을 아신다면 감기에 감사할 수 있지 않겠습니까? 암세포가 얼마나 센지 감기 바이러스가 침투하면 다 잡아 먹어 버리기 때문에 암 환자는 감기에 걸리지 않습니다. 그러니 감기에 걸렸다는 것은 암세포가 내 몸에 없다는 뜻이니 얼마나 감사할 일입니까? 일부러 고난을 자처할 필요는 없습니다. 그러나 이왕 당하는 고난이라면 감사하며 주님의 십자가를 묵상하며, 주님과 함께 걷노라면 마음의 평안을 얻게 될 것입니다. 주님의 말씀이 들려오게 될 것입니다. 그러면 가치관까지 달라지고 고난도 물러가게 될 것입니다.

낮은 웅덩이에 물이 고이고, 시내보다 강보다 낮은 곳에 있는 바다는 모든 물을 다 담습니다. 고난은 나를 낮추어 축복을 담는 그릇을 만듭니다. 인생 대학 고난학과에 재학중이라면 이 고난을 통하여 나에게 주실 유익에 주목하시기 바랍니다. 세상을 보는 시야가 넓어질 것입니다. 분산되어 신앙을 방해하던 것들을 가지치기하고, 말씀에 집중하기 바랍니다. 가치관이 변하여 작은 것에도 감사하고, 금보다 더 귀한 주님, 금보다도 귀한 말씀을 먹고 영혼이 잘되고 영혼이 잘됨같이 범사가 잘되고, 강건하게 되기를 바랍니다.

피투성이라도 살아 있으라

시편 129편 1-8절

에스겔서 16장 6절에 보면 "피투성이라도 살아 있으라."는 말씀을 반복하고 있습니다.

> 내가 네 곁으로 지나갈 때에 네가 피투성이가 되어 발짓하는 것을 보고
> 네게 이르기를 너는 피투성이라도 살아 있으라 다시 이르기를 너는 피
> 투성이라도 살아 있으라 하고

이 말씀의 문맥상 내용은 이렇습니다. 한 사람이 길을 가다가 어린아이의 울음소리가 들려 보니 갓난아기가 피투성인 채로 버려져 있었습니다. 그래서 그 아기를 품에 안고 집으로 데려와 벌거벗은 몸을 씻기고 옷을 입히고 자녀로 삼아 온전하게 길렀습니다. 그가 아름답게 자라 미모를 자랑하는 처녀가 되었습니다. 그런데 그만 바람이 나서 길러 준 부모의 은혜를 잊어버리고 음행을 저지르고 악한 길로 갔다는 이야기입니다. 여기에서 길러 준 부모는 하나님을 뜻하고, 핏덩어리가 된 채 버림받았던 아기는 유다를 뜻합니다. 그래서 은혜와 언약을 저버린 유다를 하나님께

서 심판할 것이라고 에스겔 선지자를 통해 선언하신 것입니다.

저는 오늘 이 내용과 상관없이 "피투성이라도 살아 있으라."는 이 구절만 차용하여 시편 129편 말씀의 제목으로 삼았습니다. 세상을 살다 보면 도저히 얼굴을 들 수 없고, 쥐구멍이라도 있으면 숨고 싶고, 만신창이가 되어 사람들 앞에 설 수 없을 때가 있습니다. 이대로 죽고 싶고, 부모 자식도, 친구도, 목사도, 성도들도 이해할 수 없을 것 같은 절대 고독, 절대 위기, 절대 절망의 순간이 있습니다.

지금은 잘 쓰지 않지만 우리 어릴 때 '화냥년(서방질을 하는 계집)'이라는 말이 있었습니다. 그런데 이 단어는 '환향녀(還鄕女, 고향에 돌아온 여인)'라는 말이 변한 것입니다. 이 말이 생긴 역사적 배경은 이렇습니다.

인조 시대 홍제천에서 수많은 아녀자가 목욕을 했습니다. 병자호란 때 청나라는 50만 명의 인질을 포로로 잡아갔는데 그때 탈출한 여자들도 있었고, 많은 돈을 내고 구출해 온 경우도 있었습니다. 이렇게 우여곡절 끝에 고향에 돌아왔건만 청나라에서 정조를 잃고 돌아왔다고 손가락질하며 환향녀라고 비난했습니다. 양반가문에서는 자살을 강요하거나 이혼을 강요하기도 했습니다. 그래서 인조임금은 청나라에서 돌아오는 길목에 있는 홍제천(洪濟川, 널리 구제한 냇가라는 뜻)에서 몸을 씻으면 모든 과거를 불문에 부친다는 명을 내린 것입니다. 우리 할머니들이 이렇게 부끄러움을 무릅쓰고 살았기에 오늘 우리가 있는 것임을 알아야 합니다.

마태복음 1장에서 예수님의 족보에 등장한 사람들 중에 몇 명의 여인들이 나옵니다. 다말은 시아버지 유다와 관계한 여인입니다. 라합은 여리고성의 이름난 기생입니다. 룻은 모압 땅에서 과부가 되고 망하여 환향한 여인 나오미를 따라온 며느리로 이방 여인입니다. 밧세바는 다윗과 간음한 여인입니다. 이 여인들은 모두 부끄러움을 무릅쓰고 피투성인채로 산 여인들입니다. 하나님은 이렇게 아무도 받아 주지 않는 사람을 받아 주십니다. 여기에 피투성이라도 살아야 할 이유가 있습니다. 지금 피투성인 채 가슴을 부여안고 눈물짓는 분이 이 중에 있다면 삶의 이유를 발견하시기 바랍니다. 하나님께서 당신을 위해 거금을 지불하였습니다. 예수님의 피값을 치루고 여러분을 사셨다는 사실을 믿고 위로받으시기 바랍니다. 이 세상 그 누구도 피투성이 된 나를 동정하지 않고 알아주지 않을 지라도 하나님은 아십니다. 이 시간 "피투성이라도 살아야 한다."고 말씀하십니다. "너를 위해 십자가에 예수를 달았다."고 말씀하십니다. "너의 목숨이 천하보다 귀한 것을 알라."고 말씀하십니다.

지금 우리가 살아 있는 것이 얼마나 대단한 일인가를 생각해 보셨습니까? 우리 민족이 980번의 외침을 받았다고 역사가들은 말합니다. 그중에 우리가 아는 전쟁만 해도 고조선 때 한사군의 침략, 고구려 시대 수나라의 침략, 삼국 시대 당나라의 침략, 고려 시대 거란의 침략, 몽골의 침략, 왜구의 침략, 조선 때 임진왜란, 병자호란, 경술국치, 한국전쟁까지 수많은 전쟁과 변란 속에서 목숨을 이어온 조상 덕에 오늘의 우리가 있는 것입니다. 이와 같은 기적이 어디 있습니까? 이렇게 모질게 살아 온 조상 덕에 오늘 우리가 존재하는 것입니다. 그러고 보면 한 사람, 한 사람이 몇 백만의 확률을 뚫고 살아온 것입니다. 보통 목숨이 아닌 것입니다. 우리 모두 피투성인 채라도 살아야할 이유가 여기에 있는 것입니다. 한 사람, 한 사람 모두가 존귀한 하나님의 자녀입니다. 말씀을 통하여 살아야 할 이유를 찾고 어떤 고난 속에서도 붙들어 주시고 승리하게 하시는 하나님을 만나시기 바랍니다.

누구에게나 고난이 있습니다(1-2절)

사람이 고난당할 때는 자신만 고난을 당하고 있다고 생각하기 쉽습니다. 그러나 고난은 크기의 차이는 있을지언정, 그 누구도 면제받지 못합니다. 이에 대한 도종환의 "흔들리지 않고 피는 꽃이 어디 있으랴"라는 명시가 있습니다.

> 흔들리지 않고 피는 꽃이 어디 있으랴
> 이 세상 그 어떤 아름다운 꽃들도
> 다 흔들리면서 피었나니
> 흔들리면서 줄기를 곧게 세웠나니
> 흔들리지 않고 가는 사랑이 어디 있으랴
>
> 젖지 않고 피는 꽃이 어디 있으랴
> 이 세상 그 어떤 빛나는 꽃들도
> 다 젖으며 젖으며 피었나니
> 바람과 비에 젖으며 꽃잎 따뜻하게 피웠나니
> 젖지 않고 가는 삶이 어디 있으랴

이 시에서 '꽃'은 사람을 뜻합니다. 흔들리지 않고 사는 사람, 비바람에 젖지 않고 사는 사람, 고난당하지 않고 사는 사람은 한 사람도 없다는 것입니다. 고난 속에서 꽃이 되고 열매가 되는 것이 인생이라는 것입니다.

이스라엘은 이제 말하기를 그들이 내가 어릴 때부터 여러 번 나를 괴롭혔도다 그들이 내가 어릴 때부터 여러 번 나를 괴롭혔으나 나를 이기지 못하였도다(1-2절).

본문에서 고난은 대적으로 인한 고난임을 알 수 있습니다. 1절에 보면 "어릴 때부터" 고난을 당했다고 말하고 있습니다. 본문에 나타난 어릴 때란 이스라엘 민족의 형성 초기를 가리킵니다. 아브라함과 이삭이 가나안 땅에 정착할 때 그랄 왕에게 핍박당했습니다. 애굽에 피난 갔다가 아내를 빼앗길 뻔했습니다. 야곱의 일족 70명이 요셉의 초청으로 애굽에 들어갔다가 400년 동안 종살이를 했습니다. 겨우 출애굽했더니 아말렉과 싸우고, 에돔, 모압, 암몬 족속과 싸우고, 가나안 땅을 정복하기 위하여 가나안 일곱 족속과 싸워야 했고, 블레셋과 지금까지 3,500년을 싸우고 있습니다. 그리고 계속해서 강대국이 짓밟고 지나갔습니다. 앗수르, 바벨론, 페르시아, 헬라, 로마, 2차 세계대전 중에는 나치에게 600만 명이 학살당하는 인류 역사상 가장 큰 참극을 당했습니다. 이런 고난에 대해 본문에 "여러 번 나를 괴롭혔다."고 반복해서 말하고 있습니다.

이스라엘 민족 못지 않게 우리도 고난의 역사를 가지고 있습니다. 이런 고난이 민족과 국가에만 있을까요? 개인적으로도 끊이지 않는 고난이 있습니다. 질병으로 인한 육체의 고난, 경쟁으로 인한 고난, 경제적으로 겪는 기근, 배고픔, 빈곤의 고통, 부부갈등, 고부갈등, 부모자식간의 갈등, 형제간의 갈등, 친구의 배신, 공동체의 불화, 관계의 파괴 등으로 인해 고난 풍파가 쉬지 않고 갈마들어 옵니다. 이젠 됐지 하고 쉴 만하면 다시 찾아옵니다. 이런 고난을 피해서 달아난다고 끝나는 것이 아닙니다.

중학교 3학년생이 공부 문제로 엄마와 다투고 20층에서 뛰어내려 죽은 사건이 있었습니다. 외동아들인데 그 아버지, 어머니는 어떻게 되겠습니까? 극단적인 방법을 택하면 안 됩니다. 피투성인 채로라도 살아야 합니다. 이혼, 파산, 법정, 고소, 고발, 단절, 이런 것들은 전부 극단으로 치닫는 행위들입니다. 이런 것을 피해야 합니다. 1절 말씀을 다시 보시기 바랍니다.

> 이스라엘은 이제 말하기를 그들이 내가 어릴 때부터 여러 번 나를 괴롭혔도다(1절).

시인에게 어릴 적부터 고난은 계속 따라다녔지만 그를 죽이지는 못했습니다. 여기에 우리의 희망이 있습니다.

> 사람이 감당할 시험 밖에는 너희가 당한 것이 없나니 오직 하나님은 미쁘사 너희가 감당하지 못할 시험 당함을 허락하지 아니하시고 시험 당할 즈음에 또한 피할 길을 내사 너희로 능히 감당하게 하시느니라(고전 10:13).

하나님을 신뢰하기 바랍니다. 고난을 이길 능력을 주시든지, 시험을 피하게 하실 것입니다. 성경은 예수 믿으면 고난 끝 축복 시작이라고 말하지 않습니다. 고난은 계속 있다고 말씀합니다. 그러나 죽음을 이기시고 승리하신 예수님께서 우리에게 이김을 주실 것을 믿으시기 바랍니다. 죽음을 이기시고 부활하신 예수님이 말씀하십니다. "나를 믿는 자는 내가 죽음을 이긴 것처럼 고난을 이기게 될 것이다." 고난은 언제나 누구에게나 있습니다. 그러나 예수 안에 있는 나를 결코 이길 수는 없습니다. 이 말씀을 믿고 다시 일어서기 바랍니다.

악인을 물리치시는 하나님을 믿어야 합니다(3-4절)

예수님의 비유 중에 원수가 밭에 가라지를 뿌리고 갔다는 말씀이 있습니다. 밭은 세상이고, 가라지는 악인을 가리킵니다. 세상에는 항상 악인이 있습니다. 그 배후에 악한 원수 마귀가 있기 때문입니다. 세상에는 왜 항상 악인이 득세하는가? 의문을 갖는 사람들이 있습니다. 그것은 원수 마귀가 세상을 장악하고 있기 때문입니다. 여기에 성도들의 인내가 필요합니다. 바르게 살고 착하게 사는 사람들이 까닭 없는 고난을 겪습니다. 사람들은 고난당하는 사람을 보면서 우리들이 모르는 잘못을 저지른 게 있기 때문에 죗값을 치루는 것이라고 생각합니다.

모든 고난이 죗값 때문이 아니라는 것을 가르쳐 주는 것이 욥기입니다. 욥은 동방의 의인이요 악에서 떠난 사람이었음에도 불구하고 엄청난 고난을 당했습니다. 열 명의 자녀가 생일잔치를 하던 중 집이 무너져 하루아침에 몰사했습니다. 양 7천 마리, 낙타 3천 마리, 소 천 마리, 암나귀 500마리를 전부 약탈당했습니다. 몸에는 악창이 나서 고름이 줄줄 흐릅니다. 아내까지도 저주합니다. 친구들이 와서 "죄 없이 망한 자가 어디 있느냐? 정직한 자가 끊어지는 법이 어디 있느냐? 잘못을 털어 놓으라."고 종용합니다. 사방이 막혔습니다. 그래도 끝내 하나님을 원망하지 않고 고난을 참고 견디었습니다. 그 결과 하나님께서 욥의 곤경을 돌이키시고 이전 모든 소유보다 갑절을 주시고, 재산도 갑절로 주시고, 열 명의 자녀를 새로 주셨습니다. 욥이 인내하고 고난 중에 승리한 후 고백을 들어 보십시오.

> 내가 주께 대하여 귀로 듣기만 하였사오나 이제는 눈으로 주를 뵈옵나
> 이다(욥 42:5).

신앙의 수준이 달라졌다는 말입니다. 고난 중에 길이 참고 하나님의
도우심을 기다리면 이렇게 승리의 날이 옵니다.

> 밭 가는 자들이 내 등을 갈아 그 고랑을 길게 지었도다 여호와께서는
> 의로우사 악인들의 줄을 끊으셨도다(3-4절).

이 시인은 고난을 '밭고랑'에 비유하고 있습니다. 농사 은유를 통하여
이스라엘이 받은 고난과 학대를 가슴 아프게 묘사하고 있습니다. 이스라
엘이 애굽에서 노예생활할 때 밭가는 자들처럼 부림을 당했습니다. 밭을
가는 자는 밭에 고랑을 만드는 자이지만, 여기에서 원수들은 시인의 등에
밭고랑을 만들었습니다. 밭고랑은 소를 통해 갈았습니다. 소가 말을 듣지
않으면 채찍질합니다. 이스라엘은 소로 대치되고, 그들의 등에 난 상처는
밭고랑으로 비유하고 있습니다. 다시 말하면, 그들이 받은 고난과 학대가
짐승 취급 받은 것 같이 큰 고통이었음을 표현하고 있는 것입니다. 그 밭
고랑이 길었다고 말함으로 고난이 끝이 없었음을 표현하고 있습니다.
그러나 그렇게 끝이 없이 계속될 것만 같던 고난도 끝이 있다는 사실
을 믿으시기 바랍니다. 그 고난 중에 하나님께서 함께 아파하고 계셨기
때문입니다. 4절에 의로우신 하나님께서 마침내 악인들의 줄을 끊으셨다

고 말씀하고 있습니다. 도저히 끊어지지 않을 것 같던 악인들의 쇠사슬이 끊어졌습니다. 하나님의 도우심은 늦은 것 같으나 가장 정확한 때에 임하여서 악인을 심판하시고 의인을 일으켜 주십니다. 하나님은 원수들이 완전한 승리를 거두도록 허락하지 않으십니다. 이스라엘은 멍에 멘 짐승처럼 대우를 받았지만 마침내 멍에의 줄은 끊어지고 자유와 해방을 얻었습니다.

성경학자들은 악인의 줄은 바벨론의 압제를 뜻한다고 말합니다. 바벨론이 기원전 6세기경 근동지방의 모든 나라들을 멸망시키고 각 나라의 왕족과 귀족, 학자와 기술자들을 모두 포로로 인질로 잡아갔습니다. 이는 반란을 일으킬 수 없도록 조치를 취한 것입니다. 이렇게 강력하게 통치하던 바벨론은 도저히 끊어질 수 없는 쇠사슬이었습니다. 그런데 하나님께서 생각할 수조차 없는 방법으로 쇠사슬을 끊어 주셨습니다. 바벨론 왕이 큰 연회를 베풀고 온 도성이 술에 취해 있는 사이 페르시아의 고레스왕이 번개같이 성을 점령하는 바람에 바벨론 왕국이 하루아침에 페르시아 왕국으로 바뀌고 말았습니다.

그렇게만 끝났다면 이스라엘 사람들의 입장에서는 압제자만 바뀐 것이 아닙니까? 그런데 고레스 왕이 모든 나라 모든 족속들은 자기 나라로 돌아가 자기의 신을 섬기라는 포고령을 내렸습니다. 꿈꾸는 것 같은 일이 일어난 것입니다. 이것은 영적으로 죄로 인해 영영 죽을 수밖에 없는 죄인들을 하나님께서 예수 그리스도를 보내 주심으로 그를 믿는 자는 누구든지 죄의 사슬에서 해방되어 자유를 얻게 된 것을 뜻합니다. 하나님께서 마귀의 결박을 끊어 주셨습니다.

만군의 여호와의 말씀이라 그 날에 내가 네 목에서 그 멍에를 꺾어 버리며 네 포박을 끊으리니 다시는 이방인을 섬기지 않으리라(렘 30:8).

예레미야 선지자를 통해 주신 말씀입니다. 악인이 득세하고 형통하는 세상 속에서도 절망하지 마십시오. 하나님께서 악인의 멍에를 꺾어 버리신다는 말씀을 믿으시기 바랍니다. 하나님께서 악인의 결박을 끊어버리신다는 말씀을 신뢰하시기 바랍니다. 반드시 악인을 물리치시는 하나님의 공의와 자녀들을 위한 하나님의 사랑을 믿고 자유와 평안을 누리시기 바랍니다.

결국 의인이 승리합니다(5-8절)

중학생 때, 중국 무협소설을 많이 봤습니다. 그 후 청년기에는 중국 무협 영화를 많이 봤습니다. 주인공이 다르고 무대가 다를 뿐 내용은 거의 비슷합니다. 주인공이 악인의 칼에 맞고, 장풍에 맞고, 주먹에 맞고, 발에 차이고, 도망 다니고, 엄청나게 고난받는 것으로 시작합니다. 주인공은 계속 맞고 터지고 쫓기지만 절대 죽지 않습니다. 죽으면 영화가 안 되기 때문입니다. 영화가 끝나기 까지 주인공은 절대 죽지 않습니다. 그 고난을 얼마나 아슬아슬하게 드라마틱하게 만드느냐가 영화의 성공을 좌우합니다. 결국은 주인공이 보검을 얻고, 능력을 얻어 악인을 이기고 승리하는 것으로 끝이 납니다. 이런 내용을 권선징악(勸善懲惡, 착한 일을 권장하고 악한 일을 징계함) 혹은 사필귀정(事必歸正, 모든 일은 반드시 바른 길로 돌아감)이라고 합니다.

신앙의 길도 마찬가지입니다. 우리에게 고난이 계속 있지만 의인은 결국 승리합니다. 문제는 내가 의인인가 하는 문제입니다. 의로우신 하나님은 악인을 미워하시고 의인을 좋아하십니다. 세상에는 자신이 의로운 줄 아는 죄인과 죄인인줄 아는 의인이 있습니다. 예수님이 말씀하신 탕자의 비유에 큰 아들은 자신이 의인인 줄 아는 죄인이고, 회개하고 돌아온 탕자는 죄인인줄 아는 의인입니다. 의인됨은 회개로부터 출발합니다. 탕자는 하나님 앞에 머리를 들 수 없는 죄인임을 알고 머리를 숙이며 "하늘과 아버지께 죄를 지었사오니" 하고 엎드렸습니다. 아버지는 좋은 옷을 입히시고, 손에 가락지를 끼우고, 발에 신을 신겨 주십니다. 다시 말해, 신분을 회복시켜 주신 것입니다. 이것이 하나님의 구속의 은혜입니다. 하나님의 자녀가 되기만 하면 마귀로부터, 세상 풍조로부터, 악인으로부터, 보호해 주시는 것은 아버지의 책임입니다.

> 무릇 시온을 미워하는 자들은 수치를 당하여 물러갈지어다 그들은 지붕의 풀과 같을지어다 그것은 자라기 전에 마르는 것이라 이런 것은 베는 자의 손과 묶는 자의 품에 차지 아니하나니 지나가는 자들도 여호와의 복이 너희에게 있을지어다 하거나 우리가 여호와의 이름으로 너희에게 축복한다 하지 아니하느니라(5-8절).

5절에 시온을 미워한다는 것은 하나님의 임재의 상징인 시온산, 즉 예루살렘 성전을 미워한다는 뜻입니다. 그들이 하나님의 자녀를 미워하고 멸시하고 핍박하지만 결국 하나님의 공의와 심판을 받아 멸망하게 된다는 말씀입니다.

6-7절에 지붕의 풀은 씨앗이 바람을 타고 지붕에 떨어져 싹이 난 풀을

말합니다. 이런 풀은 빨리 자라고, 남의 눈에 잘 보이며, 금방 시들어 버립니다. 지붕 위에 자라나는 풀은 처음엔 뜨거운 기운에 빨리 싹이 트지만, 습기가 없이 뿌리를 깊이 내릴 수 없어 강렬한 태양 빛이 내리쬐면 자라기도 전에 시들어 말라 죽고 마는 것입니다. 그래서 그것은 벨만한 가치도 없고 저장할 만큼 양이 되지도 않는다는 뜻입니다. 따라서 8절에 지나가는 사람들도 지붕 위의 풀과 같은 악인에게 복이 있다 하거나 축복하는 사람이 없다는 말씀입니다. 한 마디로 악인의 결국은 멸망이라는 뜻입니다. 이에 대하여 가장 잘 표현하고 있는 성경말씀이 시편 37편에 있습니다.

> 잠시 후에는 악인이 없어지리니 네가 그 곳을 자세히 살필지라도 없으리로다 내가 악인의 큰 세력을 본즉 그 본래의 땅에 서 있는 나무 잎이 무성함과 같으나 내가 지나갈 때에 그는 없어졌나니 내가 찾아도 발견하지 못하였도다(시 37:10, 35-36).

그러므로 악인의 형통을 부러워하지 말라는 말씀입니다. 지금 피투성이라도 버티고 견디고 살아만 있으면 하나님께서 악인을 물리치시고 이스라엘을 포로에서 해방시키신 것처럼 하나님의 자녀들을 반드시 해방시키시고 승리의 노래를 부르게 만드십니다. 결국 악인은 멸망하고 의인은 승리합니다. 이것이 성도가 고난 중에도 참고 견딜 수 있는 믿음의 근거가 되는 것입니다. 고진감래(苦盡甘來, 쓴 것이 다하면 단 것이 온다는 말로 고생 끝에 즐거움이 온다는 뜻)라는 말이 있습니다.

대저 의인은 일곱 번 넘어질지라도 다시 일어나려니와 악인은 재앙으로 말미암아 엎드러지느니라(잠 24:16).

괴로움이 계속 됩니까? 밭고랑을 길게 가는 것 같은 시련과 고통이 있습니까? 절망하거나 포기하지 마십시오. 피투성이라도 살아 있으라는 하나님의 음성을 들으시기 바랍니다. 의로우신 하나님께서 악인을 물리치시고 의인된 여러분을 승리의 길로 인도해 주실 것입니다.

눈물의 유익

시편 137편 1–9절

    제가 고등학교 시절에 유행한 노래 중에 "사랑이 무어냐고 물으신다면 눈물의 씨앗이라고 말하겠어요."라는 노래가 있었습니다. 요즈음 젊은이들은 이 노래를 모를 수 있지만, 50대 이상 나이든 분들은 이 노래를 모르면 간첩입니다.

    그런데 이 가사를 음미해 보면 진리입니다. 세상에 눈물 흘리지 않고 이룬 사랑이 어디 있겠습니까? 또, 사랑을 이룰 수만 있다면 눈물을 아낄 사람이 어디 있겠습니까? 한 차원 높여 생각해 본다면 나라를 위해 눈물 흘려 조국의 통일과 평화를 이룩할 수 있다면 눈물이 강을 이룬다 해도 민족의 제단 앞에 눈물을 흘려야 하지 않겠습니까?

    사람들은 눈물하면 웃음의 반대말로 생각하고, 슬픔과 연계시키기 때문에 눈물에는 부정적인 이미지가 짙게 드리워 있습니다. 그래서 어려서부터 "사내는 울어서는 안 된다."는 사회적 압력을 받고 자랍니다. 그렇게 자란 대한의 남아들은 더는 겉으로는 울지 않습니다. 그래서 그런지 메마른 가슴을 가지고 팍팍하게 인생을 살아가고 있습니다. 저만 해도 "언제 울어 봤더라?" 하고 꼽아 보면 도저히 기억해 낼 수 없어 아스라이

먼 옛날의 추억을 더듬어야만 합니다. 그런데 스펄전 목사님은 "천국에는 마른 눈으로 못 들어간다."라는 말을 했습니다. 로버트 헤릭크라는 시인은 "눈물이란 눈의 가장 고상한 언어이다."라는 말을 했습니다. 로렌스도 "지상의 모든 언어 중에서 최고 발언자는 눈물이다. 눈물은 위대한 통역관이다."라고 비슷한 말을 남겼습니다. 또 볼테르는 "눈물에 대하여 감사 드리자! 눈물이 있는 눈으로 하나님을 똑똑히 볼 수 있기 때문이다! 눈물은 슬픔의 말없는 언어이다."라고 말했습니다. 이쯤 되면 눈물에 대한 부정적 이미지를 씻어내기에 충분하다고 생각합니다. 눈물은 아름다운 것이며, 그 속에 힘이 담겨 있습니다.

영화를 보면서 감동을 받아 흘린 눈물과 양파를 까면서 나오는 방어용 눈물을 받아 성분을 분석해 보았습니다. 그 결과, 감정적인 눈물에는 카테콜라민이 많이 들어 있었는데 이것이 스트레스를 해소시키는 물질입니다. 따라서, 슬픔으로 고통을 받아서 눈물 흘리는 것은 스트레스를 해소시키는 생리적 작용인 것입니다. 마치 체온을 떨어뜨리기 위해 땀을 흘리는 것과 같은 역할을 눈물이 하고 있는 것입니다. 현대인의 생활 속에 제일 큰 문제인 스트레스는 인간의 면역 기능을 떨어뜨림으로써 질병에 약하게 만들지만, 눈물이 몸의 기능을 회복시켜 주는 자연적인 자기 방어 기능을 하는 것입니다. 하지만, 사람은 나이를 먹어 가면서 웃음만 잃어버리는게 아니라, 눈물도 잃어버립니다.

여러분, 울고 싶을 때 마음껏 우십시오. 사람들 앞에서 부끄러우면 하나님 앞에 나와 마음껏 눈물을 쏟으시기 바랍니다. 히스기야의 눈물의 기도를 들으신 하나님께서 여러분들의 눈물의 기도를 들으시고 위로하시며 문제를 해결해 주실 것입니다.

내가 네 기도를 들었고 네 눈물을 보았노라(왕하 20:5 중반절).

눈물은 이 세상에서 가장 아름다운 액체의 하나입니다. 영롱한 새벽이슬보다 아름답고, 여름 소나기 후의 포도송이에 반짝이는 물방울보다 아름다운 것이 눈물입니다. 그래서 고대 로마나 여러 문화권에서 눈물을 담아 보관하는 눈물 병(瓶)이 있었을 정도입니다. 어떤 영화에서, 폭군 네로도 눈물을 흘리면서 눈물단지를 찾아 눈물을 담는 광경을 보았습니다. 비가 온 후에 무지개가 생기는 것처럼 눈물이 흐를 때 그 영혼에도 아름다운 무지개가 돋게 되는 것입니다. 그래서 번스는 이런 말을 남겼습니다.

눈에 눈물이 없었다면 마음에 무지개가 피지 못했을 것이다(J. 번스).

눈물로 씻어지지 않는 슬픔도 없고 땀으로 낫지 않는 번민도 없습니다. 눈물은 인생을 위로하고 땀은 인생에게 대가를 줍니다. 본문 말씀을 상고하는 중에 눈물의 유익을 깨닫고 나라를 위하여 눈물을 흘리는 애국자들이 되시기 바랍니다. 형제를 위하여 눈물을 흘리는 사랑의 사람이 되시기 바랍니다. 자신의 죄를 위하여 눈물 흘리는 신앙인이 되시기 바랍니다. 눈물 흘리고 아픔과 상처를 치유받는 시간이 되기를 바랍니다.

나라를 일으킵니다(1-2절)

프랑스가 영국과 프랑스의 백년전쟁 때, 위기에 처한 프랑스를 위해 16세 소녀로 분연히 일어나 앞장서 싸워 나라를 구한 잔다르크(1411-1431)를 자랑한다면, 우리는 삼일운동 때, 이화여고 1학년으로 고향 병

천으로 내려가 만세 운동을 주도하다 붙잡혀 감옥에서 옥사한 유관순 (1904-1920)을 자랑할 수 있습니다.

유대인들이 유월절을 자랑한다면 우리 민족은 삼일절을 자랑할 수 있습니다. 1919년 3월 1일, 독립만세 운동은 민족사에 획을 긋는 의미 있는 사건이었습니다. 일본제국주의에 나라를 빼앗긴지 10년, 일본의 강압정치에 의해 민족자본은 착취를 당하고, 지도자들은 해외로 망명하고, 국내의 지도층은 변절해서 민족정기가 다 사라져 갈 위기에 처했을 때 총칼 앞에 분연히 일어난 비폭력 무저항 시민운동이었습니다. 이때 우리 민족이 흘린 눈물은 강을 이루고 바다를 이루었습니다. 교회마다 만세운동에 동참했고 가장 큰 피해를 입은 곳이 교회였습니다. 가옥 724동, 교회 59동, 학교 3동이 소각되었고, 불교 72명, 유교 11명, 천도교 1,156명, 기독교 1,553명, 천주교 18명이 재판에 기소되었습니다. 삼일운동 당시 교회와 기독교인들이 나라를 위해 얼마나 피와 땀과 눈물을 흘렸던가 하는 것을 통계가 여실히 보여 주고 있습니다. 신앙인들의 애국의 눈물은 쓰러진 나라를 일으킵니다.

우리가 바벨론의 여러 강변 거기에 앉아서 시온을 기억하며 울었도다
그 중의 버드나무에 우리가 우리의 수금을 걸었나니(1-2절)

기원전 586년, 바벨론의 느부갓네살에 의해 예루살렘이 정복당하고 성전은 훼파되고 남유다 왕국은 멸망하고 말았습니다. 이때 수많은 왕족과 귀족 그리고 제사장을 비롯한 기술자, 학자, 예술가 등을 모두 포로로 잡아갔습니다. 포로 중에 예루살렘성전에서 성전 제사 때 수금을 연주하

던 레위 지파 찬양대원 한 사람이 있었습니다. 본문은 바로 이름 모를 수금 연주자의 신앙고백이 담긴 내용입니다.

바벨론왕은 포로로 잡아간 이스라엘 백성을 유프라테스강과 그 지류인 그발강, 을래강 같은 강변에 포로 집단촌을 만들고 그곳에 살도록 명령했습니다. 이 시인은 강변에 앉아서 시온을 기억하며 울었습니다. 세월이 가면 잊어질까 해도 또 그립고, 꿈에도 잊지 못할 고국산천 고향땅을 그리며 하염없이 울었습니다. 고국을 떠나면 다 애국자라는 말도 있지만, 이들은 자의에 의해 떠나온 것이 아니라 포로 되어 강제로 끌려온 것이기에 그 슬픔과 그리움은 말로다 할 수 없었을 것입니다.

그는 도저히 수금을 탈 수 없었습니다. 수금은 하나님께 예배드릴 때 연주하던 악기였습니다. 또한 전쟁의 승리를 기뻐하며 축하 연주하던 수금을 탈 수가 없어서 그는 버드나무에 수금을 걸었다고 고백하고 있습니다. 걸었다는 말은 사용하지 않기 위해 묶어 매달아 놓았다는 뜻입니다. 그리고 나라를 생각만하면 목이 메고 눈물이 앞을 가려 시온을 생각하며 눈물을 흘렸던 것입니다.

신앙과 애국은 둘이 아니라 하나입니다. 참된 신앙인은 나라와 민족을 위해 흘릴 눈물이 있어야 합니다. 이스라엘 백성들이 황금 송아지를 만들어 섬겼을 때 하나님께서 범죄한 이스라엘 백성을 징계 하셔서 3,000명 가량 죽게 되었습니다. 그때 모세가 하나님 앞에 간절히 눈물로 기도했습니다.

> 그러나 이제 그들의 죄를 사하시옵소서 그렇지 아니하시오면 원하건대 주께서 기록하신 책에서 내 이름을 지워 버려 주옵소서(출 32:32).

차라리 나를 지옥에 보내 주시든지 아니면 이 백성을 용서해 달라는 눈물의 호소에 하나님께서 진노의 손을 거두셨습니다. 에스더는 풍전등화의 위기에 선 동족들을 구하기 위해 "죽으면 죽으리이다." 외치며 아하수에로 왕 앞에 나아가 호소함으로 민족을 죽음의 위기에서 구했습니다. 선지자 예레미야는 환난당한 예루살렘을 바라보며 밤새도록 애곡했습니다. 지금 우리 그리스도인들도 나라와 민족을 위해 눈물 흘려야 할 때입니다. 지구상에 유일한 분단민족으로 남과 북이 갈라진 지 72년, 그 속에서 동과 서의 깊은 골이 패였고, 또 보수와 진보로 나뉘고, 노장과 소장으로 갈리고, 부자와 가난한 자로 양극화되어 갈갈이 찢겨진 이 나라, 이 민족을 위해 우리는 눈물로 기도해야 합니다.

이 민족이 예수의 보혈로 치유 받고 성령으로 하나 되게 하옵소서!

우리의 눈물만이 민족의 통일과 정의로운 나라를 건설할 수 있다는 사실을 기억하시기 바랍니다.

> 그들이 내게 이르되 사로잡힘을 면하고 남아 있는 자들이 그 지방 거기에서 큰 환난을 당하고 능욕을 받으며 예루살렘 성은 허물어지고 성문들은 불탔다 하는지라 내가 이 말을 듣고 앉아서 울고 수일 동안 슬퍼하며 하늘의 하나님 앞에 금식하며 기도하여(느 1:3-4)

페르시아 왕궁의 비서실장 같은 고관대작으로 출세한 느헤미야가 고국의 슬픈 소식을 듣고 눈물 흘리며 지위를 다 버리고 고국으로 달려와 예루살렘을 재건하게 되었던 것입니다. 조국을 위하여 흘리는 신앙인의 눈물은 이와 같이 나라와 겨레를 살리는 힘이 있습니다. 우리 모두 나라와 민족을 위하여 뜨거운 눈물을 흘리는 애국적 신앙인들이 됩시다. 영적으로 황무한 이 나라를 일으켜 세우는 눈물의 애국자들이 됩시다.

흔들리지 않습니다(3-6절)

대개 남자보다는 여자가 눈물을 많이 흘립니다. 또 어른보다 아이들이 눈물을 많이 흘립니다. 아이들이 싸우다가 울면서 눈물을 흘리면 싸움에 진 것을 의미합니다. 그러나 여자가 눈물을 흘릴 때 그것을 단순하게 한 가지로 생각할 수 있는 것은 아닙니다. 눈물을 닦은 후에 더 강해지는 경우가 있기 때문입니다.

남편들 중에 아내가 자신보다 눈물이 더 많다고 아내를 약하다고 생각하는 분은 아마도 없을 것입니다. 기쁜 소식을 듣고 눈물 흘리고, 슬픈 소식을 듣고 눈물 흘리고, 연속극을 보면서도 눈물 흘리고, 노을이 물드는 아름다운 하늘을 보면서 눈물짓는 아내지만, 자신이 알고 있는 사람 중에 자기 아내가 가장 강한 여자라는 사실을 대부분의 남편들은 알 것입니다.

영국이 낳은 물리학자요, 화학자인 미카엘 패러디가 어느 날 어머니의 눈물을 시험관에 넣어 가지고 와서 학생들에게 보이며 "학생 여러분! 보다시피 어머니의 눈물도 과학적으로 분석하면 다만 소량의 염분과 물로 이루어져 있습니다. 그러나 어머니의 볼을 흘러내리는 눈물 속에는 화학적으로 분석할 수 없는 사랑과 자녀들을 위한 애정이 담겨 있다는 것을 알아야 합니다."라고 말했습니다. 그 어머니의 눈물이 오늘의 우리를 만든 것이 아니겠습니까? 그래서 "여자는 약하다. 그러나 어머니는 강하다."라는 격언이 생긴 것입니다.

때로 눈물은 흔들리던 마음을 단단하게 붙들어 주는 역할을 합니다. '비 온 뒤에 땅이 굳는 것처럼' 눈물 뒤에 흔들리지 않고 굳은 마음으로 새 결심을 하게 되는 것입니다.

> 이는 우리를 사로잡은 자가 거기서 우리에게 노래를 청하며 우리를 황폐하게 한 자가 기쁨을 청하고 자기들을 위하여 시온의 노래 중 하나를 노래하라 함이로다 우리가 이방 땅에서 어찌 여호와의 노래를 부를까 예루살렘아 내가 너를 잊을진대 내 오른손이 그의 재주를 잊을지로다 내가 예루살렘을 기억하지 아니하거나 내가 가장 즐거워하는 것보다 더 즐거워하지 아니할진대 내 혀가 내 입천장에 붙을지로다(3-6절).

바벨론의 고관대작들이 강가에서 뱃놀이를 하면서 이스라엘 포로 중에 수금을 잘 타는 사람이 있다는 소문을 듣고는 불러냅니다. 그리고 술잔을 돌리면서 연주하라고 강권합니다. 그때 이 연주자의 두 눈에서 눈물이 주루룩 흘러내립니다. 이 수금 연주자가 눈물을 닦아 내더니 이렇게 말합니다. "하나님 앞에서 찬양하며 제사드릴 때 연주하던 수금을 술자리에서 노리갯감으로 연주할 수는 없습니다." 그는 온갖 수모를 다 겪으면서도 끝내 연주하지 않았습니다.

5절에 "내 오른손이 그의 재주를 잊을지로다."라는 말은 '내 오른손이 부러져도 좋다.'는 뜻입니다. 6절에 "내 혀가 입천장에 붙을지로다."라는 말은 '내 혀가 굳어 벙어리가 되어도 좋다.'는 뜻입니다. 이 얼마나 결의에 찬 모습입니까? 신앙인은 지조가 있어야 합니다. 신앙인에게는 민족정신이 있어야 합니다. 민족의 독립과 자존이 없이는 신앙도 지킬 수가 없기 때문입니다.

전북에서 제일 먼저 만세운동을 일으켰던 사람은 세브란스의학전문학교 학생이던 김병수였습니다. 그가 이런 말을 남겼습니다.

> 독립은 자존을 회복하는 것입니다. 독립이 없으면 존재하는 것도, 사랑하는 것도, 봉사하는 것도 없습니다.

민족자존의 정신을 회복시켜 나갈 때, 진정 독립된 나라가 되는 것입니다. 요즈음 영어 교육이 얼마나 거세게 부는지 초등학생 중 영어 과외 공부를 하지 않는 아이가 없을 정도입니다. 이젠 유치원생들까지도 영어 교육을 열심히 합니다. 저는 개인적인 생각으로 영어를 제2 공용어로 아예 병행시키는 것도 바람직하다고 생각합니다. 늦으면 늦을수록 혀가 굳어져 외국인처럼 자연스럽게 영어를 구사할 수 없기 때문입니다. 그러나 한글을 먼저 알고 영어를 알아야 세계화되고 세계인이 되는 것이지, 한글 맞춤법도 모른 채 영어만 하면 국적 불명의 나그네가 되고 맙니다. 국수주의자가 되면 안 되지만, 자기의 것을 소중히 여기고 지켜야 합니다. 불의와 타협하거나 야합하지 않는 애국적 신앙인이 되어야 합니다. 우리 신앙인들에게 지조가 필요합니다.

다니엘은 어려서 바벨론에 포로로 잡혀간 소년입니다. 그는 바벨론 국립영재학교에 뽑혀 영재교육을 받고 있었습니다. 바벨론의 예절과 법도를 배우고 고급관리로 자라기 위해 바벨론에서 가장 고급스러운 의식주를 공급받았습니다. 그러나 그것이 율법교육을 철저히 받은 신앙의 사람

다니엘에게는 맞지 않았습니다. 그가 눈물로 밤새 기도한 후에 환관장에게 청을 드렸습니다.

> 다니엘은 뜻을 정하여 왕의 음식과 그가 마시는 포도주로 자기를 더럽히지 아니하리라 하고 자기를 더럽히지 아니하도록 환관장에게 구하니 하나님이 다니엘로 하여금 환관장에게 은혜와 긍휼을 얻게 하신지라(단 1:8-9).

하나님께서 환관장의 마음을 열어 주셨고 다니엘은 신앙의 지조를 지키면서 궁중교육을 받게 되었고, 하나님께서는 더욱 지혜와 명철을 부어 주셨습니다. 그는 이방 땅에서도 가장 이방적 요소가 강한 궁궐 속에 있었지만, 몸을 더럽히지 않았습니다. 신앙을 팔지 않았습니다.

나라를 위하여 흘리는 애국의 눈물, 신앙의 지조를 지키기 위하여 흘리는 영적인 눈물은 마음을 굳게 붙잡아 주는 유익이 있습니다. 우리 모두 애국의 눈물, 영적인 눈물을 흘리고 어떤 시련에도 흔들리지 않는 애국적 신앙인이 되시기 바랍니다.

새 힘을 얻게 됩니다(7-9절)

예수님도 눈물을 흘리셨을까요? 물론입니다. 한 번은 죽은 나사로의 무덤 앞에서 눈물을 흘리셨습니다(요 11:35). 또 한 번은 예루살렘의 멸망을 예언하시면서 눈물을 흘리셨습니다(눅 19:41). 한 번은 사랑의 눈물이요, 또 한 번은 애국의 눈물을 흘리셨습니다. 예수님이 사랑의 눈물과 애국의 눈물을 흘리셨다면 우리도 그와 같이 눈물을 흘리는 것이 마땅하지 않겠습니까? 거기에다 더할 것은 우리는 죄인이기에 회개의 눈물이 있어야 합니다. 또한 죄로 인해 영 죽을 죄인을 구원해 주신 은혜를 생각하며 감사의 눈물을 흘려야 마땅한 일입니다. 그러므로 우리 그리스도인들은 눈물이 많아야 정상입니다. 그리스도인이 흘려야 할 눈물은 (죄를 회개하는) 회개의 눈물, (구원의 은혜를 생각하는) 감사의 눈물, (형제와 이웃을 위한) 사랑의 눈물, (나라와 민족을 위한) 애국의 눈물입니다.

하나님, 우리 눈에 눈물이 마르지 않도록 촉촉한 눈망울을 주옵소서. 강퍅하게 핏발이 선 눈으로 남을 원망하며 시기하며 쟁투하는 증오에 가득찬 눈이 변하여 눈물로 촉촉하게 젖은 눈망울을 주시옵소서! 기도하시기 바랍니다. 눈물은 약해 보이나 눈물의 결속은 모든 결속 가운데 가장 강한 것입니다. 우리가 눈물로 결속한다면, 가정과 사회와 나라와 민족을 일으킬 수 있습니다.

> 여호와여 예루살렘이 멸망하던 날을 기억하시고 에돔 자손을 치소서 그들의 말이 헐어 버리라 헐어 버리라 그 기초까지 헐어 버리라 하였나이다 멸망할 딸 바벨론아 네가 우리에게 행한 대로 네게 갚는 자가 복이 있으리로다 네 어린 것들을 바위에 메어치는 자는 복이 있으리로다 (7-9절).

수금을 타라는 청을 거절한 대가로 온갖 수모를 당한 연주자는 그 분을 삭힐 수 없어 하나님 앞에 탄원합니다. 하나님이여! 이 원수를 갚아 주옵소서. 이 원수들을 속히 멸망시켜 주시고 우리를 고향에 돌려보내 주시고 나라를 다시 세우게 하옵소서. 그런데 7절에 에돔 자손을 저주하는 말이 튀어 나왔습니다. 에돔은 에서의 자손이니 이스라엘과는 형제 나라입니다. 그런데 이들이 유다가 멸망할 때, 바벨론의 편에 서서 유다의 멸망을 바라보며 손뼉을 치며 기뻐했기 때문입니다. "때리는 시어머니보다 말리는 시누이가 더 밉다."는 말처럼 에돔 족속들을 생각하면 할수록 괘씸했던 것입니다. 그리고 바벨론이 우리에게 행한 것의 열배, 백배로 갚아 달라고 하나님께 청원하고 있습니다.

우리 성도들은 예수님의 정신을 따라 살아야 합니다. 그러므로 원수라도 저주하면 안 됩니다. 그들이 회개하고 돌아오기를 위해 기도해야 합니다. 원수 갚는 것은 하나님께 맡기고 우리는 축복권만을 행사해야 합니다. 김정은도 회개하기를 위해 기도하고, 중국의 시진핑도 회개하기를 기도해야 합니다. 다음은 민족대표 33인 중의 한 분이셨던 신석구 목사님의 고백입니다.

나는 삼일운동에 가담할 때 먼저 기도하고 참여했다. 이미 기도하는 가운데 '내가 준 나라의 주권을 잃어버린 것이 너희의 죄'라는 하나님의 음성을 듣고 끝까지 희생하기로 결심했다. 나는 독립운동과 목회를 하나라고 생각한다.

이 얼마나 귀한 고백입니까? 나라의 주권을 회복하지 못한 것이 죄입니다. 통일을 이루지 못한 것이 우리의 죄입니다. 나라의 정치적 혼란과 경제적 어려움이 모두 내 탓입니다. 이런 자세를 1,000만 성도들이 먼저 갖게 될 때, 이 나라의 통일도, 정치도, 경제도, 국방도, 문화도, 사회도, 교육도 모두모두 회복되는 역사가 일어나게 될 것입니다.

"독립운동과 목회가 하나다."라는 말은 깊이 음미해 볼 필요가 있습니다. 신앙 따로 생활 따로, 신앙 따로 애국 따로, 따로국밥같이 노는 우리들에게 큰 교훈이 아닐 수 없습니다. 이순신의 눈물, 김구의 눈물, 안창호의 눈물, 유관순의 눈물이 우리의 눈물이 되어야 합니다. 눈물은 새 힘을 줍니다. 눈에 눈물이 없으면 눈은 쉽게 충혈되고, 세균에 감염되고 맙니다. 심령의 눈에 눈물이 마르면 영혼의 눈이 흐려져 마음에는 사랑이 식고, 애국의 열정이 사라져 병든 신앙인이 되고 맙니다.

어머니 모니카의 눈물이 탕자 어거스틴을 성자로 만들었습니다. 눈물은 자신을 새롭게 할 뿐 아니라, 타인에게도 영향을 미칩니다. 사회적으로도 변화를 일으킵니다.

영국의 왕세자비 다이애나가 비명횡사하고 영국에서 장례가 거행되던 날, 그야말로 영국 전체가 눈물바다를 이루었습니다. 그런데 그 일이 있은 후, 이상한 일이 일어났습니다. 영국 내의 정신병원이나 상담소를 찾는 환자의 수가 전보다 반이나 줄어들은 것입니다. 이후에, 정신의학 관계자들이 모여 회의한 결과 이런 현상을 '다이애나 효과(Diana effect)'라고 이름을 붙였습니다. 남의 눈치 볼 것 없이 원 없이 울었던 것이 우울증과 스트레스를 물리치는 엄청난 효과를 준 것입니다. 맞바람 피다 죽은 다이애나가 죽은 것을 불쌍하게 생각하며 울어도 새 힘을 얻습니다. 하물며 안타까운 조국의 현실을 생각하며 눈물 흘리는 애국적 신앙인에게 하나님께서 새 힘과 능력을 더해 주시지 않겠습니까?

그의 노염은 잠깐이요 그의 은총은 평생이로다 저녁에는 울음이 깃들일지라도 아침에는 기쁨이 오리로다(시 30:5).

조국은 예레미야를 필요로 합니다. 조국은 느헤미야를 필요로 합니다. 조국은 수금을 연주하는 레위인과 같은 신앙인을 필요로 합니다. 말은 그럴싸한데 눈물이 없는 사람으로는 안 됩니다. 자신의 죄를 돌아보며 회개의 눈물을 흘리고, 받은 은혜를 생각하며 감사의 눈물을 흘리고, 형제와 이웃을 불쌍히 여기며 사랑의 눈물을 흘리고, 나라와 민족을 위해서 애국의 눈물을 흘려 하나님께 새 힘을 얻어 떨치고 일어납시다.

시편을 통해서 보는 인생의 희로애락(喜怒哀樂)
그것은 우리의 삶이고 하나님께 올려 드리는 최고의 노래입니다.

04부

회복의 노래

회개의 눈물로 침상을 띄우며

시편 6편 1-10절

시편 150편 중에 참회시(하나님 앞에서 자기의 죄를 회개하고 용서를 비는 시)가 일곱 편 있습니다. 6, 32, 38, 51, 102, 130, 143편입니다. 그중 시편 6편은 표제어에서 '다윗이 지은 시'라고 밝히고 있습니다. 시의 내용을 보면 2절에 "수척하였사오니, 뼈가 떨리오니", 3절에 "영혼도 매우 떨리나이다.", 6절에 "밤마다 눈물로 내 침상을 띄우며 내 요를 적시나이다." 같은 표현들을 볼 때 엄청난 고난을 당했음을 알 수 있습니다.

다윗이 왕이 된 후, 앞장서서 적들을 물리치고, 왕국이 점점 안정되고 왕권은 강화되었습니다. 변방에서는 아직도 암몬과 전쟁이 벌어지고 있었지만 왕이 직접 나서지 않아도 될 만큼 나라가 안정되었습니다.

하루는 다윗이 궁궐에서 한가하게 낮잠을 자고 일어났습니다. 기지개를 펴고 발코니에 서서 예루살렘 성읍을 바라보았습니다. 그때 우연히 한 여자가 목욕하는 장면이 눈에 들어왔습니다. 잠이 덜 깬 상태에서 바라보니 아름다웠습니다. 음욕이 불일 듯 일어났고 신하를 보내 그 여인을 불러들였습니다. 그런데 그 여자가 공교롭게도 지금 전선에서 전투 중에 있는 우리아라는 장수의 부인이었습니다.

얼마 후에 밧세바에게서 임신했다고 전갈이 왔습니다. 다윗은 이 일을 은폐하려고 음모를 꾸미기 시작했습니다. 전선에 전령을 보내 우리아 장군에게 휴가 명령을 전달하고 수고가 많았으니 집에 가서 평안히 쉬라고 했습니다. 그런데 충성된 우리아 장군이 휴가 명령을 받고 집에 들어가지 않고, 집 앞 숲속에서 텐트를 치고 자는 것입니다. "왜 그러냐?"고 물어보니 "지금 내 상관과 동료들과 부하들이 목숨을 걸고 싸우는데 어찌 나 혼자 편히 집에 들어가 잠을 잘 수 있겠습니까?" 하고 끝내 집에 들어가지 않고 전장으로 돌아갔습니다.

다윗의 머리가 복잡해졌습니다. 총사령관 요압에게 밀서를 보냈습니다. 자기가 죽을 밀서인지도 모른 채 우리아는 그 편지를 요압 사령관에게 전했습니다. 요압이 왕의 밀서를 펼쳐 읽어 보니 '우리아를 적진을 공격하게 한 후에 적에게 포위가 된다 할지라도 지원군을 보내지 말라.'는 내용이었습니다. 이렇게 하여 우리아는 암몬 사람과 싸우다가 전사하고 말았습니다. 다윗은 감쪽같이 일을 처리했다고 생각했습니다.

그 일 후에 나단 선지자가 다윗왕을 찾아와 왕에게 드릴 말씀이 있다고 했습니다.

"어느 동네에 큰 부자와 가난한 사람이 살고 있었는데 하루는 부잣집에 손님이 찾아왔습니다. 손님을 대접하려는데 자기 집의 양을 잡지 않고 가난한 이웃집에 애지중지하고 자식처럼 키우는 암양 한 마리가 있는데 그 양을 빼앗아다가 잡아서 자기 손님을 대접했습니다."

이 이야기를 듣던 다윗은 분노하면서 "여호와의 살아 계심을 두고 맹세하노니 이 일을 행한 그 사람은 마땅히 죽을 자라. 그가 불쌍히 여기지 아니하고 이런 일을 행하였으니 그 양 새끼를 네 배나 갚아 주어야 하리라."라고 말하자, 나단은 "당신이 바로 그 사람입니다. 어찌하여 우리아를 죽이고 밧세바를 취했습니까? 하나님께서 칼이 네 집에서 영원토록 떠나지 아니하리라 말씀하셨습니다."라고 했습니다.

뿐만 아니라 "내가 네 집에 재앙을 일으키고 내가 네 눈앞에서 네 아내를 빼앗아 네 이웃들에게 주리라. 그 사람들이 네 아내들과 더불어 대낮에 동침할 것이다. 너는 은밀히 행하였으나 나는 온 이스라엘 앞에서 대낮에 이 일을 행하리라."라고 하자 이 말을 들은 다윗은 나단에게 "내가 여호와께 죄를 범하였노라." 자복하고 회개했습니다. 그때 나단은 "여호와께서도 당신의 죄를 사하셨나니 당신이 죽지 아니하려니와 이 일로 말미암아 당신이 낳은 아이가 반드시 죽으리라." 하고 돌아갔습니다.

다윗이 잘못을 인정하고 회개했지만 밧세바가 낳은 아이가 죽고, 큰아들 암논이 이복동생 다말을 강간하고, 압살롬이 암논을 죽이고, 아버지 다윗이 압살롬을 보지 않자 압살롬이 반역을 일으켰습니다. 대낮에 옥상에서 차일(遮日)을 쳐놓고 후궁들을 욕보이는 일을 공공연히 자행하고, 다윗은 맨발로 도망치는 기가 막힌 일들이 나단 선지자의 예언대로 그대로 일어났습니다.

아마 이때 일이 시편 6편의 배경이 아닐까 생각합니다. 다윗은 범죄했고 나단이 지적할 때 핑계하지 않고 회개했습니다. 하나님은 회개하는 자를 용서하십니다. 그러나 범죄로 인해 일어나는 죄책까지 면죄되는 것은 아니라는 것을 알아야 합니다.

본문 말씀을 통해 회개와 용서의 의미에 대해 깨닫고 하나님 앞에 다시 서는 자녀들이 되기를 바랍니다.

사랑하는 자를 징계하시는 하나님(1-4절)

세상을 살아갈 때 최초의 학교는 가정입니다. 그렇기 때문에 가정 교육의 정도에 따라 어떤 사람이 되느냐가 결정된다고 말할 수 있습니다. 사랑만 있고 징계가 없는 가정에서 자라면 규모 없이 행하고 질서와 예절을 모르는 사람이 되기 십상입니다. 반면에 사랑은 없이 징계만 있는 가정에서 자라면 소극적으로 눈치가 발달하고 자기 의견을 말하지 않는 사람이 되기 십상입니다. 할머니의 손에 자란 사람은 버릇이 없는 경우가 많습니다. 할머니가 징계를 하지 않고 모든 응석을 다 받아 주기 때문입니다.

사랑과 징계는 동전의 양면과 같이 함께해야 하는 교육의 필수 요소입니다. 하나님은 반드시 택하신 자녀를 교육하실 때 사랑과 징계를 적절히 사용하십니다. 하나님이 사랑하셔서 택하신 다윗과 그 후손이라도 잘못하면 반드시 징계하시겠다고 말씀하셨습니다.

> 나는 그에게 아버지가 되고 그는 내게 아들이 되리니 그가 만일 죄를 범하면 내가 사람의 매와 인생의 채찍으로 징계하려니와(삼하 7:14)

그런데 그만 다윗이 왕이 되고 안락해지니 하나님의 경고 말씀을 잊어버리고 범죄하고 만 것입니다. 그러자 하나님께서 가차 없이 채찍을 드셨습니다.

하나님의 징계는 혹독했습니다. 견디기 힘들었습니다. 몸이 수척해지고, 뼈가 떨릴 뿐 아니라 영혼까지 떨렸습니다. 다윗은 그런 속에서도 주님께 은총을 베풀어 주실 것을 간구하고 있습니다. 그럴 수 있었던 것은 하나님께서 미워서 그런 것이 아니라 자신을 사랑하시기 때문이라는 것을 의심하지 않았기 때문입니다. 그러기에 4절에 "주의 사랑으로 나를 구원하소서."라고 간구하고 있습니다.

2절에 "뼈가 떨린다."는 표현에 대해 생각해 봅시다. 뼈는 사람의 신체와 정신을 지탱해 주는 중심 부분입니다. 그런데 뼈가 떨린다는 것은 사람이 무너지는 것을 뜻합니다. 다윗의 몸과 마음이 극심한 고통 가운데 있고, 인생 전체가 흔들리고 있는 극심한 고통 속에 있음을 알 수 있습니다. 다윗은 그런 상황에서도 하나님의 사랑을 믿고 붙잡은 것입니다.

세상의 법은 죄를 지은 사람을 격리 수용합니다. 그곳을 옛날엔 감옥이라고 했고, 지금은 교도소(矯導所, 죄인을 바로잡고 이끌어 주는 곳이라는 뜻)라고 부릅니다. 그곳은 죄수를 가두어 놓고 죄에 상응하는 벌을 주는 것이 목적입니다. 그런데 현대에 와서 바뀐 교도소라는 이름 속에는 새로운 사람을 만들어 주어야 한다는 철학이 담겨 있습니다. 실제로 그렇게 하지 못하기 때문에 교도소에 갔다 온 사람의 재범률이 높은 것이 사회적 문제가 됩니다. 사람을 바로 잡아 주지 못하니 오히려 범죄 수법을 배워 가지고 나오는 경우가 많습니다. 2015년, 일반 교소도 재범률이 21%인데, 기독교에서 세운 아가페 교도소의 재범률은 1%였습니다. 그 이유가 무엇일까요? 무엇보다 인간 대접을 하고 사랑으로 그들을 대했기 때문입니다.

하나님은 자녀라 할지라도 죄를 범하면 징계하십니다. 그런데 그 징계는 사랑하기 때문에 징계하시는 것임을 다윗처럼 알아야 합니다. 이에 대하여 히브리서에 놀라운 말씀이 있습니다.

또 아들들에게 권하는 것 같이 너희에게 권면하신 말씀도 잊었도다 일렀으되 내 아들아 주의 징계하심을 경히 여기지 말며 그에게 꾸지람을 받을 때에 낙심하지 말라 주께서 그 사랑하시는 자를 징계하시고 그가 받아들이시는 아들마다 채찍질하심이라 하였으니 너희가 참음은 징계를 받기 위함이라 하나님이 아들과 같이 너희를 대우하시나니 어찌 아버지가 징계하지 않는 아들이 있으리요 징계는 다 받는 것이거늘 너희에게 없으면 사생자요 친아들이 아니니라 또 우리 육신의 아버지가 우리를 징계하여도 공경하였거든 하물며 모든 영의 아버지께 더욱 복종하며 살려 하지 않겠느냐 그들은 잠시 자기의 뜻대로 우리를 징계하였거니와 오직 하나님은 우리의 유익을 위하여 그의 거룩하심에 참여하게 하시느니라 무릇 징계가 당시에는 즐거워 보이지 않고 슬퍼 보이나 후에 그로 말미암아 연단 받은 자들은 의와 평강의 열매를 맺느니라(히 12:5-11).

하나님의 대표적 성품은 공의와 사랑입니다. 공의의 하나님이시기에 잘못할 때 반드시 징계하십니다. 또한 사랑의 하나님이시기에 때리신 후에 깨닫기만 하면 즉시 싸매십니다. 온 인류가 범죄했으나 죄의 길에서 돌이키지 않을 때 하나님께서 자신을 징계해서라도 인간을 고치시기로 작정하신 사건이 독생자 예수 그리스도를 징계하신 십자가 사건입니다. 이로 인하여 우리가 다시 살게 된 것입니다.

그가 찔림은 우리의 허물 때문이요 그가 상함은 우리의 죄악 때문이라 그가 징계를 받으므로 우리는 평화를 누리고 그가 채찍에 맞으므로 우리는 나음을 받았도다(사 53:5).

여러분 중에 지금 뼈가 떨리고 영혼이 떨릴 정도의 징계가 느껴지는 분이 계시다면 하나님께서 사랑하시기 때문에 징계하시는 것임을 믿고 회개하며 하나님께 가까이 나와 엎드리시기 바랍니다.

> 대저 여호와께서 그 사랑하시는 자를 징계하시기를 마치 아비가 그 기뻐하는 아들을 징계함 같이 하시느니라(잠 3:12).

회개하는 자를 용서하시는 하나님(5-7절)

신앙의 출발은 자신이 죄인임을 알 때 시작되는 것입니다. 교회를 열심히 나오고 봉사를 많이 한다 할지라도 자신이 죄인임을 모르고 있다면 신앙의 문턱도 넘지 못한 것입니다. 기독교 신앙은 죄 인식으로부터 시작되는 것입니다.

그런데 죄인임을 알았다고 끝나는 것이 아닙니다. 자신이 죄인임을 알 때 두 가지 반응이 나타나게 됩니다. 하나는 "될 대로 되라." "케세라세라!"를 외치며 더욱 죄에 뒹굴고 인생을 포기하는 부류가 있습니다. 다른 하나는 자신의 죄를 애통하면서 "누가 나를 도와 주십시오. 나를 구원해 주세요." 하고 손을 내미는 사람입니다. 하나님은 이런 사람을 반드시 붙들어 구원해 주십니다.

> 사망 중에서는 주를 기억하는 일이 없사오니 스올에서 주께 감사할 자 누구리이까 내가 탄식함으로 피곤하여 밤마다 눈물로 내 침상을 띄우며 내 요를 적시나이다 내 눈이 근심으로 말미암아 쇠하며 내 모든 대적으로 말미암아 어두워졌나이다(5-7절).

다윗은 사망에 이를 만큼 극심한 고통 중에 회개하며 지옥에 떨어지지 않도록 하나님께 구원을 요청하고 있습니다. 회개의 눈물을 얼마나 많이 흘렸는지 눈물이 침상을 띄울 만큼 강물이 되었다고 고백하고 있습니다. 눈물을 적당히 흘리면 눈에 좋지만 너무 많이 흘리면 눈이 상하게 됩니다. 다윗은 회개의 눈물을 너무 많이 흘렸기에 눈이 쇠하여졌다고 고백하고 있습니다. 그만큼 철저히 회개했다는 표현입니다.

죄는 고난의 원인이 되기도 하고, 고통의 원인이 되기도 합니다. 이보다 더 무서운 것은 죄가 관계를 단절시킨다는 것입니다. 세상에서는 범죄한 사람을 격리 수용합니다. 영적으로는 하나님과의 관계가 단절됩니다. 하나님은 거룩하시기 때문에 죄인과는 교제하지 않으십니다.

햇빛을 받지 못한 나무가 광합성을 하지 못하고 말라 죽는 것과 같이 하나님과의 관계가 단절된 인간은 영적으로 죽게 되는 것입니다. 이렇게 되면 결국 멸망에 이르게 됩니다. 이것을 '죄의 삯은 사망'이라고 로마서 6장 23절에서 말씀하고 있습니다. 하나님의 자녀들은 죄에 대해 예민하게 반응하고, 죄의 심각성을 알아야 합니다. '죄의 삯이 사망'이라는 것을 꼭 기억해야 합니다. 그러나 하나님은 긍휼하시기 때문에 회개하는 자를 반드시 용서하십니다.

> 만일 우리가 우리 죄를 자백하면 그는 미쁘시고 의로우사 우리 죄를 사하시며 우리를 모든 불의에서 깨끗하게 하실 것이요(요일 1:9).

다윗은 하나님과의 관계가 단절되는 것을 두려워하며 용서를 구했습니다. 긍휼이 풍성하신 하나님은 택하신 자녀를 결코 버리지 아니하십니다. 우리가 죄를 짓고도 하나님께 용서를 구할 수 있는 근거는 하나님께서 인간을 긍휼히 여기시는 사랑 때문입니다.

구약성경에서 사용된 가장 중요한 단어 중에 '헤세드'라는 히브리어가 있습니다. 이 단어는 '인자, 은혜, 자비, 긍휼, 선대' 등으로 다양하게 번역되고 있고, 240번이나 나옵니다. 특히, 창조주 하나님과 피조물된 인간 관계와 관련해서 많이 사용되고 있습니다.

하나님은 우리가 죄를 지었을 때 징계하시는 중에도 측은히 여기시고 동정하시며, 긍휼히 여기십니다. 그러므로 우리가 회개할 때 용서받을 수 있는 것입니다.

이것을 예수님께서 탕자의 비유로 말씀하셨습니다. 탕자가 아버지의 은혜를 저버리고 미리 유산을 달라고 졸라서 천리타향 먼 곳으로 가서 허랑방탕하여 재산을 다 날리고 나서야 회개를 합니다. 회개는 헬라어 '메타노에오'로 '가던 길을 돌이킨다'는 뜻입니다. 죄의 길을 가던 사람이 의의 길로, 하나님을 저버리고 세상으로 가던 사람이 하나님께로 돌아오는 것이 회개입니다.

> 내가 일어나 아버지께 가서 이르기를 아버지 내가 하늘과 아버지께 죄를 지었사오니 이에 일어나서 아버지께로 돌아가니라 아직도 거리가 먼데 아버지가 그를 보고 측은히 여겨 달려가 목을 안고 입을 맞추니
> (눅 15:18, 20)

"일어나서 아버지께로 돌아가니라." 이것이 바로 회개입니다. 돌아온 탕자를 측은히 여겨 달려가 품에 안은 아버지는 바로 하나님을 뜻합니다.

헤세드가 풍성하신 하나님, 긍휼이 풍성하신 하나님 아버지께서는 어떤 죄라도 회개하고 자복하면 다 용서해 주신다는 사실을 믿으시기 바랍니다. 회개하고 용서받는 기쁨과 감격을 누리기 원합니다.

사죄를 확신하는 하나님의 자녀(8-10절)

사죄(赦罪, 죄를 용서하여 죄인을 놓아 줌)는 용서와 비슷한 말입니다. 단지 용서는 보편적인 말이고, 사죄는 종교적으로 많이 쓰는 말입니다. 하나님은 죄가 아무리 크고 무거울지라도 회개할 때 용서해 주십니다(사 1:18). '주홍 같은 큰 죄, 진홍같이 붉은' 끔찍한 죄라도 '눈과 같이 양털같이' 희게 씻어 주신다고 약속하셨습니다. 하나님은 이렇게 약속하시고 지키시는 분이십니다. 그런데 문제는 이 약속을 믿지 못할 때 사달(사고와 탈을 뜻하는 순 우리말)이 납니다.

앞에서 압살롬 왕자가 누이동생 다말을 겁탈한 이복형 암논 왕세자를 죽이는 비극이 일어난 것을 말씀드렸습니다. 그 길로 압살롬은 그술이라는 이웃나라로 망명해버렸습니다. 3년이 지나자 다윗이 압살롬 왕자를 그리워합니다. 요압 장군이 다윗왕의 마음을 알아채고 상복을 입힌 여인 하나를 왕에게 나아가 소원을 아뢰는 것처럼 꾸몄습니다. 상복 입은 여인이 다윗왕 앞에 엎드리자 왕이 말했습니다.

"무슨 사연이 있는지 입을 열라!"

여인은 "나의 남편은 죽고 아들 둘이 있는데 그들이 들에서 싸우다 형이 동생을 죽이고 말았습니다. 그런데 세상 사람들이 동생을 죽인 놈을 내놓으라. 우리가 죽여 상속자 될 것까지 끊겠노라 합니다."라고 답했습니다.

"이제 우리 집 안에 남은 숯불이 꺼지고 남편의 이름과 씨가 마르게 되었습니다."

이야기를 다 들은 다윗왕이 "안심하고 집으로 가라 네 남은 아들을 해하려는 자들을 내가 그리 못하게 막아 주겠노라."라고 하자, 여인이 "성은이 망극하옵니다. 그런데 한 말씀 여쭈어도 되겠습니까?"라고 말했습니다.

"말해 보거라."

"그런데 저에게는 이렇게 자비를 베푸시면서 어찌하여 압살롬 왕자를 용서하고 데려오지 않으십니까?"

"요압이 너에게 시키더냐?"

"네, 그러하옵니다."

다윗이 요압을 불러 압살롬을 "데려 오라." 명령했습니다. 그래서 압살롬이 3년 만에 이스라엘로 돌아왔습니다. 그러나 다윗은 그의 얼굴을 보지 않았습니다. 그렇게 2년을 또 보냈습니다. 압살롬이 완전히 용서받지 못한 상한 마음으로 요압 장군을 만나 항의합니다.

"이러려면 왜 나를 데리고 왔습니까?"

그래서 요압 장군의 주선으로 다윗왕과 압살롬 왕자가 5년 만에 만나서 입을 맞추었습니다. 그러나 압살롬의 마음에는 아버지께 완전히 용서받았다는 확신이 없었습니다. 그가 차근차근 4년간 준비한 끝에 반란을 일으키니 다윗왕은 불의의 일격을 당하여 맨발로 피난길에 오르게 되었습니다. 결국은 압살롬의 군대를 물리치고 다시 예루살렘성을 탈환하고 돌아왔지만 2만 명의 병사와 압살롬이 죽었습니다.

다윗은 "내 아들 압살롬아 내 아들 내 아들 압살롬아 차라리 내가 너를 대신하여 죽었다면 압살롬 내 아들아 내 아들아(삼하 18:33)!" 하고 통곡했습니다. 그리고 그는 용서를 구하며 회개의 눈물로 침상을 띄우면서 추호도 하나님이 사죄해 주실 것인가 아닌가 하는 문제로 염려하거나 의심하지 않았습니다.

다윗은 사악하고 부정한 자신의 행위가 하나님의 징계의 대상이 되어 현재 자신이 극심한 고통 중에 있는 것을 압니다. 이때 다윗은 하나님께서 징계하시는 것은 당연하다, 나는 그럴 만한 죄를 지었다는 것을 인정합니다. 그런 중에도 하나님의 사랑과 긍휼을 의심하지 않았습니다. 이 믿음이 하나님 앞에 나아갈 수 있는 믿음이 된 것입니다.

누구나 인간은 죄성으로 인해 죄를 범하기 쉽습니다. 사탄의 유혹에 일시 패배하여 범죄할 수 있습니다. 그러나 끝없는 절망과 자기혐오에 빠져 뒤로 물러가면 안 됩니다. 마귀는 우리를 송사합니다. "너 같은 죄인이 뭘 한다고 그러냐?" 하고 우리를 무너뜨리려고 송사할 때 뒤로 물러가면 멸망에 빠집니다.

> 우리는 뒤로 물러가 멸망할 자가 아니요 오직 영혼을 구원함에 이르는 믿음을 가진 자니라(히 10:39).

뒤로 물러갈 것이 아니라 다윗의 실례를 본받아 하나님 앞에 엎드려 죄를 고백해야 합니다. 하나님은 나 자신보다 나를 더 잘 아시고 나보다 나를 더 사랑하십니다. 하나님의 사죄의 은총을 믿고 참회하여 회복의 축복과 기쁨을 누리시기 바랍니다.

다윗은 회개의 눈물로 침상을 띄울 만큼 큰 죄를 지었습니다. 그래서 큰 징계도 받았습니다. 그러나 그 징계가 사랑임을 알았습니다. 긍휼이 풍성하신 하나님은 회개하는 자를 외면하지 않으시고 반드시 용서하신다는 사실을 확실히 믿으시기 바랍니다. 허물없는 사람이 어디 있으며 죄를 짓지 않은 사람이 어디 있습니까? 문제는 '회개했느냐? 용서를 확신하느냐?'입니다. 우리 모두 알고 지은 죄, 모르고 지은 죄까지 모두 회개하고 사죄의 은총을 받는 복 있는 자녀가 되어야겠습니다.

부활 신앙으로 기뻐하십시오

시편 16편 1-11절

모든 인생은 세상이라는 감옥에 갇혀 살아갑니다. 감옥은 기쁨을 빼앗아 갑니다. 자유를 빼앗아 갑니다. 희망을 빼앗아 갑니다. 가족을 빼앗아 갑니다. 감옥은 절망을 줍니다. 근심을 줍니다. 걱정을 줍니다. 염려를 안겨 줍니다. 인생 최악의 상태가 바로 감옥입니다.

요즈음 세상의 환경은 우리를 감옥에 갇힌 사람처럼 몰아가고 있습니다. 전쟁의 소문이 늘어갑니다. 정치적 군사적 불안으로 인해 경제적 불안감이 점점 가중되고 있습니다. 청년 실업률이 높아가고 자살이 늘어나고 있습니다. 사방으로 적에게 욱여싸임을 당한 것 같은 우울한 분위기가 마음을 어둡게 만들고 있습니다. 이런 소식들은 근심, 걱정, 염려, 절망을 한아름 안겨 주고 기쁨을 빼앗아 가 버립니다. 사람들은 이러한 환경 속에서 마음을 빼앗겨 버리며 영혼이 병들게 되고 사탄의 밥이 되고 맙니다. 그러므로 환경을 극복하고 이길 수 있는 믿음을 가져야 합니다.

우리가 지금 세상이라는 환경의 감옥에 갇혀 있다고 한다면 사도 바울은 실제로 로마 감옥에 갇힌 절망적인 상황에 있었습니다. 그런 환경에 있었던 바울의 태도는 고난 속에 있는 성도들에게 좋은 귀감이 됩니다.

특히 빌립보서를 보면 네 장의 짧은 내용 속에 19번이나 기뻐하라, 즐거워하라는 말이 나오고 있음을 발견할 수 있습니다. 바울의 처지는 기뻐할 만한 이유라고는 전혀 보이지 않는 형편이었습니다. 그는 죄수였으며 풀려나지 않으면 교수형에 처해질 위기에 있었습니다. 그런 속에서도 바울은 기쁨이 충만했습니다. 그럴 수 있는 비결이 무엇이었을까? 그는 기쁨을 빼앗아 가는 도둑들을 잘 알고 있었고 그 도둑들을 잡거나 쫓아냈기 때문입니다. 기쁨을 빼앗아 가는 도둑은 환경(Circunstances), 사람들(People), 재물(Things) 그리고 걱정(Worry) 이렇게 네 가지가 있습니다.

바이런(Byron, 1788-1824: 영국의 낭만파 시인)은 "사람은 환경의 노리개 감이다."라고 말했습니다. 그러나 사도 바울은 환경의 노리개 감이 되지 않고 오히려 환경을 조롱하며 감옥에서 기쁨을 노래했습니다.

사람들은 사람들 때문에 기쁨을 빼앗깁니다. 남편 때문에, 아내 때문에, 부모 때문에, 자식 때문에, 형제 때문에, 동료 때문에, 시부모 때문에, 며느리 때문에, 상사 때문에, 부하 때문에 ….

사도 바울도 동족들에게 조롱을 당하기도 하고 고발을 당해 체포당했으며 제자들 중에 배반하고 돌아선 자들도 있었습니다. 그런 속에서도 그는 사람들로 인해 기쁨을 빼앗기지 않았습니다. 사도 바울은 부잣집 아들이었습니다. 먼 외국으로 유학을 갈 정도로 재산이 있었습니다. 그 많은 재물도 다 잃어 버렸습니다. 그러나 전혀 기쁨을 빼앗기지 않았습니다.

무엇보다도 기쁨을 빼앗아 가는 나쁜 도둑은 걱정입니다. 사람들은 걱정 때문에 병이 생기기도 하고, 걱정 때문에 죽음에 이르기도 합니다. 바울은 걱정을 이길 수 있는 힘이 마음에 있는 줄 알고 항상 기뻐하라고 외치고 있습니다(살전 5:16-18). 항상 기뻐하는 것은 특히 육신을 건강하게 하는데 좋은 약입니다. 하나님은 우리들이 건강하게 사는 것을 원하십니다. 그래서 기뻐할 수 있도록 웃음을 주셨습니다. 기뻐하면 웃음이 나옵니다. 그런데 묘한 것은 웃으면 기뻐집니다. 왜냐하면 억지로라도 웃으면 안면의 근육이 움직이고 뇌를 자극해 NK세포(Natural killercell, 면역세포, 경찰관 세포, 자살특공대 세포라고도 하며 암세포를 찾아내어 구멍을 내어 죽이는 일을 함)가 24~40% 증가하기 때문입니다. 그래서 15초 크게 웃으면 이틀간 수명이 연장되고, 1분간 크게 웃으면 10분간 빠르게 걷는 운동효과가 있다는 것이 과학적으로 증명되었습니다.

그러므로 세상에서 가장 행복하고 아름답게 사는 사람은 환경을 극복하고 웃으며 기뻐할 줄 아는 사람입니다. 기쁨과 웃음은 몸에서 독소를 제거하고 체질을 알칼리성이 되게 합니다. 우울증이나 불면증이나 위장병을 낫게 합니다. 교회에 와서 회개하고, 기쁨을 회복하고, 손뼉치고, 기쁘게 찬송하고, 봉사하면 병이 물러가고 몸과 영혼이 강건해집니다. 기독교는 기쁨의 종교입니다. 예수님은 성령으로 기뻐하셨고, 사도 바울은 주안에서 기뻐했고, 성경은 우리들을 향해서 항상 기뻐하라고 명령하고 있습니다. 이것은 나의 건강을 위해서 하시는 하나님의 축복이 담긴 명령이라는 사실을 믿으시기 바랍니다.

하나님을 절대적으로 신뢰해야 합니다(1-4절)

가끔 공직자들의 재산이 공개됩니다. 어느 장관은 100억을 가지고 있고 어느 장관은 빚만 10억이라고 합니다. 집을 일곱채 가지고 있는 사람이 있는가 하면 전세 사는 사람도 있습니다. 그런데 부자들의 재산을 유심히 살펴보면 그들의 재산이 여러 가지로 나뉘어 있음을 발견할 수 있습니다. 크게 보면 부동산과 유가증권과 예금으로 나눌 수가 있습니다. 부동산도 아파트, 상가, 임야, 논, 밭 등 여러 가지입니다. 유가증권도 여러 회사의 주식을 가지고 있습니다. 왜 이렇게 다양한 것을 가지고 있을까요? 욕심이 많아서 그렇겠지요. 그런데 단순히 그런 게 아닙니다. 어느 것 하나 믿을 게 없어서 그런 것입니다. 주식 경기가 나빠지면 부동산으로 만회하는 식으로 어느 한쪽이 안 좋게 될 경우를 대비해서 분산 투자해 놓는 전략입니다. 돈을 그렇게 좋아하지만 돈은 돌고 돌아서 어디로 갈지 모르기 때문에 마음이 불안해서 여러 가지로 분산투자하고 있는 것입니다. 돈이면 안되는 것이 없다고 믿는 부자들도 돈을 절대 신뢰하지 못하고 있는 것입니다. 여기에서 인간의 불안이 출발합니다. 다윗도 역시 불안한 환경에 처해 있습니다.

> 하나님이여 나를 지켜 주소서 내가 주께 피하나이다 내가 여호와께 아뢰되 주는 나의 주님이시오니 주 밖에는 나의 복이 없다 하였나이다 땅에 있는 성도들은 존귀한 자들이니 나의 모든 즐거움이 그들에게 있도다 다른 신에게 예물을 드리는 자는 괴로움이 더할 것이라 나는 그들이 드리는 피의 전제를 드리지 아니하며 내 입술로 그 이름도 부르지 아니하리로다(1-4절).

하나님이 보호해 주시지 않으면 추격해 오는 원수들에게 붙잡혀 죽을 수밖에 없는 급박함이 느껴집니다. 본문을 볼 때 다윗의 마음이 여러 갈래 분산되어 있지 않고 오직 하나님만 바라고 있다는 것을 느낄 수 있습니다. 주께 피했다가 안되면 다른 곳으로 피하겠습니다. 그런 단계적 대책이 아닙니다.

2절에 "주는 나의 주님이시오니 주 밖에는 나의 복이 없다 하였나이다." "하나님만이 나의 주인이 되시고 하나님만이 행복의 원천이 되십니다. 하나님만이 위기에 처해 있는 나를 건지시고 불안한 마음에 평안을 주실 수 있습니다."라고 고백하고 있습니다.

3절에 "땅에 있는 성도들은 존귀한 자들이니 나의 모든 즐거움이 그들에게 있도다." 성도는 하나님과 영적으로 하나 되어 살아가는 사람을 뜻합니다. "나는 하나님과 하나된 성도입니다. 나는 원수들과 맞닥뜨리고 싸우고 죽이는 그런 악한 상황 속에서 살기를 원치 않습니다. 하나님이 존귀하게 여기는 성도들과 즐거운 교제를 나누며 살고 싶습니다. 나도 하나님께 사랑받는 자녀로서 살고 싶습니다." 하는 소망을 아뢰고 있는 것입니다.

4절에 "다른 신에게 예물을 드리는 자는 괴로움이 더할 것이라 내 입술로 그 이름도 부르지 않겠습니다." 하나님이 도와 주시지 않는다면 바알에게 가서 도와 달라고 한다든지 하는 그런 상대적인 믿음이 아니었습니다. 다윗의 믿음은 오직 하나님만 바라는 절대적 믿음이었던 것입니다.

군대 생활할 때 보니까 짬뽕 신앙을 가진 분들이 있더라고요. 부대장이 불교 신자가 부임하면 같이 절에 다니면서 수계를 받고, 또 부대장이 바뀌어 천주교 신자가 오면 성당에 다니면서 영세 받고, 그리고 부대장이 개신교 신자가 오면 교회에 따라다니면서 세례 받는 사람을 보았습니다. 이런 사람에게는 참된 평안이 없습니다. 바다 물결에 밀려 요동치는 부평초와 같이 흔들리는 인생을 살 수 밖에 없습니다. 하나님께서 우리에게 고난을 주심은 우리를 넘어뜨려 망하게 하려 하심이 아닙니다(애 3:33).

그러면 왜 고난을 주십니까? 순금같이 빛나는 사람을 만드시기 위해 고난을 주신다(욥 23:10)는 사실을 믿으시기 바랍니다. 고난대학 박사과정을 마친 시인이 이렇게 고백했습니다.

> 고난 당한 것이 내게 유익이라 이로 말미암아 내가 주의 율례들을 배우게 되었나이다(시 119:71).

고난당할 때에는 기뻐할 수 없고, 괴롭지만 고난 너머에 기다리고 있는 상급을 바라본다면 기쁨을 잃지 않고 순례의 길을 걸어갈 수 있을 것입니다. 찬송가 488장 "이 몸의 소망 무언가"에 이런 가사가 있습니다.

> 세상에 믿던 모든 것 끊어질 그날 되어도
> 구주의 언약 믿사와 내 소망 더욱 크리라
> 주 나의 반석이시니 그 위에 내가 서리라
> 그 위에 내가 서리라(3절)

이것이 절대적 신뢰의 모습입니다. 모든 것이 끊어져도 예수님을 믿고 하나님의 언약을 믿는 믿음의 줄만큼은 절대로 놓지 않는 것, 이것이 절대적 믿음입니다. 여러분들이 세상에서 믿던 것들이 무엇입니까? 재물입니까? 사람입니까? 평안했던 환경입니까? 그것이 무너졌습니까? 사라졌습니까? 흔들립니까? 그럴지라도 한 가지만 붙잡으면 여러분은 안전합니다. 비행기에서 떨어져도 낙하산을 붙잡으면 안전하고, 바다에 떨어져도 구명정이 있으면 살 수 있습니다. 세상에 믿던 모든 것이 다 끊어져도 하나님을 붙잡으면 살 수 있습니다. 나를 보호하실 분은 하나님 한 분 외에는 없습니다 확실한 믿음을 고백하면 여러분들의 삶은 반석 위에 굳건히 서게 될 줄로 믿습니다. 세상에 믿던 모든 것이 끊어진다 할지라도 부활하신 예수 그리스도를 붙잡으시기 바랍니다. 하나님을 절대적으로 신뢰함으로 굳건한 반석 위에 서서 기쁨으로 노래를 부르는 물가에 심기운 나무와 같은 성도가 되십시오.

분깃에 감사해야 합니다(5-8절)

분깃(Portion)이라는 말은 '몫'이라는 뜻입니다. 법적으로는 분배받은 재산이라는 뜻으로 사용됩니다. 율법에는 분깃에 대해 정확하게 말씀하고 있습니다. 유산을 분배할 때 장남은 다른 아들들의 두배를 받게 되어 있습니다. 그리고 이스라엘 열두 지파에게 숫자에 따라 공로에 따라 땅을 골고루 나누어 주었습니다. 또 지파 내에서는 가문별로 땅을 나누어 주었습니다. 그런데 문제가 생겼습니다. 므낫세 지파중 슬로브핫이라는 사람이 딸만 다섯을 낳고 죽었습니다. 그런데 슬로브핫의 딸들이 여걸이었습니다. 모세에게 나와 우리에게 기업을 달라고 요구하였습니다. 그래서 모세가 하나님께 아뢰었더니 하나님께서 이렇게 말씀하셨습니다.

> 너는 이스라엘 자손에게 말하여 이르기를 사람이 죽고 아들이 없으면 그의 기업을 그의 딸에게 돌릴 것이요(민 27:8).

우리나라에서는 지금도 문제가 되는 딸 상속에 관한 문제가 성경에서는 3,500년 전에 이미 해결을 보았던 것입니다. 여러분들은 부모님으로

부터 무엇을 상속 받으셨습니까? 땅입니까? 산입니까? 논입니까? 밭입니까? 아니면 집입니까? 현금입니까? 아무것도 받지 못했다구요? 섭섭합니까? 오히려 감사하시기 바랍니다.

> 여호와는 나의 산업과 나의 잔의 소득이시니 나의 분깃을 지키시나이다 내게 줄로 재어 준 구역은 아름다운 곳에 있음이여 나의 기업이 실로 아름답도다 나를 훈계하신 여호와를 송축할지라 밤마다 내 양심이 나를 교훈하도다 내가 여호와를 항상 내 앞에 모심이여 그가 나의 오른쪽에 계시므로 내가 흔들리지 아니하리로다(5-8절).

이 시인도 부모님으로부터 물려받은 재산이 하나도 없었습니다. 그러나 낙심하거나 절망하지 않았습니다. 그 이유는 하나님을 자신의 산업이요, 소득이요, 분깃으로 삼았기 때문입니다. 그 산업이 가장 아름다운 것이라고 6절에서 고백합니다. "나의 기업이 실로 아름답도다."

여러분이 받으신 믿음의 기업이 아름답고 귀하다고 고백해 보셨습니까? 내가 믿는 예수가 아름답고 보배롭다고 느끼십니까? 내가 받은 은혜가 보석보다 귀한 것을 느끼십니까? 이것이 신앙인만이 누릴 수 있는 특권입니다. 시인은 분깃이 되시는 하나님을 항상 모시고 살기로 다짐했습니다. 그러기에 세상이 요동을 쳐도 흔들리지 않는 믿음을 갖게 된 것입니다. 분깃에 감사하지 못하는 사람의 마음의 특징은 불평이 많고, 마음이 흔들리고, 세상 풍조에 휩쓸리는 것입니다.

어느 로또복권 판매점에서 1등에 당첨된 사람이 나오면 그 복권을 팔았던 집은 전국에서 복권을 사러오는 사람으로 붐비게 됩니다. 이것이 세상 풍조에 휩쓸리는 사람들의 모습입니다. 뉴욕 로스쿨에서 파산 문제를 가르치고 있는 카렌 그로스 교수는 "갑작스럽게 생긴 부를 효율적으로 사용하지 않고 낭비벽에 빠져들면 천문학적인 당첨금도 금세 사라질 수밖에 없다."며 "시기 차이가 있지만 대체로 복권 당첨자의 1/3정도가 파산하는 것으로 조사됐다."고 말하고 있습니다.

그런가 하면 분깃에 감사하며 작지만 아름다운 삶을 사는 분들이 계십니다. 10여 년 전 이원삼 할아버지가 제 38회 충남 기능 경기대회 시계 수리 분야에서 93세 나이로 우승을 하셨습니다. 18세에 함경남도 단천에서 독학으로 시계 수리를 익힌 이래 75년간 자신의 천직으로 생각하고 감사하며 외길로 걸어와 드디어 영광의 우승을 하게 된 것입니다.

받은 분깃이 아무리 많아도 감사하지 않고 불평하는 사람은 거지입니다. 그러나 받은 분깃이 작을지라도 감사하고 그것을 지키고 활용하면 큰 부자가 되고 성공할 수 있습니다. 링컨은 부모로부터 물려받은 분깃은 낡은 성경책 한 권 밖에 없었습니다. 그러나 그는 성경 속에서 하나님을 분깃으로 발견했습니다. 하나님의 말씀을 읽고 또 읽었습니다. 그의 심령을 예수의 정신으로 가득 채웠습니다. 처음에는 미약하였으나 나중은 심히 창대해졌습니다. 온누리에 예수 사랑의 향기를 풍겼습니다. 온 세상에 화해와 평화의 정신을 남겼습니다. 인류의 등불이 되었습니다. 작은 분깃에 감사했더니 창대하게 하시는 하나님의 은혜가 넘치게 된 것입니다.

> 그러므로 레위는 그의 형제 중에 분깃이 없으며 기업이 없고 네 하나님 여호와께서 그에게 말씀하심 같이 여호와가 그의 기업이시니라(신 10:9).

하나님께서 레위 지파에게는 아예 땅의 분깃을 주지 않았습니다. 하나님이 레위 지파의 기업이 되어 주셨기 때문입니다. 우리는 영적으로 택함받은 레위 지파입니다. 그러므로 이 땅에는 분깃이 없습니다. 보이는 물질적 기업은 모두 천국으로 가져갈 수 없는 것입니다. 그러나 분깃에 감사하며 기쁨으로 하나님의 일을 행하면 하나님께서 친히 필요를 채우시고, 먹이시고, 입혀 주실 줄 믿습니다. 하나님께서 성도들의 삶을 책임져 주심을 믿으시기 바랍니다.

부활 신앙을 소유해야 합니다(9-11절)

가장 용감한 사람, 세상이 감당할 수 없는 사람이 누군가 하면 죽음을 두려워하지 않는 사람입니다. 이라크전에서 미군들이 가공할 무기를 가지고도 두려워한 것은 자살 폭탄 테러입니다. 자신의 몸에 폭탄을 두르고 뛰어들기도 하고, 차속에 폭탄을 싣고 돌진하면서 너도 죽고 나도 죽자 하는데 겁을 먹지 않을 사람이 어디 있겠습니까?

남편에게 맞고 사는 아내들이 처음에 잘해야 합니다. 처음 때릴 때 너 죽고 나죽자 소리를 지르고, 유리를 깨고, 눈을 뒤집고 까무러치면 다시는 겁을 먹고 때리지 못합니다. 그런데 한 번 맞고 두려워 자꾸 숨고 피하면 습관적으로 폭력을 행사하게 되는 것입니다. 죽기를 각오하면 이길 수 있습니다. 히브리서 11장 38절에 "이런 사람은 세상이 감당하지 못하느니라." 그런 말씀이 나옵니다. 세상이 감당치 못할 사람이 누구입니까?

그들은 믿음으로 나라들을 이기기도 하며 의를 행하기도 하며 약속을 받기도 하며 사자들의 입을 막기도 하며 불의 세력을 멸하기도 하며 칼

날을 피하기도 하며 연약한 가운데서 강하게 되기도 하며 전쟁에 용감
하게 되어 이방 사람들의 진을 물리치기도 하며 여자들은 자기의 죽은
자들을 부활로 받아들이기도 하며 또 어떤 이들은 더 좋은 부활을 얻고
자 하여 심한 고문을 받되 구차히 풀려나기를 원하지 아니하였으며 또
어떤 이들은 조롱과 채찍질뿐 아니라 결박과 옥에 갇히는 시련도 받았
으며 돌로 치는 것과 톱으로 켜는 것과 시험과 칼로 죽임을 당하고 양
과 염소의 가죽을 입고 유리하여 궁핍과 환난과 학대를 받았으니 (이런
사람은 세상이 감당하지 못하느니라) 그들이 광야와 산과 동굴과 토굴
에 유리하였느니라(히 11:33-38).

부활 신앙을 소유했기에 죽음을 두려워하지 않고 복음 전하며 살았던
믿음의 조상들의 모습을 전하고 있습니다. 부활 신앙을 소유하면 세상 환
경이 아무리 열악해도 우리 안에 있는 기쁨을 빼앗아 갈 수 없습니다. 인
류의 소망과 행복은 십자가의 주님과 부활의 주님을 만나는 데 있습니다.
부활의 주님을 만날 때 우리의 운명과 기질과 삶이 바뀝니다. 멸망을 향
해가던 운명이 변하여 천국을 향해 갑니다. 우울하고, 소극적이고, 부정
적이던 기질이 변하여 밝고, 적극적이고, 긍정적인 성품으로 변합니다.
   자신만을 위해 살았던 삶이 형제와 이웃과 하나님을 위해서 사는 삶으
로 변합니다. 오늘 시인이 바로 그런 자신의 변화를 고백하고 있습니다.

이러므로 나의 마음이 기쁘고 나의 영도 즐거워하며 내 육체도 안전히
살리니 이는 주께서 내 영혼을 스올에 버리지 아니하시며 주의 거룩한
자를 멸망시키지 않으실 것임이니이다 주께서 생명의 길을 내게 보이

시리니 주의 앞에는 충만한 기쁨이 있고 주의 오른쪽에는 영원한 즐거움이 있나이다(9-11절).

다윗은 원수들의 추격을 받아 불안에 떨고 어디에도 몸을 의지하고 장래의 희망이 전혀 없는 환경 속에서 부활 신앙을 소유하게 되었더니 마음이 기쁘고 즐거움을 얻게 되었다고 고백하고 있습니다. 세상 사람은 누구나 기쁨과 평안을 구합니다. 하나님의 사람도 마찬가지입니다. 그러나 오직 하나님만이 우리를 기쁘게 할 수 있는 기쁨의 근원이 됨을 아는 사람은 그리 많지 않습니다. 예수님이 왜 기쁨의 근원이 되십니까? 하나님께서 예수님을 죽음에서 살리셔서 잠자는 자들의 첫 열매가 되게 하셨기 때문입니다. 누구든지 예수의 부활을 믿으면 부활에 참예하게 됩니다.

예수께서 이르시되 나는 부활이요 생명이니 나를 믿는 자는 죽어도 살겠고 무릇 살아서 나를 믿는 자는 영원히 죽지 아니하리니 이것을 네가 믿느냐(요 11:25-26).

이 말씀을 "주여 내가 믿습니다!" 고백하고 부활의 신앙을 소유하게 되면 근심과 걱정이 사라지게 됩니다. 영원히 살게 되었는데 뭐가 걱정이 되겠습니까? 핵 전쟁의 위험이 가증되어도, 증시가 폭락해도, 불황이 계속된다 해도 영원한 생명을 약속받았는데 그것이 뭐 그리 큰 일이 되겠습니까? 주께서 생명의 길을 보여 주십니다. 주께는 기쁨이 충만하고 영원한 즐거움이 있습니다. 그 기쁨을 내 것으로 삼으시기 바랍니다.

진정한 기쁨은 환경에서 오는 것이 아닙니다. 소유에서 오는 것도 아닙니다. 관계에서 오는 것입니다. 바울은 가정도, 재물도, 건강도 소유하지 못했습니다. 평생 환난과 핍박을 당하며 가난과 형제하며, 불행을 벗하며 살았습니다. 그럼에도 불구하고 그는 기쁨을 누리고 전했습니다. 그것은 예수님을 만났기 때문에 가능했습니다. 부활하신 예수님을 만났고 항상 예수 안에서 살았기 때문입니다. 요한복음 4장에 등장하는 수가성의 사마리아 여인도 기쁨을 잃은 여인이었습니다. 그가 예수님을 만났을 때 기쁨이 충만해졌습니다. 너무 기뻐 동네로 뛰어가서 기쁨의 소식을 전했던 것입니다.

어린아이는 하루 300번 가량을 웃습니다. 어른이 되면 하루 15번 정도 웃습니다. 죽을 때가 되면 하루 한 번도 웃지 않습니다. 한 번 웃을 때 231개의 근육이 움직입니다. 혈액순환이 잘되고, 호흡 기능이 원활해지고, 면역체계가 강화됩니다. 이렇게 말해도 어떤 사람은 웃을 일이 있어야 웃지요 그렇게 말합니다. 세상에 웃을 일이 적은 것이 사실입니다. 기쁨은 밖에서 주어지는 것이 아님을 알아야 합니다. 부활하신 예수님을 만날 때 속에서 솟아나는 것이 기쁨입니다.

예수님께서 부활하셔서 생명의 길을 보여 주셨습니다. 그러므로 부활 신앙을 가지고 주님의 앞에서 살아가노라면 기쁨을 충만하게 누릴 수 있습니다. "항상 기뻐하라!" 이것은 하나님께서 우리에게 주시는 축복의 말씀입니다. 하나님을 절대 신뢰합시다. 분깃에 감사합시다. 부활 신앙을 소유합시다. 마음 속 깊은 곳으로부터 기쁨이 샘솟게 될 것입니다. 미래의 불안, 경제의 불안, 전쟁의 불안으로 떠는 사람들에게 기쁨을 전염시키는 부활의 증인이 되시기 바랍니다.

절대 믿음

시편 37편 1-6절

사람이 살면서 해야 될 말과 해서는 안될 말이 있습니다. 그런데 해야 될 말은 하지 않고 하지 않아도 될 말을 많이 하게 된다는 데 문제가 있습니다. 그래서 야고보 선생님은 "우리가 다 실수가 많으니 만일 말에 실수가 없는 자라면 곧 온전한 사람이라 능히 온 몸도 굴레 씌우리라(약 3:2)." 말씀하셨습니다. 지혜의 왕 솔로몬은 "말이 많으면 허물을 면하기 어려우나 그 입술을 제어하는 자는 지혜가 있느니라(잠 10:19)."고 가능하면 말을 적게 할 것을 권하고 있습니다. 그런데 어떤 사람은 말을 적게 하기는 하는데, 한마디 한다는 것이 남의 마음에 대못을 꽝꽝 박는 사람이 있습니다. 그러니 많이 하고 적게 하는 것이 문제가 아니라 말을 부드럽게 하고 덕을 세우는 선한 말을 하는 것이 더 중요한 것입니다.

언어의 습관 중 잘못된 것들을 고쳐야 하는데 특히 말을 모질게 하는 것을 조심해야 합니다. 친구들끼리 말하면서 "내가 그놈을 말로 한방 먹였지." 그러면 "잘했어. 그런 놈은 본때를 보여 줘야 해!" 그렇게 맞장구를 칩니다. 말로 남을 한방 먹이는 것 조심해야 합니다. 주먹으로 한 대 때리는 것은 몸에 멍이 들지만, 말로 한방 때리는 것은 마음에 멍이 들기 때문입니다. 몸에 든 멍은 파스 바르면 해결되지만 마음의 병은 죽을 때까지 해결할 수 없는 경우가 있습니다. 그래서 말을 모질게 하는 것을 조심해야 합니다.

모진 말의 예를 들어보겠습니다. "절대로 그렇지 않다. 그러면 내 손에 장을 지져라", "절대로 그렇지 않다. 그러면 내가 성을 간다.", "절대로 그렇지 않다. 그러면 내가 네 자식이다." 또 욕을 해도 모진 욕을 합니다. "싸가지 없는 놈", "육시랄 놈", "망할 놈", "빌어먹을 놈." 등등.

아니 왜 남의 싹을 다 잘라 놓습니까? 또 육시랄 놈이라는 뜻은 알고 하는지 모르겠어요. 몸을 팔 두개, 다리 두 개, 머리와 몸뚱이 여섯 조각으로 찢어서 죽이겠다는 뜻이니 얼마나 흉한 욕입니까? 옛날 반역 죄인을 사형시키던 사형 방법 중 하나가 바로 육시하는 것입니다. 그런 모진 말은 아예 입에도 담지 말아야 합니다. 예수님께서도 말을 모질게 하지 말라고 하셨습니다.

> 또 옛 사람에게 말한 바 헛 맹세를 하지 말고 네 맹세한 것을 주께 지키라 하였다는 것을 너희가 들었으나 나는 너희에게 이르노니 도무지 맹세하지 말지니 하늘로도 하지 말라 이는 하나님의 보좌임이요 땅으로도 하지 말라 이는 하나님의 발등상임이요 예루살렘으로도 하지 말라 이는 큰 임금의 성임이요 네 머리로도 하지 말라 이는 네가 한 터럭도 희고 검게 할 수 없음이라 오직 너희 말은 옳다 옳다, 아니라 아니라 하라 이에서 지나는 것은 악으로부터 나느니라(마 5:33-37).

왜 예수님께서 도무지 맹세하지 말라고 하셨을까요? 그것은 인간은 절대적인 존재가 아니기 때문에 언제 마음이 변하고 후회할지 모르는 연약성을 알고 하신 말씀입니다. 하늘에 맹세하고, 머리에 맹세한다는 것은 목숨 걸고 맹세한다는 뜻인데 그렇게 맹세해 놓고 지키지 못하면 무책임한 사람이 되고 경솔한 사람이 될 수 밖에 없기 때문입니다. 그렇기에 유한하고 상대적인 인간이 절대적인 맹세를 하는 것을 금하신 것입니다.

인간은 상대적인 존재입니다. 그렇기 때문에 절대적인 하나님을 믿는 것이 우리의 신앙입니다. 상대적인 존재를 신앙하는 것은 참된 신앙이 될 수 없습니다. 물질과 같은 것, 인간과 같은 존재, 이런 존재를 신앙하는 것은 인간의 죽음과 함께 흔들리고 맙니다. 물질의 변동과 함께 사라지고 맙니다.

상대적 존재인 사람을 섬기고, 따르는 것은 언젠가는 반드시 무너집니다. 그러나 절대자이신 하나님을 섬기는 것은 사람이 무너뜨린다고 무너지는 것이 아닙니다. 그러므로 우리의 믿음은 절대자이신 하나님을 섬기는 믿음이기에 절대 믿음이 되어야 합니다. 참된 기독교 신앙은 물질도 섬기고, 하나님도 섬기는 것을 허용하지 않습니다. 사람도 섬기고, 하나님도 섬기는 것을 허락하지 않습니다. 그래서 예수님께서 "내 이름을 위하여 집이나 형제나 자매나 부모나 자식이나 전토를 버린 자마다 여러 배를 받고 또 영생을 상속하리라(마 19:29)."고 말씀하신 것입니다. 믿음은 절대적일 때 믿음이지 비교급이 된다든지 상대적이 되어 두 번째, 세 번째 위치에 서게 되면 믿음이 될 수가 없습니다.

여러분 가만히 생각해 보십시오. 애인보다 못한 하나님, 돈보다 못한 하나님, 쾌락보다 못한 하나님, 명예보다 못한 하나님이라면 그런 하나님을 섬기는 사람에게 하나님이 해줄 것이 무엇이 있겠습니까? 하나님이 모든 것에 앞서고, 우선하고, 절대적일 때 비로소 삶을 변화시키고 새롭게 하고 구원하실 수 있는 것입니다.

믿음 생활이 우선순위에서 두 번째 자리에 밀리게 되면 그것은 신앙생활이 아니고 여가 생활이고 레크리에이션(Recreation)이 되고 마는 것입니다. 여러분은 지금 믿음 생활하고 있습니까? 아니면 여가 생활을 즐기고 있습니까?

본문을 상고할 때 절대 믿음 갖게 되시기 바랍니다. 절대 믿음 갖고 기쁘고 즐겁게 신앙생활하고, 능력을 행하는 성도가 되시기를 바랍니다.

절대 믿음 가지면 상대적 빈곤에서 해방됩니다(1-2절)

두 가지 종류의 빈곤이 있습니다. 상대적 빈곤과 절대적 빈곤입니다. 절대적 빈곤이란 일을 할래야 일할 자리가 없고, 먹을래야 먹을 양식이 없는 형편을 말합니다. 북한이 겪는 식량난이나 아프가니스탄이 겪는 가난과 같은 상황이 절대적 빈곤이라 할 수 있습니다. 우리나라가 1960년 때까지 늘 겪어야 했던 보릿고개라는 것이 있습니다. 요즈음 아이들에게 보릿고개가 무엇이냐 묻는다면 보리를 심어 놓아 파랗게 보리가 자라는 아름다운 고개 마루라고 답할지도 모릅니다. 보릿고개는 그런 고개 마루가 아니라 봄이 돌아올 때쯤 되면 전국에 쌀 재고량이 바닥나서 쌀밥을 먹을 수가 없고 서민들이 보리죽으로 연명하면서 허덕허덕 지내던 봄철을 '보릿고개' 혹은 '춘궁기'라고 합니다. 그때는 산업이 발달하지 못했기 때문에 일 할래야 일자리가 없어 노동력이 있는 남자들의 절반은 실업자로 지냈습니다. 그래서 옆집 훈이네로 쌀 한 됫박 꾸러 가고, 뒷집 세 명이 네 집으로 연탄 한 장 꾸러 가고, 서로서로 꾸어 주고 빌리고 정으로 살아갔던 시절이 있었습니다. 이런 형편을 절대적 빈곤이라 말하는 것입니다.

그러면 상대적 빈곤이란 무엇일까요? 우리 경제는 그동안 고도성장을 이루어 먹고사는 것이 과거와 비교할 수 없을 만큼 풍요로와졌습니다. 1963년 1백 달러에 불과했던 GNP가 1977년에 1천 달러를 돌파하고, 1995년에는 1만 달러 시대를 맞았습니다. 비록 지금은 주춤하지만 한국 경제는 한강의 기적이라 불리며 초고속성장을 했습니다.

그렇다면 1960년대 이전 어려웠던 그 시절과 비교해서 그만큼 감사하고, 만족하고, 살고 있는가 하면 그렇지 못한 것이 사실입니다. 더 잘살게 되었지만, 욕구불만은 더 커지게 되었습니다. 아파트 13평을 샀던 날 잠을 못 이루고 그렇게 좋아했는데 회사 동료 김 과장이 25평 아파트를 샀다는 소리를 듣는 순간 갑자기 자신이 초라해 보이고 가난하게 느껴지는 것, 이것을 상대적 빈곤이라고 하는 것입니다. 먹고 입고 사는 의식주 문제의 가난이 아니라 아무 문제가 없던 내 차가 옆집 차와 비교하니 똥차 같고, 내 옷이 초라해 보이고, 갑자기 마음까지도 가난해지는 심리적 공황을 일컬어 상대적 빈곤이라 말하는 것입니다. 따라서 상대적 빈곤은 비교의식에서 비롯된다는 것을 알아야 합니다.

악을 행하는 자들 때문에 불평하지 말며 불의를 행하는 자들을 시기하지 말지어다 그들은 풀과 같이 속히 베임을 당할 것이며 푸른 채소 같이 쇠잔할 것임이로다(1-2절).

본문에서 "악을 행하는 자들 때문에"라고 말합니다. 누구 때문에, 환경 때문에 남의 탓하면서 마음에 불평, 불만, 상대적 빈곤에 빠지지 말라는 것입니다. 공연히 악을 행하는 사람 때문에 불평하지 마십시오. 그것이 모두 투기하는 마음 때문입니다. 여름에 무성했다가 늦가을에 서리가 내리면 푸른 채소가 서리 맞은 꼴 못 보셨습니까? 겨울이 되면 찾아도 찾아볼 수 없게 되는 것이 풀의 속성임과 같이 악인은 그런 것인데 왜 하필이면 악인과 자신을 비교합니까? 그러면 악인이 멸망할 때 함께 망하고 싶으십니까? 악인과 비교하지 마시기 바랍니다.

> 여호와 앞에 잠잠하고 참고 기다리라 자기 길이 형통하며 악한 꾀를 이루는 자 때문에 불평하지 말지어다 분을 그치고 노를 버리며 불평하지 말라 오히려 악을 만들 뿐이라 진실로 악을 행하는 자들은 끊어질 것이나 여호와를 소망하는 자들은 땅을 차지하리로다 잠시 후에는 악인이 없어지리니 네가 그 곳을 자세히 살필지라도 없으리로다(7-10절).

> 악인들은 멸망하고 여호와의 원수들은 어린 양의 기름 같이 타서 연기가 되어 없어지리로다 내가 악인의 큰 세력을 본즉 그 본래의 땅에 서 있는 나무 잎이 무성함과 같으나 내가 지나갈 때에 그는 없어졌나니 내가 찾아도 발견하지 못하였도다(20, 35-36절).

이것이 악인의 결국입니다. 그래서 신앙인은 세상을 보거나 사람을 보면 안 됩니다. 변치 않는 하나님, 영원하신 하나님을 바라보는 절대적 신앙을 가져야 하는 것입니다.

어느 찬양 가사처럼 세상은 가시밭입니다. 성도들은 가시밭 속에 핀

백합화입니다. 백합이 가시와 싸워 이기는 방법은 가시를 만들어 달고 싸우는 것이 아니라 백합화의 향기를 풍기는 방법 밖에 없다는 사실을 기억하시기 바랍니다. 세상과 비교하지 말고, 악인과 비교하지 말고, 하나님만 바라보는 절대적인 믿음을 가지시기 바랍니다.

절대 믿음 가지면 하나님만 의지합니다(3, 5-6절)

요즈음 세상에 유행하는 것 중 하나가 점 보는 것입니다. 매스컴에서 부추기는 측면이 없지 않습니다. 각 신문마다 오늘의 운세라고 하는 것이 실립니다. 그뿐 아니라 점치는 사람들이 집단으로 합동광고를 많이 냅니다. 텔레비전에도 학사 점쟁이들을 출연시키는 프로가 자주 등장하는데 월 소득이 얼마 되느냐고 묻자 프로야구 선수 정도는 번다고 대답하는 것을 들었습니다. 이렇게 점보는 것이 일상화되고 보니 사리판단을 할 줄 모르는 어린아이에게까지 파고들어 초등학교 앞 문방구에서 점보는 카드를 팔고 아이들이 많이 사서 가지고 논다는 것입니다. 그런데 더욱 놀라운 것은 교회에 다니는 사람들 중에도 30%는 점을 보았다는 통계가 있습니다. 어떻게 이런 일이 있을 수 있을까?

"너희는 무엇이든지 피째 먹지 말며 점을 치지 말며 술법을 행하지 말며(레 19:26)", "너희는 신접한 자와 박수를 믿지 말며 그들을 추종하여 스스로 더럽히지 말라 나는 너희 하나님 여호와이니라(레 19:31)."라고 말씀하고 있는데도 점 보는 교인들이 있다는 것은 하나님도 믿고, 점도 인정하므로 양다리를 걸치기 때문입니다. 하나님만 의지했다가 소원이 이루어지지 않고 하나도 되는 것이 없으면 손해라고 생각하고 교회도 다니고, 점도 보고 양다리를 걸치는 것이라고 생각합니다. 이런 사람들을 향하여 다윗은 말합니다. "오직 하나님만 의지합시다. 양다리 걸치지 말고 하나님만 의지합시다."

여러 개 보험 드는 것이 보험 한 개 드는 것보다 안전한 것은 사실입니다. 그러나 신앙의 길에서 하나님도 섬기고 세상도 의지하는 것은 참으로 위험한 일입니다. 세상과 교회에 양다리를 걸치고 살아가는 것은 불가능합니다. 왜냐하면 세상과 교회의 속도와 진행 방향이 다르기 때문에 가랭이가 찢어지든지, 넘어지든지 하기 때문입니다. 이에 대해 사도 바울은 다음과 같이 말하고 있습니다.

> 육신을 따르는 자는 육신의 일을, 영을 따르는 자는 영의 일을 생각하나니 육신의 생각은 사망이요 영의 생각은 생명과 평안이니라(롬 8:5-6).

사람에게는 보이는 것을 붙잡고 의지하려고 하는 심성이 강하게 있습니다. 그래서 하나님께서 십계명에서 제2계명으로 새긴 우상을 만들지 말고, 어떤 형상도 만들지 말라고 우리에게 명령하셨습니다(출 20:4-6). 엄하게 명하셨음에도 사람들은 깎고, 다듬고, 만들어 세우고, 그곳에 복을 빕니다. 천주교는 아예 제2계명을 없애 버리면서까지 마리아상을 세우고, 성인상을 만들어 세우고, 그것에 절하고 복을 빌고 있습니다.

이스라엘 백성들이 출애굽한 후 광야에서 돌고 돌다 목마르고 피곤하여 "이곳에는 식물도 없고 물도 없도다. 이제 주려 죽게 되는구나." 하고 하나님을 원망했습니다. 그때 하나님께서 광야에 있는 불뱀을 놓아 백성들을 물게 하셨습니다. 사람들이 펄펄 뛰다가 죽어가니까 모세가 "하나님 용서해 주시고 뱀들이 우리에게서 떠나가게 해 주십시오." 기도했습니다. 하나님께서 그 기도를 가상히 여기시고 모세에게 "불뱀을 만들어 장대 위에 매달아라. 물린 자마다 그것을 보면 살게 될 것이다." 모세가 놋뱀을 만들어 장대 위에 다니 뱀에게 물린 자마다 놋뱀을 쳐다본즉 살아났습니다(민 21:4-9).

이 사건은 주전 1410년 경에 있었던 일입니다. 그로부터 놋뱀의 이야기는 성경에서 잊혀졌습니다. 그러다가 열왕기하 18장에 히스기야 임금 때에 히스기야가 종교개혁을 단행한 주전 701년 경 역사가 기록되어 있습니다.

> 히스기야가 그의 조상 다윗의 모든 행위와 같이 여호와께서 보시기에 정직하게 행하여 그가 여러 산당들을 제거하며 주상을 깨뜨리며 아세라 목상을 찍으며 모세가 만들었던 놋뱀을 이스라엘 자손이 이때까지 향하여 분향하므로 그것을 부수고 느후스단이라 일컬었더라 히스기야가 이스라엘 하나님 여호와를 의지하였는데 그의 전후 유다 여러 왕 중에 그러한 자가 없었으니(왕하 18:3-5)

민수기 21장에서 사라진 놋뱀이 700년 역사의 공간을 넘어 열왕기하 18장에서 나타난 것입니다. 이스라엘 자손들이 그때까지 놋뱀을 잘 보관했는데 안타깝게 놋뱀이 우상단지가 되어 그 앞에 향을 피우고 절했음을 알 수가 있습니다. 이때 히스기야가 과감하게 이것은 아무것도 아니다 왜 여기에다 대고 절을 하느냐 깨뜨려 버리고 '느후스단' 곧 '놋조각'이라고 선언해 버린 것입니다.

여러분에게 있어서 깨뜨려 버릴 놋뱀은 무엇이 있습니까? 과감하게 깨뜨려 버리시기 바랍니다. 물질이 하나님을 대신하고 있지 않습니까? 사람이 하나님을 대신하고 있지는 않습니까? 놋뱀도 섬기고 하나님도 섬기는 것은 신앙이 아닙니다. 히스기야와 같이 과감히 깨뜨려 버리시기 바랍니다.

> 어떤 사람은 병거, 어떤 사람은 말을 의지하나 우리는 여호와 우리 하나님의 이름을 자랑하리로다(시 20:7).

전쟁의 승패는 군사의 숫자와 무기의 많고 적음에 있지 않습니다. 하나님께서 함께 하느냐의 여부에 달려 있습니다. 인생의 성공과 실패도 마찬가지입니다. 사람을 의지하고, 과학을 의지하고, 물질을 의지하고, 힘을 의지하지 마십시오. 오직 하나님만 의지하시기 바랍니다.

하나님만 의지하는 절대 믿음 가지시면 하나님이 만사를 형통하게 하십니다. 하나님이 이루어 주시는 것은 어두움의 그늘이 전혀 없습니다. 정오의 빛같이 완전한 역사를 이루어 주십니다. 하나님만 의지하는 절대 믿음으로 완전한 하나님의 도우심을 받고 하나님의 선하심과 같이 선을 행하고, 하나님의 성실하심과 같이 성실로 음식을 삼고 살아가야 합니다.

절대 믿음을 가지면 하나님을 기뻐합니다(4절)

"하나님을 기뻐한다."는 이 말씀의 의미를 곱씹어 보아야 합니다. 이 말은 "하나님을 기쁘시게 한다."는 것과 다른 뜻입니다. 이 말의 의미는 하나님께서 주시는 은혜, 하나님께서 주시는 능력, 하나님께서 주시는 축복 때문에 하나님을 기뻐하는 것이 아니고 "하나님 자신을 좋아한다."는 뜻입니다.

지혜로운 아내와 미련한 아내가 있습니다. 지혜로운 아내는 남편이 퇴근해서 들어오기까지 저녁밥상을 다 봐 놓고 남편을 기다리다 남편이 늦게 들어와도 같이 저녁식사를 합니다. "늦었는데 먼저 먹지 그랬어." 그러면 "당신하고 같이 먹어야 맛있지 혼자 먹으면 무슨 맛이에요!" 그러면 남편 마음이 얼마나 흐뭇합니까?

미련한 아내는 남편이 퇴근해서 들어오면 "밥 먹었어요?" "안 먹었는데." 그러면 "늦게 오면 밖에서 먹고 오지. 사람 귀찮게. 거 밥통에 밥 있고 냉장고에 반찬 있으니 차려 먹어요." 그럽니다. 그런 아내도 한 달에 딱 하루는 밥상을 잘 차리고 기다립니다. 언제일까요? 월급날입니다. 그러고는 월급봉투 내놓으라고 합니다. 봉투 받아 가고 나면 한달 동안 땡입니다. 이 미련한 아내는 남편보다 무엇을 더 좋아합니까? 월급봉투! 지금이야 통장으로 다 들어오고 다 잊힌 이야기지요. 그러나 남편이 귀합니까? 남편이 벌어다 주는 돈이 귀합니까? 남편이 천 배, 만 배 귀하지요.

마찬가지입니다. 하나님 자신이 우리의 기쁨으로 느껴져야 참된 신앙이라 그런 말입니다.

여러분! 예수님을 생각만 해도 마음에 기쁨이 넘칩니까? 사랑이 샘솟습니까? 그렇다면 예수님의 얼굴을 뵙는다면 그 기쁨이 어떠하겠습니까? 절대 사랑, 절대 믿음은 댓가를 바라는 것이 아닙니다. 무엇을 받아서, 얻을 수 있어서 좋아한다면 그것은 장사지 사랑이라 할 수 없습니다.

주후 64년, 네로 황제가 기독교를 핍박하기 시작하면서 그 뒤에 열 명의 황제가 계속 기독교를 박해했습니다. 이로 인해 기독교는 지구상에서 자취를 감추어야 정상인데 더욱 요원의 불길처럼 번져 나갔습니다. 예수님의 제자 중 마지막 사도인 요한이 주후 100년 경에 죽고 그 뒤를 이어 교회를 지킨 사람들을 속사도라고 합니다. 속사도 중에 사도요한의 제자로서 서머나 교회를 담임하고 있던 폴리갑(Policarp, 70~156년. 사도 요한의 제자, 서머나 교회 감독, 안토니누스 피우스 황제 때 순교함)이라는 목사님이 있었습니다.

주후 156년, 폴리갑이 서머나 교회의 감독으로 있을 때 대대적인 박해의 바람이 불었습니다. 서머나 총독도 폴리갑을 존경했기 때문에 총독은 폴리갑을 죽이기보다는 회유하리라 생각하고는 권고했습니다. "예수 그리스도를 한 번만 부인하고 로마 황제를 주님이라고 한 번만 시인해라. 그러면 살려 주겠다." 그러자 폴리갑이 말했습니다. "우리 주님은 86년간 단 한 번도 나를 모른다 하지 않으셨는데 내가 어떻게 주님을 모른다고 부인할 수 있겠소, 만일 당신이 나에게 한 시간 동안만 복음을 들을 수 있는 기회를 준다면 다시는 내게 이런 말을 하지 않을 것이요." 이 말에 분기가 탱천한 총독이 "저 늙은이를 맹수의 밥으로는 안 되겠다 뜨거운 맛을 보여 주어라." 화형에 처하도록 명령했습니다. 그때 폴리갑이 "당신은 나를 뜨거운 불에 던지지만 당신이야말로 영원한 지옥의 뜨거운 불못에 던져지게 될 것이요."라고 말했습니다. 이 말을 하는 폴리갑의 얼굴은 천사의 얼굴과 같이 환했고 그 말을 듣는 총독의 얼굴에는 지옥의 그림자가 스쳐갔습니다.

절대 믿음은 하나님 자신을 사랑하고, 하나님 자신을 기뻐하는 신앙입니다. 하나님이 주시는 열매인 물질의 복, 지혜의 복, 건강의 복, 형통의 복이 좋은 것이지만 그것보다 그것을 주시는 하나님 자신을 기뻐하는 신앙이 성숙한 신앙입니다. 폴리갑과 같이 죽임을 당하면서도, 손해를 감수하면서도, 핍박 속에서도 "하나님 사랑합니다. 예수님 사랑합니다. 주님의 몸된 교회를 사랑합니다." 하는 고백을 드릴 수 있는 믿음이 절대 믿음입니다.

> 비록 무화과나무가 무성하지 못하며 포도나무에 열매가 없으며 감람나무에 소출이 없으며 밭에 먹을 것이 없으며 우리에 양이 없으며 외양간에 소가 없을지라도 나는 여호와로 말미암아 즐거워하며 나의 구원의 하나님으로 말미암아 기뻐하리로다(합 3:17-18).

하박국 선지자처럼 모든 것을 잃고, 고난을 당할지라도 "나는 하나님을 기뻐합니다. 하나님은 나의 즐거움이 되십니다." 이런 신앙의 고백을 하게 되시기 바랍니다.

예수님께서 인자가 올 때에 세상에서 믿음을 보겠느냐(눅 18:8) 말씀하신 것은 바로 이런 절대 믿음을 보기가 힘들 것을 말씀하신 것입니다. 사람은 상대적이고 가변적이고 연약한 존재입니다. 그러므로 절대자이신 하나님을 믿는 것입니다. 상대적 존재인 인간이 상대적인 물질과 상대적인 인간을 의지할 때 멸망의 길을 가는 것입니다. 절대 믿음을 갖게 되시기 바랍니다. 상대적 빈곤에서 해방 받고, 하나님만 의지하고, 하나님을 기쁨 삼으셔서, 주 안에서 영원한 기쁨을 누리시기 바랍니다.

주와 동행하는 자

시편 84편 1-12절

　　하나님과 동행하지 않고 홀로 걸어가는 사람에게는 사탄이라는 놈이 슬며시 옆에 들어와 근심과 걱정, 우울한 마음을 조성합니다. 그렇게 되면 아름답고 화사하게 피는 봄꽃을 보고도 슬픈 마음이 듭니다. 돌담에 속삭이는 햇볕을 보면서도 고독을 느낍니다. 햇살을 받아 반짝이는 강물의 금물결, 은물결을 보고도 자살하고 싶은 충동을 느낍니다. 이것이 바로 우울증입니다.

　　한번 우울증에 빠지면 세상 모든 불행이 모두 자신에게 일어날 것 같은 비관적인 상상을 하게 됩니다. 가슴이 두근거리고, 쫓기는 사람처럼 초조해집니다. 그리고 상대방의 말과 행동 하나하나가 그렇게 섭섭할 수 없습니다. 남의 웃음소리 하나까지도 자신을 비웃고 조롱하는 듯합니다.

　　하나님과 동행하시기 바랍니다. 그러면 우울한 감정이 사라질 것입니다. 하나님께서는 예수 믿고 구원받아 하나님의 자녀가 된 성도들과 함께 하십니다.

　　여수룬이여 하나님 같은 이가 없도다 그가 너를 도우시려고 하늘을 타고 궁창에서 위엄을 나타내시는도다 영원하신 하나님이 네 처소가 되시니 그의 영원하신 팔이 네 아래에 있도다 그가 네 앞에서 대적을 쫓으시며 멸하라 하시도다(신 33:26-27).

'여수룬'은 의로운 자라는 뜻으로 이스라엘의 애칭입니다. 하나님께서 선택하신 백성 이스라엘을 돕기 위해 하늘에서 내려 오셔서 능력의 팔로 붙들어 주신다는 것입니다. 이 얼마나 행복한 일입니까! 그래서 신명기 33장 29절에는 "이스라엘이여 너는 행복한 자로다."라고 선언하고 있습니다.

예수 믿고 구원받아 새 이스라엘이 된 성도 여러분! 여러분은 행복한 사람들입니다. 이스라엘과 함께하겠다고 약속하신 하나님은 지금 우리와 함께하십니다(마 18:20, 28:20; 요 14:18). 이스라엘 백성들이 광야에서 40년을 방황할 때도 하나님께서 함께하셔서 밤에는 불기둥, 낮에는 구름기둥으로 인도하시고, 만나와 메추라기를 먹이시고, 옷이 해어지지 아니하고, 발이 부르트지 아니하도록 지키시고, 낮의 해와 밤의 달이 상하지 못하도록 지켜 주셨습니다. 우리들은 모두 광야 같은 인생길을 걸어가고 있습니다. 하나님이 함께하지 않는 것보다 더 큰 불행은 없고, 하나님이 함께하는 것보다 더 큰 행복은 없습니다.

감리교의 창시자 존 웨슬리가 운명할 때 이런 기도를 드렸습니다.

오, 하나님! 무엇보다 기쁜 것은 주님과 함께 있다는 것입니다(존 웨슬리).

우리 모두가 일평생 살아 숨 쉬는 순간순간마다 주님과 동행하며 행복한 삶을 살기를 원합니다.

주의 전을 사랑합니다(1-4절)

시편 84편은 순례자의 노래입니다. 시편 중에 예루살렘 성전을 사모하면서 노래한 시가 몇 편 있습니다. 시편 42, 43편이 대표적인 시인데 이 시들은 시인이 대적을 피하여 예루살렘을 떠나 있는 동안 예전에 성전에서 하나님을 즐겁게 섬기던 때를 생각하며 하나님의 전이 있는 시온으로 돌아가고픈 마음을 담은 노래입니다.

이에 반해 시편 84편은 예루살렘을 향해 순례의 길에 오른 순례자가 하나님과 동행하며 하루, 하루 성전에 가까이 나아가는 기쁨을 노래하고 있는 내용입니다.

> 만군의 여호와여 주의 장막이 어찌 그리 사랑스러운지요 내 영혼이 여호와의 궁정을 사모하여 쇠약함이여 내 마음과 육체가 살아 계시는 하나님께 부르짖나이다 나의 왕, 나의 하나님, 만군의 여호와여 주의 제단에서 참새도 제 집을 얻고 제비도 새끼 둘 보금자리를 얻었나이다 주의 집에 사는 자들은 복이 있나니 그들이 항상 주를 찬송하리이다 (셀라)(1-4절).

이스라엘 백성들의 마음 중심에는 언제나 예루살렘 성전이 자리 잡고 있었습니다. 예루살렘 성전은 해발 760m가 되는 시온산에 자리 잡고 있었기 때문에 주변 어디에서나 볼 수 있는 위치에 있습니다.

이스라엘 사람들은 12세가 되면 성인식을 치루는데 성인 남자는 1년에 세 차례 유월절, 오순절, 장막절에 예루살렘 성전에 올라가 경배해야됩니다. 그들은 명절이 오기를 손꼽아 기다렸다가 그때가 되면 시온산을 향해 순례길을 떠났습니다.

시인은 순례의 길에서 노래합니다. "내 영혼이 여호와의 궁정을 사모하여 쇠약하게 되었나이다." 얼마나 간절히 주의 성전을 사모했으면 영혼이 쇠약해졌다고 고백했을까요? 성전이 아름다워 성전을 구경하고 싶다는 바람일까요? 그가 사모함은 건축물로서의 성전 자체가 아니었습니다. 성전에 거하시는 하나님, 그 하나님과 나눌 사랑, 그분이 주시는 신령한 복을 사모했던 것입니다. "주의 장막이 어찌 그리 사랑스러운지" 하는 말씀도 건물이 아름답기 때문에 사랑스럽고, 볼거리가 있다는 말이 아닙니다. 물론 솔로몬 성전은 불가사의로 불릴 정도로 아름답고 정교하게 금을 입힌 건축물이었던 것은 사실입니다. 그러나 그곳에 하나님이 계시지 않다면 그것은 우상의 신당과 다를 바가 없는 것입니다. 이 시인은 그곳에 거하시는 하나님을 사모했던 것입니다. 그러다보니 성전까지도 사랑스러워 보인 것입니다. "아내가 예쁘고 사랑스러우면 처갓집 말뚝에다 대고도 절한다."는 말도 있지 않습니까. 하물며 나의 기쁨, 나의 생명, 나의 사랑, 나의 왕, 나의 하나님 만군의 여호와께서 계신 곳이 성전이니 어찌 사랑스럽지 않을 수 있겠습니까?

3절에는 이 시인이 얼마나 하나님의 전을 사모하고 사랑했는가를 극적으로 표현하고 있습니다. "하나님, 나는 참새가 부럽고, 제비가 부럽습니다. 저 미물들은 하나님의 전에 보금자리를 잡고 날마다 하나님을 뵙지 않습니까?" 이 얼마나 간절한 마음의 시적 표현입니까? 이 마음은 우리 성도들에게 꼭 필요한 마음입니다. 우리가 하나님을 찾되 건성으로 찾을 것이 아니라 온 마음과 힘을 다해 생명을 다하는 날까지 진실하게 찾아야 합니다.

이스라엘 사람들이 오늘날까지 자녀에게 제일 먼저 암송시키고 교육하는 말씀이 신명기 6장 4-9절, 쉐마라는 별칭이 붙은 말씀입니다.

> 이스라엘아 들으라 우리 하나님 여호와는 오직 유일한 여호와이시니 너는 마음을 다하고 뜻을 다하고 힘을 다하여 네 하나님 여호와를 사랑하라 오늘 내가 네게 명하는 이 말씀을 너는 마음에 새기고 네 자녀에게 부지런히 가르치며 집에 앉았을 때에든지 길을 갈 때에든지 누워 있을 때에든지 일어날 때에든지 이 말씀을 강론할 것이며 너는 또 그것을 네 손목에 매어 기호를 삼으며 네 미간에 붙여 표로 삼고 또 네 집 문설주와 바깥 문에 기록할지니라.

5절에 "너는 마음을 다하고 뜻을 다하고 힘을 다하여 네 하나님 여호와를 사랑하라."고 말씀하고 있습니다. 신앙생활은 목숨을 바쳐 하는 것입니다. 그런데 주의 전을 사모하는 열심이 현대 신앙인들에게 참으로 부족합니다.

옛날이야기 할 것 없이 30-40년 전 제가 어릴 때 교회 생활을 돌이켜 보면 참 주의 전을 사랑했습니다. 3,4km씩 걸어서 교회 나가는 것은 보통이었고, 중학생, 고등학생들이 교회 청소를 맡아 놓고 했습니다. 그때 학생회 토요집회가 있었는데, 토요집회를 마치고 교회 청소를 다 해 놓고 집으로 돌아오곤 했습니다. 그런데 요즘 현대 신앙인들은 걸어서 교회에 잘 오지 않습니다. 그래서 아파트단지 안에 있는 교회가 제일 인기입니다. 또 조금만 걷고, 교회 버스 타고 교회 오면 되는데 그것도 귀찮아 자가용 타고 옵니다. 자가용 타고 와서도 위에 있는 주차장에 주차하고 2분만 걸으면 되는데 그게 귀찮아 교회 앞에 댑니다. 조금도 불편한 것을 못참는 경향이 있습니다. 진정 주의 전을 사랑하고, 하나님을 뜨겁게 사랑한다면 조그만 불편을 참고 인내할 수 있어야 할 것입니다. 그래서 저는 교회청소를 교인들이 해야 한다고 생각합니다. 이것이 주님을 사랑하는 훈련이라고 생각하기 때문입니다.

> 내가 산을 향하여 눈을 들리라 나의 도움이 어디서 올까 나의 도움은 천지를 지으신 여호와에게서로다(시 121:1-2).

여기에서 산은 하나님의 성전이 있는 시온산을 뜻합니다. 우리 인생의 모든 문제는 하나님께 도움을 받지 않으면 해결될 수 없습니다. 주의 전을 사랑하십시오. 그리고 성전에 나와 주님께 도움을 청하시기 바랍니다. 주의 전을 사랑하는 자는 형통하리라 하신 말씀대로 하나님이 계신 교회를 사랑하고 형통한 복을 누리시기 바랍니다.

눈물 골짜기를 통과합니다(5-8절)

예루살렘 성전이 있는 시온산에 오르기까지 수많은 골짜기를 건너야 합니다. 순례의 길에는 늘 눈물 골짜기가 있습니다.

> 주께 힘을 얻고 그 마음에 시온의 대로가 있는 자는 복이 있나이다 그들이 눈물 골짜기로 지나갈 때에 그 곳에 많은 샘이 있을 것이며 이른

비가 복을 채워 주나이다 그들은 힘을 얻고 더 얻어 나아가 시온에서 하나님 앞에 각기 나타나리이다 만군의 하나님 여호와여 내 기도를 들으소서 야곱의 하나님이여 귀를 기울이소서 (셀라)(5-8절).

눈물의 골짜기는 고난의 험한 인생길을 의미합니다. 순례자의 앞길에는 강의 위험과, 강도의 위험과 독충과 맹수의 위험과 배고픔과 질병과 같은 수많은 위험이 도사리고 있습니다. 그러나 그 마음에 시온의 대로가 있는 자 즉, 하나님께 나아가기를 열망하고 하나님과 동행하는 순례자는 하나님께서 주시는 힘 즉, 위로와 평안을 얻기 때문에 넉넉히 눈물 골짜기를 통과할 수 있습니다. 그래서 시인은 이렇게 고백합니다. "주께 힘을 얻고 그 마음에 시온의 대로가 있는 자는 복이 있나이다." 물리적이고 인간적인 힘이 아니라 하나님의 힘을 얻으시기 바랍니다.

여러분! 성경 다음으로 많이 팔린 책이 무엇인지 아십니까? 존 번연의 『천로역정』입니다. 영어 제목은 'The pilgrim's progress'입니다. 직역하면 '순례자의 가는 길'입니다. 그리스도인이 장망성(將亡城, 장차 망할 성이라는 뜻으로 이 세상을 뜻함)을 떠나 천국을 향하여 가는 중에 깊은 웅덩이와 높은 산, 여러 유혹과 깊은 시험을 당합니다. 순례자의 가는 길이 얼마나 힘들고 험한지 말로 다 할 수 없습니다. 잠깐 편한 길이 나오는가 하면 곧 시련의 연속입니다. 그러나 그때마다 주께서 그와 동행하셔서 결국 천성에 이르는 내용입니다.

이 책을 쓴 존 번연(John Bunyan, 1628년-1688년, 영국 침례교의 목회자이자 작가. 1660-1672년까지 투옥 중에『가장 사악한 죄인에게 넘치는 은총』과『천로역정』집필.)은 눈물 골짜기를 통과한 사람입니다. 1628년 영국의 베드퍼드에서 가난한 땜장이의 아들로 태어나서 초등학교를 겨우 졸업했습니다. 결혼 후 아내의 감화로 청교도가 되었는데, 청교도 혁명에 참여하여 전국의 전도 집회를 다니다가 왕정복고기에 불법집회혐의로 체포되어 12년간 옥살이를 했습니다. 출옥한 지 3년 만에 또 투옥됐는데 이때『천로역정』을 기록했습니다. 이 책은 간결하고 소박한 문체로 영국 소설 발달에 큰 영향을 미쳤고, 청교도 정신의 발전에 큰 공헌을 했습니다.

존 번연에게 감옥은 눈물 골짜기였습니다. 그러나 그 눈물 골짜기에서 주저앉지 않았습니다. 주님과 동행하니 눈물 골짜기를 통과할 수 있도록 주께서 힘을 주셨습니다. 많은 생명수 샘물을 예비해 주셨습니다. 이른 비와 늦은 비로 결실하게 해 주셨습니다. 존 번연은 힘을 얻었습니다. 감옥이 작품의 산실이 되었습니다. 하나님께서 그의 기도를 들어주신 것입니다. 광야에서 부르짖는 야곱의 애통을 들으셨던 하나님께서 존 번연의 눈물의 기도를 들어주시고, 감옥에서 동행해 주셨던 것입니다. 하나님과 동행하니 감옥이 천국이 되었습니다.

> 내가 사망의 음침한 골짜기로 다닐지라도 해를 두려워하지 않을 것은 주께서 나와 함께 하심이라 주의 지팡이와 막대기가 나를 안위하시나이다(시 23:4).

여러분 앞에 사망의 음침한 골짜기가 있습니까? 눈물 골짜기를 지나고 있습니까? 주저앉지 마십시오. 사방으로 욱여싸임을 당하고 있습니까? 하늘의 열린 문을 두신 하나님을 바라보십시오. 예수님과 동행하십시오. 많은 샘을 예비하시고, 이른 비로 은택을 입혀 주시고, 기도에 응답해 주실 것입니다. 주님과 동행하셔서 눈물 골짜기를 통과하시고 기쁨과 감격의 눈물을 흘리게 되기를 바랍니다.

하나님을 방패삼습니다(9-12절)

방패는 자기의 몸을 보호하는 방어용 무기입니다. 원수의 화전을 소멸하고, 칼과 창의 공격을 막아냅니다. 그런데 예전에 나토와 대결을 벌였던 유고가 인간 방패로 적군의 공격을 막으려고 악랄한 방법을 쓴다고 해서 세계적인 비난을 받았습니다. 포로를 방패로 삼아 공격을 막아보려는 비인간적이고, 비윤리적인 행위는 규탄을 받아 마땅합니다. 세상의 전쟁에서만 방패가 필요한 것이 아니고 영적 전쟁에서도 방패가 필요합니다.

> 우리 방패이신 하나님이여 주께서 기름 부으신 자의 얼굴을 살펴 보옵소서 주의 궁정에서의 한 날이 다른 곳에서의 천 날보다 나은즉 악인의 장막에 사는 것보다 내 하나님의 성전 문지기로 있는 것이 좋사오니 여호와 하나님은 해요 방패이시라 여호와께서 은혜와 영화를 주시며 정직하게 행하는 자에게 좋은 것을 아끼지 아니하실 것임이니이다 만군의 여호와여 주께 의지하는 자는 복이 있나이다(9-12절).

하나님을 방패로 비유하는 것은 하나님께서 인생의 확실한 보호자가 되시는 것을 강조하는 것입니다. 하나님이 우리의 방패가 되신다면 무엇이 두렵겠습니까? 소년 다윗이 골리앗을 물리칠 때 그는 하나님과 동행했습니다. "여호와는 나의 목자시니 내게 부족함이 없습니다." 그 믿음이 있었기에 조약돌 다섯 개와 물매를 가지고 골리앗에게 달려 나갔습니다. "너는 칼과 창과 단창으로 내게 오거니와 나는 만군의 여호와 하나님의 이름으로 네게 가노라." 결과는 어떻게 되었습니까? 예상을 뒤엎고 강아지 같이 보였던 다윗이 이겼습니다. 산성과 같고 바위와 같던 골리앗은 무너졌습니다. 원인이 무엇입니까? 하나님께서 다윗의 방패가 되었기 때문입니다. 다시 말해, 다윗에게 하나님을 방패 삼는 믿음이 있었던 것입니다.

> 군대가 나를 대적하여 진 칠지라도 내 마음이 두렵지 아니하며 전쟁이 일어나 나를 치려 할지라도 나는 여전히 태연하리로다 내가 여호와께 바라는 한 가지 일 그것을 구하리니 곧 내가 내 평생에 여호와의 집에 살면서 여호와의 아름다움을 바라보며 그의 성전에서 사모하는 그것이라 여호와께서 환난 날에 나를 그의 초막 속에 비밀히 지키시고 그의 장막 은밀한 곳에 나를 숨기시며 높은 바위 위에 두시리로다(시 27:3-5).

하나님은 해요, 방패가 되십니다. 하나님을 경외하며 동행하는 자에게 은총을 골고루 내려 주십니다. 하나님을 방패 삼는 성도는 비천에 처할 줄도 알고 풍부에 처할 줄도 압니다. 모든 일에 배부르며, 배고픔과 풍부와 곤핍에도 일체의 비결을 터득합니다. 하나님과 함께라면 문지기면 어떻고, 청소원이면 어떻습니까? 하나님이 안 계시면 청와대도 지옥이고, 하나님과 함께하면 감옥도 천국임을 믿으시기 바랍니다. 하나님이 방패가 되어 주시면 죽음도 겁낼 것 없습니다.

루터의 종교개혁을 도왔던 용감한 존 브렌츠라는 개혁자가 있었습니다. 종교개혁을 반대하는 스페인 왕 찰스 5세의 미움을 받게 되었습니다.

찰스 5세는 수많은 개신교도를 잡아 죽인 공포의 왕이었습니다. 브렌츠가 사는 마을을 스페인 왕실 기병대가 들이 닥칠 때 브렌츠는 기도했습니다. 그때 하나님의 음성이 들려왔습니다.

"존, 빨리 빵 한 조각을 갖고 아랫마을로 내려가거라. 거기서 문이 열려 있는 집을 발견하면 그 집 지붕 밑으로 숨어라."

이 음성을 듣고 마을로 내려가 몸을 숨겼습니다.

병사들이 수색했지만 찾지 못했습니다. 그런데 찾지 못했으면 돌아가야 할 텐데 가지 않고 아예 그곳에 주둔 부대를 배치해 놓았습니다. 그러니 다락방에서 빵 한 조각으로 하루를 연명했습니다.

그런데 그 다음날 암탉이 다락방에 올라와 알을 낳고는 내려갑니다. 그래서 그것을 먹었습니다. 다음날도 또 암탉이 또 올라와 알을 낳았습니다. 이렇게 하기를 오래도록 했습니다. 얼마나 오래 했느냐고요? 14개월을 했습니다. 그런데 어느 날 암탉이 올라오지 않았습니다. 바깥 동정에 귀를 기울였습니다. 병사들이 떠나고 있었습니다. 이렇게 해서 존 브렌츠는 아무 탈 없이 목숨을 건졌습니다.

> 이 후에 여호와의 말씀이 환상 중에 아브람에게 임하여 이르시되 아브람아 두려워하지 말라 나는 네 방패요 너의 지극히 큰 상급이니라(창 15:1).

믿음의 조상 아브라함은 하나님의 이 말씀을 믿고, 하나님을 방패 삼았고 큰 상급을 받았습니다. 믿음의 조상이 하나님을 방패 삼았다면 믿음의 후손인 우리가 하나님을 방패 삼는 것은 당연한 일이 아니겠습니까?

이로 인해 아브라함이 큰 상급을 받았다면, 하나님을 방패 삼는 우리에게 큰 상급을 주시지 않겠습니까? 하나님의 방패는 예수 그리스도요, 그리스도의 십자가요, 십자가에서 흘리신 보혈입니다. 예수님의 이름을 부를 때 하나님은 우리의 방패가 되십니다. 어린 양의 피를 문설주에 바를 때 이스라엘 집에 죽음이 넘어갔던 것처럼 예수 보혈의 능력을 믿는 자를 보호하십니다.

하나님을 방패 삼으십시오. 하나님께서 마귀의 화전을 막으시고, 여러분들의 사정을 눈동자 같이 지켜 주실 것입니다. 은혜와 영화를 주실 것입니다. 좋은 것을 아끼지 아니하고 주실 것입니다. 주의 전을 사랑하고, 주님과 동행하여 눈물골짜기를 통과하고 하나님을 방패 삼아 영적 전쟁에 승리하시기 바랍니다.

나의 피난처, 나의 요새

시편 91편 1-13절

난공불락(難攻不落, 공격하기가 어려워 좀처럼 함락되지 아니함)이라는 말이 있습니다. 역사적으로 보면 난공불락의 요새를 자랑하는 나라들이 있었음을 볼 수가 있습니다.

성경에 보면 천혜의 요새를 자랑하던 나라가 있는데 그들이 바로 에돔 족속이었습니다. 에돔 족속은 사해 남단에 자리 잡고 살았습니다. 에돔은 붉다는 뜻으로 야곱의 형 에서가 몸에 붉은 털이 북실북실하게 많았기 때문에 붙여진 별명이며 이들은 에서의 후손입니다. 에돔의 수도가 페트라라는 곳인데 페트라를 들어가려면 수십 미터 깎아지른 벼랑이 양쪽에 버티고 서 있는 길을 3.5km를 통과해야 했습니다. 그랬기 때문에 적은 인원을 가지고도 많은 적을 방어하기에 매우 용이했습니다.

에돔인들은 이 같은 거주지의 지형적 이점을 과신한 나머지 세상 어떤 나라도 자신들을 멸망시킬 수 없다는 교만한 마음을 지녔습니다. 이들은 주로 주변 국가와 대상들을 약탈해서 먹고 살았습니다. 약탈한 후에 절벽 바위 동굴 속에 들어가 숨으면 쫓아오는 적을 화살을 쏘고 돌을 굴려 얼마든지 막을 수 있었습니다. 그래서 이들의 교만은 하늘을 찌를 듯했습니다. 이에 대해 오바댜 선지자가 이렇게 경고했습니다.

> 너의 마음의 교만이 너를 속였도다 바위 틈에 거주하며 높은 곳에 사는
> 자여 네가 마음에 이르기를 누가 능히 나를 땅에 끌어내리겠느냐 하니
> 네가 독수리처럼 높이 오르며 별 사이에 깃들일지라도 내가 거기에서
> 너를 끌어내리리라 여호와의 말씀이니라(옵 1:3-4).

이 말씀대로 이들은 결국 알렉산더 대왕의 부하들에 의해 정복당하고,
결국 유대에 동화되어 역사에서 사라지고 말았습니다. 예수님 탄생 당시
아기를 학살한 헤롯왕이 바로 이 에돔 족속의 후손입니다.

이런 천연의 요새를 이용해 군사시설을 만드는 것이 유사 이래 군사작
전의 공통된 패턴입니다. 우리나라의 해군기지가 진해에 있습니다. 진해
만이 산과 섬에 둘러싸여 레이더에 걸리지 않고 적으로부터 공격을 피할
수 있는 천혜의 요새이기 때문입니다. 이런 천혜의 요새가 없는 곳에는
요새를 만들어 방벽을 쌓은 경우도 많습니다. 대표적인 것이 중국의 만리
장성으로서 실제로는 만 리가 넘습니다. 엄청난 성을 쌓아 북쪽에서 침략
하는 적을 막기 위해 인류 최대의 건축물을 쌓게 된 것입니다.

우리나라에도 고려 때 북쪽에 쌓은 천리장성이 있습니다. 인공적으로
쌓았던 요새 중에 요새는 프랑스가 독일과의 국경지대에 쌓았던 마지노
선입니다. 프랑스가 1927년부터 30년까지 200억 프랑의 막대한 비용을
들여 독일과의 전 국경지대에 요새를 설치하고 요새 지하에 부대와 화력
을 집중 배치할 것을 주장한 육군 장관 마지노의 이름을 따서 마지노선이
라고 이름을 지었습니다.

마지노선을 구축해 놓고는 그 "누구도 이 요새를 넘어설 수 없을 것이다." 프랑스의 지도자들은 호언장담했고 프랑스 국민들은 베개를 높이 베고 잠을 잤습니다. 그러나 2차 대전이 발발하자 1940년 6월 독일군에게 마지노선이 돌파 당하고 프랑스는 허무하게 독일 앞에 무릎을 꿇고 말았던 것입니다.

그러고 보면 세상에 난공불락의 요새는 없습니다. 미국은 건국된 지 200여 년 동안 한 번도 외적의 침략을 받아 보지 않은 나라입니다. 1861년에 남북전쟁으로 인해 내전에 휩싸인 적이 있고, 1941년에는 하와이에 있는 진주만이 일본군의 폭격을 받아 세계 제2차 대전에 본격적으로 참전하게 된 계기가 됐으나 본토는 한 번도 외적의 침공을 받은 적이 없는 세계에서 가장 강력한 요새를 이루고 있는 나라가 미국입니다.

이러한 미국이 2001년 9월 11일 빈 라덴의 조종에 의해 자행된 테러에 의해 미국의 심장부인 뉴욕과 워싱턴이 쑥밭이 되고 수많은 인명이 죽고 다치는 엄청난 비극을 당하고 말았습니다. 이 사건을 지켜 본 전 세계 사람들이 모두 경악을 금치 못했습니다. 그러면서 한 가지 생각하게 된 것이 세상에는 그 어디도 난공불락의 요새가 존재하지 않는다는 것입니다. 세상에 그 어디도 안전한 피난처는 존재하지 않는다는 사실을 새삼 깨닫게 되었습니다.

> 그들이 평안하다, 안전하다 할 그때에 임신한 여자에게 해산의 고통이 이름과 같이 멸망이 갑자기 그들에게 이르리니 결코 피하지 못하리라 (살전 5:3).

이 말씀과 같이 평안하다 안전하다 말할 수 없고 한치 앞도 알 수 없는 것이 인간의 실존입니다.

본문 시편 91편은 저작 배경이나 지은이에 대해 알려져 있지 않은 시입니다. 그러나 이 시편 말씀을 읽고 있노라면 이 시인이 기가 막힌 경우를 당해 지은 시라는 사실을 알 수 있습니다. 어떤 일인지 모르지만 이런 기가 막힌 상황을 당한 시인이 고백하기를 "세상에 믿던 모든 것이 다 무너지고 끊어질지라도 나는 두렵지 않습니다. 왜냐하면 하나님께서 나의 피난처가 되시고 나의 요새가 되시기 때문입니다. 그러므로 나는 피난처가 되시고 요새가 되시는 하나님을 전적으로 의뢰합니다."라고 신앙을 고백하고 있습니다.

세상에는 난공불락의 요새가 더는 존재하지 않는 것을 우리는 두 눈으로 목격했습니다. 더는 세상을 신뢰하고 그곳에 인생을 맡기지 마시고 나의 피난처요 요새가 되시는 하나님을 의뢰하고 그분께 나의 전부를 맡기는 전폭적인 믿음을 가지시길 바랍니다.

인간은 악합니다(3-5절)

인간이 선한 존재냐, 악한 존재냐 하는 문제는 인류의 오랜 질문입니다. 인간의 본성은 선천적으로 선하다고 말하는 주장을 성선설이라고 하고, 인간의 본성은 선천적으로 악하다는 주장을 성악설이라고 합니다.

성선설의 대표적인 철학자가 맹자입니다. 맹자는 "인간은 선천적으로 선한 본성을 타고 나는데 후천적으로 물욕에 의해 나쁜 행위를 하게 되는 것"이라 주장했습니다.

성악설의 대표적인 철학자가 순자입니다. 순자는 "인간의 본성은 악한

데 교육이나 학문이나 수양 등 후천적인 교육에 의해 좋은 행위를 할 수 있게 되는 것"이라고 주장했습니다.

여러분은 어떤 생각을 하고 계십니까? 헷갈리지요. 아기가 태어나 방 긋방긋 웃을 때는 꽃보다도 아름답고 천사보다 귀엽습니다. 그런데 밤에 잠 안자고 보챌 때 또 2살짜리가 동생보고 시샘하느라 엄마 몰래 동생 꼬 집고 때리고 강짜 부리는 것을 보면 그 안에 악성이 담겨 있는 것을 보게 됩니다. 그러니 성선설이냐 성악설이냐 하는 화두는 닭이 먼저냐 알이 먼 저냐와 마찬가지로 해결이 안 나는 것입니다.

그러면 성경은 무엇이라 말씀하고 있을까? 성경은 인간이 하나님의 형 상을 따라 지음 받은 선한 존재임을 말해 줍니다. 그런데 아담의 범죄로 말미암아 인간 속에 죄가 들어오고 타락하여 낙원에서 추방되었습니다. 그 이후 인간의 심성은 악에 의해 지배 받게 된 것입니다. 그래서 기독교 적인 인간관은 '성선성악설'입니다. 선하게 지음 받았으나 악에 물든 인 간, 그래서 그 악을 씻고 낙원으로 복귀하는 과정을 회개요, 중생이요, 구 원이라고 말하는 것입니다.

> 이는 그가 너를 새 사냥꾼의 올무에서와 심한 전염병에서 건지실 것임 이로다 그가 너를 그의 깃으로 덮으시리니 네가 그의 날개 아래에 피하 리로다 그의 진실함은 방패와 손 방패가 되시나니 너는 밤에 찾아오는 공포와 낮에 날아드는 화살과(3-5절)

세상을 살아가노라면 새를 잡기 위해 사냥꾼이 올무를 설치해 놓은 것 같이 올무를 벌여 놓고 사람 사냥을 하는 악인들이 얼마든지 깔려 있습니다. 밤에 사람을 놀라게 만드는 강도와 도적이 얼마나 많은지 모르고 낮에 전쟁터에서 화살을 쏘며 적을 죽이듯 사람을 멸망으로 몰아넣는 악인들이 세상에는 얼마든지 있습니다. 계속해서 세계 곳곳에서 발생하는 사건은 인간이 얼마나 많은 악행을 저지를 수 있는가를 보여 줍니다. 사우디아라비아 출신의 테러리스트 오사마 빈 라덴, 이는 역사에 가장 잔인무도한 악인으로 그 이름이 기록될 것입니다.

사람의 이름 앞에 붙는 직업의 명칭이 테러리스트라는 이 얼마나 악한 사람입니까! 테러리스트란 온갖 폭력을 써서 남을 위협하고 공포에 빠뜨리고 죽이는 행위자를 말합니다. 이런 행위를 직업으로 가졌으니 얼마나 악합니까? 이 사람은 셀 수 없이 많은 돈을 유산으로 물려받은 사람인데 이 많은 재물을 가지고 사람을 살리고 좋은 일을 하는 것이 아니라, 사람을 죽이고 남을 쓰러뜨리는 데 재물을 사용하고 있는 악한 일에 부요한 악의 화신이 된 사람입니다.

그런 사람의 심령은 악마가 지배하고 있습니다. 그러므로 이런 사건을 영적인 눈으로 보아야 합니다. 이것은 혈과 육에 대한 것이 아니요 정사와 권세와 이 어두움의 세상 주관자들과 하늘에 있는 악의 영들이 세상을 멸망으로, 전쟁의 포화 속으로 끌어들이려는 술수인 것을 알아야 합니다.

9·11 사건은 전 세계 사람들이 발달한 문명의 이기로 말미암아 중계방송과 같이 지켜보았기에 그 충격의 파장은 헤아리기 어려울 정도로 컸습니다. 영화보다 더 영화 같은 실제 상황을 텔레비전으로 안방에서 지켜보고 나니 머리가 다 혼란스럽고 뭐가 어떻게 되는 것인지 헷갈리게 된 것입니다. 악한 일을 볼 때 사람을 미워하고 증오를 키우면 인간이 저렇게 악한 일을 할 수 있음을 알고 "하나님 내 안에 있는 악성 독성 죄성을

다 몰아내게 하시고 예수의 십자가의 용사와 화해 사랑으로 가득 차게 하옵소서."라고 기도해야 합니다.

테러리스트만 악한 것은 아닙니다. 누구든지 사탄의 지배를 벗어나지 못하면 악한 일을 저지를 수 있음을 알아야 합니다. 사랑의 주님을 믿지 않고, 성령 충만함을 받지 않고는 우리도 악함에서 벗어날 수 없습니다. "성령이여, 예수 십자가의 사랑을 깨닫게 하옵소서! 형제를 미워하고 증오하는 모든 마음을 성령의 불로 태우시고 하나님의 형상을 회복하게 하옵소서!" 기도하며 악성을 제거하고 선한 마음으로 선한 사업에 부요한 성도가 되어야 합니다.

힘과 재물을 의지하지 마십시오(6-8절)

우리가 어려서 공부할 때 세계에서 제일 높은 빌딩을 마천루(摩天樓, 하늘에 닿을 듯이 높은 건물이라는 뜻)라고 했습니다. 그래서 마천루 하면 당연히 엠파이어스테이트 빌딩 102층 381m 그렇게 외우고 시험문제에도 나왔던 적이 있습니다. 그 후 세월이 지나면서 건축술은 점점 더 발달하게 되었고 1973년에 뉴욕에 110층의 빌딩을 그것도 하나가 아닌 둘씩 마주 세웠습니다. 그 높이가 자그마치 417m로 그 안에 5만 명이 근무하는 한 도시와 맞먹는 빌딩입니다. 미국의 부의 상징과 같은 이 건물이 바로 뉴욕 무역센터 빌딩이었습니다. 이 빌딩이 빈 라덴의 테러에 의해 허무하게 무너졌습니다.

또 한 차례도 외국의 침략을 받지 않은 나라, 그 강대한 국력의 심장부가 바로 미국방부인데 펜타곤이라고 부릅니다. 세계의 경찰 노릇을 하는 지휘부, 세계 최강의 군사력의 지휘부 펜타곤에 비행기를 몰고 자살 테러를 감행한 테러리스트들에 의해 폭파되고 수많은 인명 피해를 당하는 참사가 일어난 것입니다. 날아오르는 미사일도 공중에서 요격하여 무력화시키는 방어망을 갖춘 미국의 자존심을 무력화시키고 만 것입니다.

> 어두울 때 퍼지는 전염병과 밝을 때 닥쳐오는 재앙을 두려워하지 아니하리로다 천 명이 네 왼쪽에서, 만 명이 네 오른쪽에서 엎드러지나 이 재앙이 네게 가까이 하지 못하리로다 오직 너는 똑똑히 보리니 악인들의 보응을 네가 보리로다(6-8절).

펜타곤과 뉴욕 세계무역센터가 불에 타고 무너지는 것을 보았습니다. 사람이 낙엽처럼 떨어지고 엄청난 폭음과 함께 건물이 무너지고 화산재 같이 퍼져나가는 잿덩어리를 보았습니다. 그러나 보이는 것을 본 것만으로는 다 본 것이라 말할 수 없습니다. 그 사건 속에 담겨 있는 영적 의미를 보지 않고는 진정 그것을 보았다고 말해서는 안 됩니다.

성경에 보면 기적이 많이 나타납니다. 그런데 이 기적을 어떤 때는 기적, 이적이라고 하고 어떤 때는 기사라고 하고 어떤 때는 표적이라고 합니다. 그 뜻은 이렇게 다릅니다.

> 기적, 이적(miracle): 자연현상으로 설명할 수 없는 비상한 사건 자체를 기적, 이적이라 하고 영어로 miracle이라고 한다.
> 기사(wonder): 물로 포도주를 만들었다. 이것은 기적적인 사건이다. 이때 이것을 보고 목격자들이 놀라는 태도로 표현할 때 기사라고 하고 영어로 놀랍다는 뜻의 wonder를 쓴다.

표적(Sign): 이적을 행하는 자의 신분과 그 이적이 무슨 의미가 있느냐를 말할 때 표적이라는 말을 쓰고 영어로 sign이라고 쓴다.

테러 사건을 보고 경악하고 놀라는 데 그치면 기사(wonder)에 머무는 것이요. 사람이 그런 폭발 속에서 살아 남았다. 등등의 일에만 관심을 표하면 기적(miracle)적인 사건이 되는 것입니다. 우리는 기적이나 기사에 머무르면 안 되고 과연 이 사건을 통해 우리들과 세계에 주는 하나님의 경고의 메시지(sign)는 무엇인가 하고 볼 때 그것을 표적으로 보는 차원이 되는 것입니다. 이것이 바로 상황을 신학화하고 성경적으로 재해석하는 방법인 것입니다.

저는 9·11 사건을 워싱톤에 사는 조카의 전화를 받고 밤새 중계를 보았습니다. 내가 만화를 보고 있나, 내가 지금 영화를 보고 있나 착각을 할 정도로 너무 현실 같지 않은 현실을 보면서 새벽에 교회에 나와 엎드렸습니다. '하나님, 이 사건에 무슨 뜻이 있습니까?' 그때 하나님이 주신 말씀이 시편 20편 7절입니다.

어떤 사람은 병거, 어떤 사람은 말을 의지하나 우리는 여호와 우리 하나님의 이름을 자랑하리로다.

청교도가 세운 나라, 신앙의 자유를 찾아온 믿음의 조상들이 세운 나라, 그 나라가 자본주의의 표상이 되고, 힘의 상징이 되었습니다. 미국이 세계의 자유를 수호하고, 세계의 경찰 역할도 잘 수행했고 가난한 나라도 많이 먹여 살렸습니다. 그러나 최근 미국이 교만해지고 패권주의에 빠지고 적을 너무 많이 만들고 자국의 이익에만 혈안이 되는 정책을 시행하므로 세계 곳곳에 적대적인 나라를 많이 만든 것 또한 부인할 수 없는 사실입니다. 뉴욕 무역센터는 미국의 부를 상징하는 건물이요, 펜타곤은 미국의 힘을 상징하는 건물입니다. 이 두 곳이 불에 타고 무너지는 것을 보며 우리는 우리가 그렇게 잡으려고 좇아가는 재물과 권력은 무너지는 것이요 영원히 의지할 것이 못 된다는 것을 사인(sign)으로 보여 주셨음을 깨달아야 할 것입니다.

힘과 재물을 의지하지 마시기 바랍니다. 세상에 믿던 재물과 힘은 끊어지고 무너지고 마는 것입니다. 영원한 반석되시는 예수 믿고 하나님 의지하여 굳건한 반석 위에 서시기 바랍니다.

두렵지 않습니다(1-2, 9-13절)

세상에는 참된 평안이 없습니다. 소고기집을 개업하고 돈 좀 벌까 했더니 광우병 소동이 벌어져 장사를 망하게 합니다. 일식집을 개업하고 돈 좀 벌까 했더니 비브리오 균이 번져서 장사를 망하게 합니다. 인생길에 이제 됐다, 평안하다, 문제가 없다 생각할 만하면 꼭 넘어지고 쓰러질 일이 발생합니다. 인생은 자전거 타기와 같아서 페달을 밟지 않으면 넘어지고 맙니다. 그래서 어른들이 지난날을 회고하면서 땀 흘리고 고생하며 인생의 페달을 돌리느라 무진애를 썼던 그때가 그래도 좋았노라고 말씀하시는 것을 종종 들을 수가 있습니다.

세상에 끊이지 않고 폭풍우가 다가옵니다. 많은 사람들에게 큰 폭풍우가 불어 닥칩니다. 그런데 그들만 상처를 받는 것은 아닙니다. 그 현장에서 살아남은 사람, 그 장면을 생생하게 텔레비전을 통해 지켜 본 모든 사람의 마음이 큰 상처를 받았습니다. 비행기 타기를 두려워하는 사람이 많이 생깁니다. 높은 빌딩에 사는 것을 두려워하는 사람이 많이 생깁니다. 큰 소리에 놀라는 사람이 생깁니다. 아마 신경정신과에 환자가 넘쳐날 것입니다. 사람들 마음에 불안과 공포 두려움이 엄습하고 있습니다. 이러한 사람들에게 시편 기자는 말합니다.

> 지존자의 은밀한 곳에 거주하며 전능자의 그늘 아래에 사는 자여, 나는 여호와를 향하여 말하기를 그는 나의 피난처요 나의 요새요 내가 의뢰하는 하나님이라 하리니(1-2절)

지극히 존귀하시고 전능하신 하나님께 나아오시기 바랍니다. 전능하신 하나님이 우리의 피난처요 요새가 되어 주십니다.

하나님을 피난처로 삼고 하나님 앞에 나온 자녀들을 하나님께서는 재앙이 가까이 오지 못하도록 장막을 지켜 주십니다. 유월절 어린 양의 피를 바른 이스라엘 사람들의 집을 죽음의 사자가 넘어가 생명을 구원받았듯이 하나님께서 보호하시겠다는 약속을 믿으시기 바랍니다. 뿐만 아닙니다. 사자들을 보내 너의 가는 모든 길에서 너를 지켜 주시겠다고 말씀하십니다. 하나님께서 우리의 가는 길을 아십니다. 우리를 눈동자 같이 보호해 주신다는 사실을 믿으시기 바랍니다. 여러분 두려워하지 마십시오. 하나님을 더욱 의뢰하시기 바랍니다. 하나님은 나의 피난처 나의 요새가 됨을 믿고 의지하시기 바랍니다. 우리의 손을 붙잡으신 아버지 하나님께서 우리가 넘어지지 않도록 붙들어 주십니다. 뿐만 아니라 영적 전쟁에서 승리하도록 독사를 밟고 사자를 발로 누르도록 함께 하신다는 말씀을 믿고 힘과 용기를 얻고 두려움을 떨쳐 버리시기 바랍니다.

> 내가 사망의 음침한 골짜기로 다닐지라도 해를 두려워하지 않을 것은
> 주께서 나와 함께 하심이라 주의 지팡이와 막대기가 나를 안위하시나
> 이다(시 23:4).

하나님을 의뢰해도, 예수를 잘 믿어도, 신앙생활 잘 해도, 우리는 인간의 육신을 입고 있기에 자연법칙에 적용을 받고 사회현상에 똑같이 적용을 받습니다. 예수 믿고 은혜생활을 해도 우리 앞에 사망의 음침한 골짜기가 완전히 사라지는 것은 아닙니다. 그러나 불신자들과 육신의 속한 사람들과 다른 것이 있습니다. 그것이 무엇입니까? 해 받을 것을 두려워하지 않는 것입니다. 왜 그렇습니까? 어떻게 그럴 수 있습니까? 만왕의 왕이시고 만주의 주이시며 인생의 생사화복을 주관하시는 분이 나의 아버지이시기 때문입니다. 그 주님께서 나와 함께하십니다. 때로는 지팡이로 갈 길을 인도하시고 때로는 막대기로 나를 보호해 주신다는 사실을 믿으십시오.

우리는 뉴스를 통해 극악무도한 악인의 악행을 보게 됩니다. 이는 내 안에 악을 보고 버리라는 주님의 부탁인 줄 알고 악은 모든 모양이라도 버리고 예수 사랑으로 심령을 채우고 사랑하며 사시기를 바랍니다. 힘과 재물은 끊어지고 무너집니다. 영원한 예수 그리스도를 믿고 하나님 의지하여 군건한 반석 위에 서십시오. 하나님은 나의 피난처요 요새시니 환난도 두렵지 않습니다. 백주에 황폐하게 하는 파멸도 두렵지 않습니다. 이렇게 고백하며 주 안에서 승리하시기 바랍니다.

지금 어떤 길을 걷고 있습니까?

하나님을 경외하며 그의 뜻을 따라 가고 있습니까?

그 길이 다윗의 길입니까? 아니면 여로보암의 길입니까?

한번 점검해 보시기 바랍니다.

지금 조금 잘못된 길을 가는 것이

나중에는 돌이킬 수 없는 나락으로 떨어질 수 있다는

사실을 알아야 합니다.

따라서 여호와를 경외하는 길, 다윗의 길을 걸어야 합니다.

우리가 하나님을 경외하고 그의 길을 걸으면

하나님은 다윗을 형통하게 하신 것처럼

우리에게 복을 주시고 우리를 행복한 삶으로

인도해 주실 것입니다.

시편을 통해서 보는 인생의 희로애락(喜怒哀樂)
그것은 우리의 삶이고 하나님께 올려 드리는 최고의 노래입니다.

05부

소망의 노래

새벽을 깨우는 성도

시편 108편 1-13절

새벽은 밤과 낮의 경계선 상에 있는 전환점이요. 밤의 어둠이 벗겨지려 하고, 낮의 밝음이 전개되기 이전의 신비한 때입니다. 새벽을 깨우는 자가 역사를 새롭게 하며 세상을 지배합니다.

한국 교회의 부흥 비결이 여러 가지 있지만 그중에 새벽기도를 빼놓을 수 없습니다. 다른 나라에서 찾아볼 수 없는 새벽기도가 한국 교회에서는 필수적인 것이 되었습니다. 다른 나라에서 없는 새벽기도가 왜 한국 교회에서만 정착하게 되었을까요? 그것에 대한 그럴싸한 이유는 우리 문화가 농경문화였기 때문이라는 것입니다. 농경민족은 새벽에 일찍 일어나 농사를 시작합니다.

농사짓는 농부들은 낮의 더위를 피해 일찍 일어나 일을 시작했습니다. 밭을 갈고 씨를 뿌리고 꼴을 베었습니다. 이와 반대로 서구 사회는 새벽 문화가 아니라 밤의 문화입니다. 그래서 모든 축제가 밤에 벌어지고 밤새도록 춤추고 마시고 놀다가 새벽에는 곤하게 곯아떨어져 잡니다.

지금 우리나라도 새벽문화가 사라지고 밤의 문화가 자리 잡아 가고 있습니다. 이전의 농경사회에서 산업사회로 넘어가면서 생활 문화가 바뀌게 된 것입니다. 점점 도시문화, 서구문화의 패턴이 지배하면서 새벽의 문화가 퇴보하고 있습니다. 밤늦게까지 일하고, 밤늦게까지 식사하고, 애국가 나올 때까지 그리고 "안녕히 주무십시오." 인사말을 들을 때까지 텔레비전을 보는 분들에게 새벽기도는 큰 부담이 아닐 수 없습니다.

이것은 평신도들에게만 부담이 되는 것은 아닙니다. 새벽잠이 많은 목사님에게 새벽기도회는 항상 부담이었습니다. 어느 목사가 목사님들이 모인 곳에서 "어떤 놈이 새벽기도 만들어 이 고생시키는지 모르겠네. 새벽기도만 없으면 목사 할 만한데."라고 말하니까 어떤 목사님이 "어떤 놈은 어떤 놈이야? 예수가 만들었지!"라고 답했습니다. "성경에 어디 예수가 만들었다는 말씀이 있냐?"고 하니 성경을 펼쳐 읽었습니다. 다음 말씀을 보고 그 후부터 두말 않고 새벽기도 잘 했답니다.

새벽 아직도 밝기 전에 예수께서 일어나 나가 한적한 곳으로 가사 거기서 기도하시더니(막 1:35)

일생의 계획은 소년의 때에 꿈을 꾸고, 한 해의 계획은 정초에 세우고, 하루의 계획은 새벽에 세워야 합니다. 서양에 "일찍 일어나는 새가 많은 벌레를 잡을 수 있다."는 격언이 있습니다. 새벽은 이와 같이 중요한 시간입니다. 새벽을 깨우는 자가 인생을 승리할 수 있습니다.

모든 시간이 다 하나님의 시간이요, 시간은 곧 금이다(Time is Gold.)라는 말처럼 시간은 귀합니다. 그중에서도 새벽 시간은 더욱 귀중합니다. 하나님께서도 '첫 열매, 처음 난 새끼, 장자를 내 것'이라고 말씀하셨습니다. 처음 시간 새벽을 드리는 것은 시간의 십일조의 의미가 있습니다. 햇

곡식으로 조상께 제사로 드리는 것이 추석이요, 처음 수확한 쌀을 임금께 진상했던 것처럼, 처음 시간을 하나님께 드리는 새벽기도야말로 전 삶을 하나님께 드린다는 헌신의 의미가 담겨 있는 것입니다. 새벽을 깨우며, 새벽의 고귀한 시간을 하나님께 드리면 하나님께서 여러분들에게 큰 은혜 내려 주실 것입니다.

새벽을 깨우면 흔들리지 않습니다(1-5절)

시편 108편은 독특한 시입니다. 이 시는 시편 57편 7-11절과 시편 60편 5-12절의 내용을 모아 편집한 시입니다. 1-5절까지는 시편 57편의 내용입니다. 본 시에 표제어는 '다윗의 찬송시'라고 되어 있지만 시편 57편에 보면 '다윗이 사울을 피하여 굴에 있을 때에 지은 시'라고 되어 있습니다.

사울에게 미움을 사서 도망을 다니던 다윗은 광야로 피해 다니며 사람들의 눈을 피하고 군사들의 추격을 피해 동굴을 은신처로 삼았습니다. 한번은 엔게디라는 광야에 다윗이 있다는 소식을 듣고 사울이 3,000명의 군사를 거느리고 수색 작전을 벌였습니다. 이때 다윗은 부하들과 함께 동굴 속 깊이 숨었습니다. 그런데 공교롭게도 추격하다 지친 사울왕이 쉬기 위해 그늘을 찾다가 동굴 속에 들어 왔는데 하필이면 다윗이 숨어 있는 동굴이었습니다. 피가 마를 일 아니겠습니까? 사울이 한잠 자는 동안 밖은 병사들이 지키고 있었지만 동굴 속에 숨어 있던 다윗을 지킬 수는 없었습니다. 다윗의 부하들이 사울을 죽이려고 칼을 들 때 다윗이 "하나님의 기름 부은 사람을 그리할 수 없다." 하고 사울왕의 옷자락을 벤 후 그대로 돌려보냅니다. 그것도 모른 채 잠에서 깬 사울이 동굴에서 나가 저

멀리 갔을 때 다윗이 사울왕을 부르면서 "임금이여, 내가 임금님을 해하려는 마음이 없는 것을 헤아려 주십시오. 그 증거가 여기 있습니다. 옷자락입니다."

그러자 감정적인 사울이 "나는 너를 학대했는데 너는 나를 선대하니 너는 나보다 의롭구나. 하나님께서 너를 지켜 주실 것이다. 다시는 내가 너를 찾지 않겠다." 하고는 왕궁으로 돌아갔습니다.

이 사건이 사무엘상 24장에 자세히 기록되어 있습니다. 그러나 악신이 들린 사울왕의 마음은 곧 변하고 그 후로도 10년 간 다윗을 계속 추격하니 그는 10년간 도망자로 살아야만 했습니다. 이런 눈물겨운 피난 생활 속에서도 다윗은 노래했습니다.

> 하나님이여 내 마음을 정하였사오니 내가 노래하며 나의 마음을 다하여 찬양하리로다 비파야, 수금아, 깰지어다 내가 새벽을 깨우리로다 여호와여 내가 만민 중에서 주께 감사하고 뭇 나라 중에서 주를 찬양하오리니 주의 인자하심이 하늘보다 높으시며 주의 진실은 궁창에까지 이르나이다 하나님이여 주는 하늘 위에 높이 들리시며 주의 영광이 온 땅에서 높임 받으시기를 원하나이다(1–5절).

"내 마음을 정하였사오니"에서 '정했다(히, 니쿈)'라는 말은 '확고하게 되었다.'라는 뜻입니다. 시편 57편 7절에는 이렇게 표현하고 있습니다. "내 마음이 확정되었고 내 마음이 확정되었사오니."

다윗은 죽음이 늘 곁에 있고, 감당하기 어려운 고난이 붙어 다니는 중에서도 "나는 하나님의 구원을 확신하고 있습니다.", "두려워 낙심하거나 절망하지 않습니다. 결코 나는 흔들리지 않습니다.", "저 폭풍 몰아쳐서 내 마음 떨려도 주 나의 곁에 계시니 겁낼 것 없습니다.", "오히려 내가 노래하며 내 심령으로 하나님을 높여 찬양합니다.", "비파야, 수금아! 깰 지어다. 내가 새벽을 깨우리로다."라고 고백합니다. 찬양과 기도로 새벽의 어둠을 물리치는 용기 있고 확신에 찬 다윗의 모습입니다. 다윗은 확신에 찬 신앙을 고백하고 있습니다. 우리 모두 절망의 잠을 잘 때가 아닙니다. 절망의 잠에서 깨어 일어나 구원의 하나님을 찬송해야 합니다.

바벨론의 느부갓네살 왕이 예루살렘을 쳐들어 왔을 때(주전 605년), 왕족과 귀족과 학자와 기술자들을 포로로 잡아 갔습니다. 이때 포로 중에 다니엘과 사드락, 메삭, 아벳느고라는 소년들이 있었는데 이들이 왕궁 교육생으로 선발되어 바벨론 궁중에서 교육을 받게 되었습니다.

그런데 문제가 발생했습니다. 왕궁 교육을 받는 이들이 합숙 훈련을 받는데 먹는 것, 입는 것, 자는 것 모두 최고의 대우를 받았습니다. 입는 것과 자는 것은 문제가 아닌데 먹는 것이 문제가 되었습니다. 다니엘은 어려서부터 철저한 율법 교육 아래 자랐기에 레위기 11장에 먹을 동물과 먹지 못할 동물을 철저하게 지키고 살았습니다. 그런데 바벨론 왕궁의 음식은 완전히 달랐습니다. 율법에서 금한 술과 돼지고기, 비늘 없는 생선 등과 같은 산해진미가 쌓여 있었으나 전부 율법에 금한 것들이었습니다. 이것을 본 다니엘이 뜻을 확실하게 정했습니다. 그리고 환관장에게 면담을 요청했습니다.

"장관 나리, 저와 세 친구에게는 채식만 할 수 있도록 허락해 주시기 바랍니다."

"큰일 날 소리 하지 말라. 너희 중에 고기를 먹지 않고 채식만 하다가 초췌해지고 병이 들면 나도 문책을 당하는 것을 모르느냐?"

"그렇다면 열흘 만 시험해 보시면 어떨까요? 열흘 동안 우리는 채식만 하고 나서 고기 먹은 다른 학생들과 비교해 보신 후에 괜찮으면 계속 채식을 하는 것을 허락해 주십시오."

> 다니엘은 뜻을 정하여 왕의 음식과 그가 마시는 포도주로 자기를 더럽히지 아니하리라 하고 자기를 더럽히지 아니하도록 환관장에게 구하니 하나님이 다니엘로 하여금 환관장에게 은혜와 긍휼을 얻게 하신지라(단 1:8-9).

흔들리지 않고 뜻을 정하니 길이 열렸습니다. 환관장이 이를 좋게 여기고 허락했습니다. 열흘이 지난 후에 다니엘과 세 친구의 얼굴이 더욱 아름답고 살이 더욱 윤택하여 왕의 진미를 먹는 모든 소년보다 나아 보였습니다. 이로써 다니엘은 술도 안 마시고, 율법에 금한 고기를 먹지 않고, 영적 순결을 지킬 수 있었습니다. 할렐루야!

어린 소년 다니엘도 이방 땅이라는 어려운 상황 속에서 뜻을 정하니 흔들리지 않고 믿음을 지킬 수 있었습니다. 고기를 못 먹으면 죽을 것 같지요? 아닙니다. 얼굴이 더욱 아름답고 평안하고 풍요로워집니다. 술 안 마시면 사업할 수 없을 것 같지요? 아닙니다. 하나님께서 신실한 사람들을 만나게 해 주실 것입니다. 흔들리지 맙시다. 다윗은 마음을 정하고 찬양했습니다. 다윗은 새벽을 깨우며 기도했습니다. 우리 모두 새벽을 깨우며 마음을 정하고 세상 유혹에 흔들리지 않게 되기를 바랍니다.

새벽을 깨우면 응답 받습니다(6절)

6절 말씀은 시편 60편 5절 말씀을 그대로 옮겨 놓은 것입니다.

> 주께서 사랑하시는 자들을 건지시기 위하여 우리에게 응답하사 오른손
> 으로 구원하소서(6절).

하나님은 결코 택한 백성을 버리지 않습니다. 끝까지 책임져 주십니다. 손을 들고 기도하기만 하면 힘과 능력과 권세가 무궁하신 하나님께서 오른 손을 내미셔서 붙잡아 주십니다. 반드시 응답해 주십니다.

기도의 응답을 가장 많이 받았다는 기도의 아버지 조지 뮬러는 일생 90년 동안 5만 번의 응답을 받았습니다. 그는 응답의 비결을 다섯 가지로 정리했습니다.

1. 축복에 대한 유일의 근거가 예수 그리스도라는 것을 확신하라.
2. 알고 있는 모든 죄로부터 완전히 떠나라.
3. 하나님의 약속을 믿고 구하라.
4. 하나님의 기쁘신 뜻을 따라 구하라.
5. 끈질기게 기도하라.

이런 기도의 방법을 성경에 보면 여러 위인들이 사용하고 있음을 볼 수 있습니다. 성경에 자주 나오는 관용구적인 표현 중에 "아브라함의 하나님, 이삭의 하나님, 야곱의 하나님"이라는 구절입니다. 여기에는 "지금도 살아 계신 하나님, 그들에게 약속하신 언약이 지금 나에게도 똑같이

약속되어 있음을 믿습니다. 그들에게 응답해 주셨듯이 나에게도 응답해 주실 줄로 믿습니다."라는 뜻이 담겨 있는 것입니다.

하나님은 신실하십니다. 약속하신 것은 변치 않으십니다. 그래서 느헤미야서 1장에 보면 느헤미야가 "하나님, 옛적에 모세에게 약속하신 말씀을 제가 신명기 29장, 30장에서 봤는데 그 약속을 기억하시고 저의 소원을 들어주십시오."라고 기도하고 있습니다. 이런 기도를 '언약을 붙잡는 기도'라고 합니다. 언약을 붙잡고 기도하면 반드시 응답받습니다. 언약이 무엇입니까? 성경을 보십시오. 성경 31,173개 절 중에 32,500가지의 언약이 담겨 있습니다. 성경은 언약의 책입니다. 그래서 구약은 옛 언약이라는 뜻이고, 신약을 새 언약이라고 부르는 것입니다.

그런데 언약을 붙잡고 기도할 때 새벽이 좋습니다. 새벽은 처음 시간입니다. 새벽에 신문을 펼치면 세상 근심 걱정이 몰려들어 옵니다. 세상적인 잡념이 머리에 들어옵니다. 세상적인 근심, 걱정, 방법이 머리를 점령하기 전에 하나님의 방법으로, 하나님의 영인 성령으로, 생명의 말씀으로 채움 받기 때문에 새벽에 은혜가 쏟아지는 것입니다.

> 내가 날이 밝기 전에 부르짖으며 주의 말씀을 바랐사오며 주의 말씀을 조용히 읊조리려고 내가 새벽녘에 눈을 떴나이다(시 119:147-148).

새벽에 나와 주님께 부르짖으십시오. 그러면 힘을 얻습니다. 용기를 얻습니다. 응답을 받습니다. 문제가 해결됩니다.

종교개혁이라는 엄청난 사명을 감당하기 위해 루터는 새벽마다 2시간씩 기도했습니다. 그가 말하기를 "매일 아침 2시간씩 기도하지 아니하면 마귀가 종일토록 나를 이기는 고로 내가 비록 일 볼 것이 많을지라도 매일 세 시간을 기도로서 지내지 않을 수 없다.”고 했습니다. 응답 받고 능력 있는 삶을 살기 위해서는 기도해야만 합니다.

건강을 지키기 위해 많은 사람들이 새벽에 일어나 산을 오르고 공원을 산책하고 헬스클럽을 다닙니다. 그런 분들은 건강을 얻습니다. 돈을 벌기 위해 이른 새벽부터 사람들이 움직입니다. 아침 6시만 지나면 자유로로 나가는 인터체인지가 막힐 정도로 일찍부터 출근을 합니다. 새벽부터 부지런히 일하면 돈을 벌 수 있습니다.

새벽부터 교회에 나와 기도하면 응답받습니다. 특별히 어렵고 힘든 이런 시대를 살면서 부르짖으면 응답을 받습니다. 하나님께서는 우리의 작은 신음에도 응답하시는 사랑이 많으신 아버지이십니다. 위급한 사정을 가지고 나와 부르짖으면 반드시 응답하십니다.

인생이 곤고합니까? 건강을 잃었습니까? 사업이 어렵습니까? 앞길이 막막합니까? 새벽을 깨우고 응답하시는 하나님께 나와 부르짖고 응답받으시기 바랍니다.

새벽을 깨우면 승리합니다(7-13절)

새벽은 영적 전쟁의 시간입니다. 새벽을 깨우고 새벽시간을 드리면 하루를 승리할 수 있습니다. 사탄은 십자가 군병들과 정면승부를 걸지 않습니다. 뿔을 감추고 다른 모습으로 나타나 유혹하고, 회유합니다. “내일 일이 많으니까, 먼 길 가야 하니까, 오늘은 푹 자야 한다. 요즈음 몹시 신경 쓰고 피곤하니까 8시간 숙면해야 된다. 기도는 새벽만 하라는 법이 어디 있나? 낮에도, 저녁에도 시간이 많은데 왜 허고많은 시간에 하필이면 잠 잘 시간에 난리치면서 기도할게 뭐냐?" 이런 유혹을 받을 때 "나는 오늘 몹시 바쁘다. 그러므로 새벽에 세 시간 기도했다."는 루터처럼 더욱 기도에 힘쓰시기 바랍니다. 바쁜 일, 많은 일, 큰 과제를 앞에 놓고 새벽을 깨우며 하나님의 도움을 청하는 일이야 말로 영적 전쟁에 승리하는 비결임을 믿으시기 바랍니다. 새벽은 가장 취약한 시간입니다. 이러한 때를 마귀라는 놈이 놓칠 리 만무합니다.

우리는 새벽을 깨우며 영적 전쟁에 기선을 잡아야 합니다. 새벽에 나와 하나님께 힘을 얻고 응답 받은 성도들은 십자가 용사가 되어 십자가 군기를 높이 들고 용감히 행동할 수 있습니다.

백화점 직원들이 아침에 문을 열면서 큰 소리로 인사합니다. 사실은 자기 자신에게 용기를 불어넣는 것입니다. 보험사원, 요즘 말로 생활 설계사들이 구호를 크게 외치고 파이팅하면서 나가는 것도 자기 암시를 하는 것입니다. 운동선수의 파이팅도 그러합니다. 군인의 함성도 마찬가지입니다. 그리스도인도 마찬가지입니다. 새벽에 나와 하나님께 부르짖고 "하나님은 능력이 무한하십니다. 하나님은 원수마귀 대적을 밟으실 수 있습니다. 나는 하나님을 온전히 의지합니다. 하나님 나를 대신하여 싸워 주십시오." 하나님은 이렇게 새벽을 깨우고 나오는 자에게 본문에 약속하셨습니다.

하나님이 그의 성소에서 말씀하시되 내가 기뻐하리라 내가 세겜을 나누며 숙곳 골짜기를 측량하리라 길르앗이 내 것이요 므낫세도 내 것이며 에브라임은 내 머리의 투구요 유다는 나의 규이며 모압은 내 목욕통이라 에돔에는 내 신발을 벗어 던질지며 블레셋 위에서 내가 외치리라

기도하는 자에게 세겜도 주시고 숙곳도 주십니다. 모압을 목욕통 같
이, 에돔을 신으로 밟고, 블레셋을 호령한다고 약속하고 있습니다. 원수
들을 물리치고 정복한다는 말씀입니다. 새벽을 깨우고 나와 이 약속을 받
고 용감히 나아가는 성도의 앞길에는 승리만 있습니다.

촉의 제갈공명이 위나라의 사마중달과 중원에서 겨룰 때 당대 최고의
모사인 두 영웅이 마주쳤습니다. 제갈공명이 싸움의 방법을 제의합니다.
장수로 겨룰 건가, 병사로 겨룰 건가, 진법으로 겨룰 건가 결정하라고 말
했습니다. 사마중달도 병법에 관해서 자신이 있던터라 진법으로 겨루자
고 제의합니다. 제갈공명이 팔괘진을 펼치고 쳐들어와 보라고 하니 사마
중달이 세 장수에게 여덟 개 문중에 들어가면 안될 문과 들어가도 되는
문을 가르쳐 주고 진격을 명령합니다. 그런데 왠 걸 적병이 오자 공명이
부채를 한 번 부칠 때마다 병사들의 대형이 바뀌는 데 순식간에 위나라
군사들이 모두 포위되어 버리고 말았습니다. 이 팔괘진은 특정한 급소와
같은 부분을 잘 알고 들어가면 이길 수 있지만 잘못 들어가면 모두가 포
위되고 죽고 마는 그런 대형입니다.

그렇습니다. 사탄을 이기고 영적전쟁에서 승리할 수 있는 비결은 기
도의 문 밖에 없습니다. 교육도, 봉사도, 친교도, 구제도, 교회의 그 어떤
문제도 기도 없이는 승리할 수 없습니다. 사업도, 공부도, 가정도, 결혼
도, 건강도 기도 없이는 지킬 수가 없습니다. 사업의 난관도, 육신의 질병
도, 가정의 우환도, 심령의 상처도 기도하면 승리할 수 있습니다. "기도

외에 다른 것으로는 이런 종류가 나갈 수 없느니라(막 9:29)." 예수님께서 말씀하셨습니다. 약속에 신실하신 하나님을 믿고 용감히 행하면 승리할 수 있습니다.

기도하면 높여 주십니다. 기도하면 하나님께서 회복시켜 주십니다. 새벽을 깨우기 위해서는 일찍 잠자리에 드셔야 합니다. 9시 뉴스 이후에는 텔레비전을 꺼야 하고, 8시 이후에는 식사하지 말아야 합니다. 새벽에 깼을 때 즉시 일어나야 합니다. 다시 누우면 실패합니다. 죽을 병이 아니고는 나가야 한다고 결심해야 합니다. 시간이 없다는 것은 핑계입니다. 새벽에 약속이 있는 사람은 강도 내지 간첩 밖에는 없습니다. 새벽은 오직 하나님과의 약속만 가능합니다. 새벽에 한 시간을 투자하면 나머지는 하나님께서 책임지십니다. 새벽을 깨우시고 새벽에 도우시는 하나님께 나아오십시오. 마귀가 여러분을 흔들지 못하도록 하나님께서 붙드시고 기도에 응답해 주시고 영적 전쟁에서 승리하게 해 주시기를 바랍니다.

하나님은 연합을 기뻐하십니다

시편 133편 1-3절

　이스라엘은 야곱이 하나님이 보낸 천사와 씨름해서 이긴 후에 받은 이름입니다. 이스라엘은 열두 아들을 낳았고, 그들은 열두 지파의 조상이 되었습니다. 이 열두 지파 공동체가 바로 이스라엘입니다.

　이스라엘이 요셉의 공로로 애굽에 들어가 정착해서 살다가 죽을 때 요셉을 축복하면서 요셉의 두 아들 므낫세와 에브라임에게 안수하므로 요셉은 두 지파를 이루게 되었습니다. 따라서 이스라엘은 열세 지파가 되었습니다. 그런데 출애굽한 이스라엘이 가나안을 정복하면서 땅을 분할할 때 열두 지파에게만 땅을 기업으로 주었습니다. 그러면 빠진 지파는 어느 지파일까요? 레위 지파입니다. 레위 지파는 왜 기업을 주지 않았을까요? 레위 지파는 하나님께서 제사장으로 부르셨기 때문입니다. 그들은 48개 성에 흩어져 들어가 다른 지파 사람들이 하나님께 바치는 십일조로 생활했고, 그 대신 온 땅의 백성들에게 하나님의 율법을 가르치는 임무를 받았습니다.

　제가 말씀을 묵상하다가 레위(Levi: 연합, 결합시키는 자)라는 이름의 뜻에 남다른 의미가 있음을 깨달았습니다. 베드로전서 2장 9절에 보면, 예수 믿고 구원받은 우리를 향해 왕같은 제사장이라고 말씀하고 있습니다. 제사장된 여러분! 우리는 레위 지파입니다. 레위 지파의 사명이 이름에 나타나 있습니다. 나뉘어진 사람들을 결합시키는 것입니다. 흩어져 있는 사람들을 연합시키는 것입니다. 이것이 레위 지파요, 제사장된 그리스도인들의 사명임을 깨달으시기 바랍니다.

우리나라 역사에서 가장 강력한 나라는 고구려였습니다. 고구려는 중국과 싸워 여러 차례 이겼습니다. 그 영토는 만주 벌판뿐 아니라 요동을 넘어 북경 가까이에 이를 정도였습니다. 661년, 백제를 멸망시킨 당나라 소정방과 신라의 연합군이 고구려의 수도 평양성을 포위하고 7개월 동안 공격했으나 실패했습니다. 665년, 연개소문이 죽고 큰 아들 남생이 정권을 잡았습니다. 남생이 지방을 순시할 때 동생 남건과 남산이 반란을 일으켰습니다. 그러자 남생이 당나라에 투항했고, 당나라가 내분을 틈타 다시 공격해서 668년에 고구려를 멸망시켰습니다. 연합과 분열은 이렇게 다른 결과를 가져옵니다.

옛날 어느 나라의 왕이 병이 들어 살날이 얼마 남지 않게 되자 세 아들을 불러 모았습니다.

"우리나라를 주변의 강대국들이 호시탐탐 노리고 있는 것을 너희가 잘 알 것이다. 그러니 너희가 꼭 하나가 되어 나라를 지켜야 한다."

그러면서 화살을 하나씩 주고 꺾어 보라고 했습니다. 모두 쉽게 꺾었습니다. 그 다음에는 두 개씩 주면서 꺾어 보라고 했습니다. 쉽지 않았습니다. 그러나 왕자들은 힘을 써서 꺾었습니다. 그러자 이번에는 화살을 세 개씩 주면서 꺾어 보라고 했습니다. 좀처럼 꺾을 수가 없었습니다. 그 때 왕이 말했습니다.

"너희가 힘을 합하면 다른 나라가 함부로 공격해 오지 못할 것이다. 부디 형을 중심으로 하나가 되어 나라를 지키도록 해라."

세 왕자는 아버지의 교훈을 마음에 새기고 나라를 잘 지켰습니다.

하나님은 연합하고 평화를 사랑하는 자를 사랑하시고 복 주십니다. 사랑으로 연합하는 가정, 사랑으로 연합하는 교회, 평화로 통일되는 민족이 되기 바랍니다.

연합의 필수요소(1절)

연합을 하기 위해서는 여러 가지 요소들이 잘 어우러져야 합니다. 갈등의 소지가 있는 일, 오해의 소지가 있는 일, 중복의 낭비를 피해야 할 것들을 심사숙고해야 합니다.

예를 들어, 동일 업종의 회사가 하나로 통합한다고 합시다. 사무실을 어느 곳으로 정해야 할까를 의논해야 할 것입니다. 지휘 통솔 체계를 의논해야 할 것입니다. 인원 조정의 문제를 의논하게 될 것입니다. 주력 사업을 무엇으로 할 것인가를 의논해야 할 것입니다. 회사 이름, 로고, 이미지 통폐합 등등 엄청난 수고가 있은 후에 연착륙하게 될 것입니다.

보라 형제가 연합하여 동거함이 어찌 그리 선하고 아름다운고(1절)

형제가 연합해서 함께 살고 힘을 합해 선한 일을 하고 사랑의 동산을 이루는 것만큼 선하고 아름다운 일이 더 있겠습니까? 본문에서 형제란 동족이라는 의미가 강한 말입니다. 그러니까 동거는 정신적 유대 관계를 뜻합니다. 형제만 해도 우애 있게 살아갈 수 있습니다. 그러나 각각 장가 들어 다른 집 여자가 들어오면 사뭇 사정이 달라집니다. 한 가정 출신이 아니라 세 가정 출신이 모이는 것이기 때문입니다.

그런데 동족이라 하면 벌써 이스라엘은 열두 지파를 의미합니다. 따라서 지파 간의 이익과 관점 그리고 급선무가 전부 다르기 때문에 한 방향으로 가기가 쉬운 일이 아닙니다. 그래서 섣부른 연합은 오히려 대립하게 되고 분열을 일으킬 소지가 다분합니다. 그래서 연합의 필수 요소를 먼저 생각해야 할 필요가 대두되는 것입니다.

그러면 예수 안에서 형제된 그리스도인들의 연합에 대해 교회에서 교인들의 연합에 대해 생각해 보겠습니다. 그리스도인들은 예수 그리스도 안에서 한 피를 받아 한 몸을 이룬 영적인 형제요 자매입니다. 영적인 형제이기 때문에 성령으로 하나가 되어야 합니다. 예수의 영인 성령으로 충만해야 합니다. 그 다음 예수님의 말씀인 성경말씀으로 하나가 되야 합니다. 그럴 때 한 마음, 한 생각, 하나의 공동체를 이룰 수 있습니다.

동상이몽(同床異夢)이란 말이 있습니다. 같은 침상에서 자면서 다른 꿈을 꾼다는 말로 겉으로는 같이 행동하면서 속으로는 딴 생각을 한다는 뜻입니다. 성령을 충만히 받고, 말씀으로 연합할 때 동상이몽을 벗어나 진정한 연합을 이룰 수 있습니다.

김요한이라는 목사님이 연합을 영어 Together의 철자로 재미있게 풀이한 것을 보았습니다.

Together(함께, 같이)

T(Time): 함께 시간을 보내십시오.

O(Obey): 겸손하게 복종하십시오.

G(Guide): 친절한 안내자가 되십시오.

E(Encourage): 용기를 주는 사람이 되십시오.

T(Toss): 상대가 잘할 수 있도록 기회를 주십시오.

H(Hand in hand): 손에 손을 잡고 협력하십시오.

E(Empty): 자신의 마음을 비우십시오.

R(Respect): 서로를 존중하십시오.

마음에 새기고 실천할 만한 아주 좋은 내용입니다. 이런 정신으로 나아가면 형제가 연합하고 동거하는 일이 정말 선하고 아름답게 열매를 맺게 될 것입니다. 우리가 이런 노력을 기울일 때 성령께서 기름 부어 주시고 복을 주셔서 사랑과 희락과 화평과 인내와 자비와 양선과 충성과 온유와 절제의 열매를 주렁주렁 맺게 될 것입니다.

우리나라는 88올림픽을 치르면서 여행 자유화가 되었습니다. 그때까지 우리나라 사람들은 외국을 자유롭게 다닐 수 없었습니다. 한국을 섬이라고 생각하는 사람들이 없지만 우리는 북쪽이 막혀 있기 때문에 섬에 갇혀 살고 있는 것과 다름없습니다.

1989년에 저는 중창단과 함께 유럽 순회여행을 3주 동안 다녀왔습니다. 그때 큰 충격을 받았습니다. 유럽에는 여러 나라가 있는데 국경이 없었습니다. 국경이 있기는 하지만 열차도 자동차도 여권만 보여 주면 그냥 통과했습니다. 국경을 지키는 군인들도 없었습니다. 이미 유럽은 하나로 연합되어 공동생활권을 이루어 살고 있었습니다. 그들이 참으로 여유롭게 보이고 부러웠습니다. 교회들도 진정으로 연합하고 사랑의 공동체를 이룬다면 세상 사람들이 부러워하고 사모하며 달려오게 될 줄 믿습니다.

사랑하는 형제자매 여러분! 연합의 필수 요소를 깨닫고 형제의 손을 잡고 선하고 아름다운 공동체, 교회를 만들어 가시기 바랍니다.

연합의 아름다움(2절)

마귀는 성도들이 연합하는 것을 제일 싫어합니다. 우리가 성령 충만하여 연합하는 것을 제일 두려워합니다. 그래서 사람들을 서로 시기하고, 쟁투하고, 분열하게 만듭니다. 성령은 하나되게 하시고 마귀는 분열시킵니다.

소련공산당을 창설한 레닌(Lenin 1870-1924)이 이런 말을 했습니다.

하나의 민주적 정부를 전복시키기 위해서는 비록 총 국민투표가 10%에 미치지 못하더라도 강인하게 훈련된 소수의 공산주의자가 필요하다. 만일 정당이 다섯 개 존재한다면 당신들은 네 정당과 연합전선을 형성하여 한 정당을 파괴시켜야 한다. 그리하여 네 정당만 남게 되면 세 정당과 연합하여 한 정당을 파괴시켜야 한다. 세 개의 정당만 남으면 그때는 두 개의 정당과 연합하여 남은 하나의 정당을 파괴시켜야 한다. 그리하여 마침내 두 개의 정당만 남게 되면 승리는 여러분의 것이 된다.

이렇게 공산당의 전술은 마귀의 전술과 똑같이 분열시키고 파괴시키는 방법을 사용합니다. 우리는 세상권세를 잡은 마귀의 궤계를 꿰뚫어 보고 성령의 하나되게 하심을 더욱 힘써 행해야 합니다. 그러기 위해서는 연합의 아름다움을 알아야 합니다. 그리고 전해야 합니다. 본문은 연합의 아름다움을 그림같이 보여 줍니다.

머리에 있는 보배로운 기름이 수염 곧 아론의 수염에 흘러서 그의 옷깃
까지 내림 같고(2절)

이 말씀은 거룩한 하나님의 백성이 된 이스라엘 공동체의 존귀함과 아름다움을 대제사장의 임직식에 비유해서 노래한 것입니다. 처음 대제사장은 모세의 형 아론이었습니다. 그 후에는 아론의 후손만 대제사장이 될 수 있었습니다. 그러니까 아론의 후손 대제사장을 임직식할 때 머리에 보배로운 기름을 부었습니다. 보배로운 기름이란 출애굽기 29장 7절에 '관유'라고 되어 있습니다. 관유가 구체적으로 어떤 기름인가 출애굽기 30장 23-25절에 제조법이 나옵니다.

너는 상등 향품을 가지되 액체 몰약 오백 세겔과 그 반수의 향기로운 육계 이백오십 세겔과 향기로운 창포 이백오십 세겔과 계피 오백 세겔을 성소의 세겔로 하고 감람 기름 한 힌을 가지고 그것으로 거룩한 관유를 만들되 향을 제조하는 법대로 향기름을 만들지니 그것이 거룩한 관유가 될지라.

관유는 몰약, 육계, 창포, 계피, 감람유 다섯 가지를 혼합한 기름입니다. 이 기름은 서로 다른 각종 재료들이 연합되어 만들어진 것임을 알 수 있습니다. 쓴맛, 단맛, 강한 향, 부드러운 향이 섞인 것을 뜻합니다. 서로 다른 특성을 지닌 모든 향을 하나로 섞을 때 거룩한 관유가 된다는 영적 의미를 담고 있습니다.

제사장은 무엇을 하는 사람입니까? 서로 다른 사람들을 하나로 모아

하나님을 경배하게 하고 은총을 받게 하는 직분을 맡은 사람이라는 뜻입니다. 이 기름을 처방하신 하나님은 모든 사람이 그리스도 안에서 하나되어 거룩한 향기가 되기를 원하십니다. 진정한 하나님의 교회에서 울려 퍼지는 찬송은 곡조보다는 화음이 중요합니다.

대제사장의 머리에 부은 기름이 흘러내릴 때 먼저 아론의 수염을 타고 흘러내립니다. 대제사장은 수염을 자르면 안됩니다. 수염을 길게 길렀습니다. 그 수염을 타고 흐른 기름이 옷깃을 타고 흘러내리는 데 대제사장의 옷은 인간의 수치를 가리는 뜻으로 발이 보이지 않도록 땅에 닿게 만들었습니다. 그러니까 그 기름이 옷깃을 흘러 내릴 뿐 아니라 주변의 땅까지도 적시게 됩니다. 이것이 바로 연합의 아름다움입니다. 연합이 잘 되면 주변에 거룩한 영향력을 미치게 된다는 뜻입니다. 향기가 진동합니다. 성령 충만함을 얻습니다.

성경에서 기름은 성령을 상징합니다. 따라서 기름으로 온몸을 덮었다는 것은 성령 충만한 공동체를 이룬다는 뜻입니다. 거기에는 기쁨이 충만합니다. 은혜가 충만합니다. 사랑이 충만합니다. 성령의 충만을 받는 비결이 무엇입니까? 말씀으로 교제하는 것입니다. 말씀을 읽고 듣고 배우고 암송하고 지킬 때 성령님이 역사하셔서 코이노니아가 이루어지고 진정한 연합이 이루어지는 법입니다.

말씀 없이 성령의 역사 없고, 성령의 역사 없이 진정한 연합은 없습니다. 그러므로 연합의 아름다움을 체험하고 그런 교회를 이루고 싶으면 성경말씀 중심에 서서 성경말씀으로 교제해야 합니다. 그래야 성령의 기름 부으심이 공동체에 임하게 됩니다. 말씀 충만, 성령 충만으로 연합의 아름다움을 체험하고 복음을 전하며 사는 그리스도인과 교회가 되기를 원합니다.

연합의 열매(3절)

현대인들은 매우 불안한 시대를 살아갑니다. 과학과 의학의 발달로 수명은 늘어가는데 반해 자신의 지위가 불안하고 미래가 불투명합니다. 그래서 늘 불안합니다. 그런 가운데 살면서도 옛날같이 가족 공동체가 끈끈하지 않고 마을 공동체는 이미 해체되었습니다. 그래서 혼자 사는 사람이 점점 늘어갑니다. 독신 세대의 증가폭이 놀랍게 올라가고 있습니다. 혼자 밥 먹고, 혼자 술 마시고, 혼자 사는 사람이 점점 늘어가고 있습니다. 많은 사람이 형제와 연합하고 동거하는 것을 거부한 채 외로움에 몸을 떨면서 살아가고 있습니다. 이런 시대를 살아가는 그리스도인들은 주님과 잡은 손을 내밀어 형제들의 손을 잡아 주어야 합니다. 우리 그리스도인들은 이웃과 연합하고 동행하는 아름다운 마음을 가져야 합니다.

> 결코 인간은 자수성가할 수 없다. 누군가 나의 좋은 동역자가 되었기 때문에 성공할 수 있었다(카네기).

그렇습니다. 좋은 부모, 좋은 선생, 좋은 친구, 좋은 신앙의 동지가 있었기에 오늘의 내가 존재하는 것입니다. 그러기에 우리도 그 누구에게 좋은 친구가 되어야 합니다. 부모들이 자녀들에게 "나쁜 친구 사귀지 말아라." 이런 부정적인 말보다는 "어려운 친구 도와 주어라." 같은 말을 하는 것이 교육적으로 좋은 것입니다.

서로 마음을 같이하며 높은 데 마음을 두지 말고 도리어 낮은 데 처하며 스스로 지혜 있는 체 하지 말라(롬 12:16).

사도 바울이 말씀을 통해 진정한 연합의 방법을 깨우쳐 주고 있습니다. 연합하려면 첫째, 마음을 같이 하고, 둘째, 마음을 낮은데 두고, 셋째, 상대방의 장점을 보아야 합니다. 이렇게 연합에 힘쓸 때 아름다운 결과가 나타납니다. 이런 연합의 열매에 대하여 3절은 이렇게 말씀하고 있습니다.

헐몬의 이슬이 시온의 산들에 내림 같도다 거기서 여호와께서 복을 명령하셨나니 곧 영생이로다(3절).

3절에 두 개의 산이 나옵니다. 헐몬산(2,800m 높이의 산으로 요단강의 근원)과 시온산(765m 높이의 예루살렘 남서쪽에 있는 산)입니다. 헐몬산에서 찬 기류를 타고 시온의 들녘에 이슬이 내립니다. 이것을 영적으로 해석해 보겠습니다. 헐몬산은 지도자를, 시온산은 모든 백성을 뜻합니다. 지도자와 백성이 한 마음, 한 뜻으로 연합할 때 하나님의 은총이 임하고 형통한 나라가 된다는 뜻으로 해석할 수 있습니다.

또한 "내림 같도다"라는 말씀 속에서 모든 것은 내려갈 때 영향력을 갖게 됩니다. 낮아짐의 힘입니다. 하나님의 아들이신 예수님께서 낮아지셔서 인간이 되시고 거기서 더 낮아지셔서 십자가를 지심으로 인간을 죄에서 구원하셨습니다. 이 은혜를 받은 그리스도인들은 낮은 데로 내려가야 합니다. 소외된 자, 병든 자, 아픈 자, 외로운 자, 나그네 된 자, 포로된 자를 돌아볼 수 있는 눈을 갖고 품을 수 있는 마음을 가져야 합니다.

3절 후반절에 "거기서" 복을 주신다고 말씀하고 있습니다. 이것은 시온에서 그리고 낮은 자리로 내려가 형제와 연합하는 곳에서의 의미입니다. 먼저 시온은 하나님이 임재하신 성산이요, 예루살렘 성전을 상징합니다. 하나님을 중심해서 연합할 때 영생을 얻는다는 말씀입니다. 동시에 낮은 데로 내려가 형제와 연합할 때 하나님의 구원의 은혜가 세계 만민에게 흘러가게 된다는 뜻입니다.

우리는 축복의 통로로 먼저 부름을 받은 사람입니다. 따라서 구원의 은총, 영생의 복을 아직 알지 못하는 사람들에게 내려가 손을 내밀고 복을 전해야 합니다. 이것이 모든 그리스도인들의 사명입니다. 나만 복을 받고 영생을 받는 것으로 끝나는 것이 아니라 이것을 내려가면서 전해야 합니다.

하나님께서 이스라엘을 선택하셔서 세상 모든 사람에게 복을 전하는 사명을 주셨습니다. 그런데 그것을 깨닫지 못하고 혼자 소유하려다가 복을 잃고 말았습니다. 그래서 촛대가 우리 그리스도인들에게 옮겨진 것입니다. 우리 교회가, 우리들이 복의 근원이 되어 사람들에게 생명을 전할 사명을 새로 부여받은 것입니다. 그러기 위해서는 어디에서나 연합하는 삶을 살고, 연합의 열매를 맺어야 합니다. 우리 모두가 삶 속에서 낮은 곳으로 내려가 연합에 힘쓸 때 성령께서 풍성한 열매를 맺게 하십니다.

어디에서나 낮은 데로 임하여 연합에 힘쓰시기 바랍니다. 축복의 통로가 되고 생명을 풍성하게 맺을 것입니다.

성경의 유익

시편 119편 9-16절

　10여 년 전, 전방 부대의 사병 한 명이 영적인 질병을 앓고 있으니 기도해 달라는 부탁을 해 왔습니다. 부대를 방문하여 그 병사를 만나고 저는 큰 충격을 받았습니다. 군대 입대하기 전에 교회를 다녔으며 세례를 받았고, 군대에서도 군인 교회에 출석하고 있는 이 병사는 환청과 환상 그리고 자주 쓰러지며 넘어지는 속에서도 한 번도 스스로 기도하지 못했고, 성경도 읽지 않았다는 사실입니다. 주기도문도 완전하게 외우지 못했고, 성경도 갖고 있지 않았습니다.

　"예수를 구주로 믿느냐?"는 질문에 "그렇다."고 대답했습니다. 저는 이 청년이 정말 "예수를 구주로 믿고 있느냐?" 하는 것을 다시 한번 생각해 봐야 할 문제라고 생각했습니다. 교회 생활을 오랫동안 했음에도 불구하고 자신에게 큰 문제가 일어났는데 성경을 읽으려고도 하지 않고, 기도도 하지 못한다고 한다면 그런 신앙을 온전하다고 할 수 있겠습니까? 이것은 그 청년의 개인적인 문제일 수도 있겠으나 만일 이것이 한국 교회 교육의 문제라고 한다면 큰일이라는 생각이 들면서 마음이 착잡했습니다.

　군인은 적을 만나면 총을 쏠 줄 알아야 합니다. 학생은 시험을 보면 문제를 풀 줄 알아야 합니다. 주부는 주방에 들어가 밥을 지을 줄 알아야 합니다. 신앙인은 문제를 만날 때 성경에서 답을 찾고 예수의 이름으로 기도할 줄 알아야 합니다. 너무나 당연한 이야기입니다. 그런데 현실이 그렇지 않다면 큰일 아니겠습니까?

교회에서 여름과 겨울, 방학이 되면 영아부로부터 어른에 이르기까지 성경학교, 수련회, 단기 선교에 이르기까지 수많은 행사가 열립니다. 이 성경학교와 수련회에 많은 학생이 참여하도록 힘씁니다. 흥미진진하고 재미있고 신나는 프로그램을 진행합니다. 그러나 꼭 잊지 말 것은 성경 없는 성경학교, 기도 없는 수련회가 되지 않도록 성경말씀과 기도가 중심이 될 수 있기를 바랍니다. 그래서 성경학교, 수련회가 끝나면 어린아이들도 자연스럽게 기도할 수 있고, 성경말씀을 암송하고, 규칙적으로 성경말씀을 읽는 운동이 일어나게 되기를 바랍니다.

최근에 성경말씀을 어떻게 효과적으로 가르칠까라는 고민보다 아이들의 흥미를 유발시킬 이벤트성 행사를 마련하느라 교사들이 적지 않은 노력을 기울이는 경향이 있습니다. 구세군의 창설자 윌리엄 부스(William Booth) 대장이 세상을 떠나기 전 이런 말을 남겼습니다.

장차 그리스도가 없는 그리스도교, 중생없는 구원, 그리스도 없는 성경, 그리고 회개 없는 용서를 논할 때가 올 것이다.

상업주의로 인해 그리스도 없는 크리스마스를 보는 것처럼 성경 없는 성경학교, 기도 없는 수련회가 되면 안 됩니다. 무엇보다 성경말씀을 배우고, 영적인 훈련을 쌓고자 하는 목적 의식이 분명해야 합니다. 중세 교회가 본질적인 데서 떠나 형식화되고 타락했을 때, 마르틴 루터를 비롯한 개혁자들이 "성경으로 돌아가자!"고 외치며 종교개혁을 일으켰던 것처럼 성경학교도 수련회도 오늘 교회의 모든 프로그램도 성경 중심으로 돌아가야 합니다.

예수님은 우리 인간이 떡으로만 살 수 없는 존재임을 말씀하셨습니다.

> 예수께서 대답하여 이르시되 기록되었으되 사람이 떡으로만 살 것이 아니요 하나님의 입으로부터 나오는 모든 말씀으로 살 것이라 하였느니라 하시니(마 4:4)

우리 인간은 육신을 위해 양식을 먹어야만 삽니다. 우리 영혼도 생명의 말씀인 성경말씀을 먹어야만 살 수 있습니다. 영혼 없는 몸이 죽은 몸인 것처럼 영혼이 병들었는데 육신만 살쪄 있다면 그것은 범죄의 도구요, 사탄의 노예가 되고 마는 것입니다. 따라서 "영혼의 양식을 먼저 취하기 전에는 육신의 양식을 먹지 않으리라." 결단하는 신앙훈련이 필요합니다. "No Bible, No Breakfast!"

왜 성경을 읽어야 합니까? 하나님의 말씀이기 때문입니다. 성경말씀을 읽으면 온전한 사람이 됩니다. 선한 일을 행하는 인격자가 됩니다. 성경말씀은 생명이 있습니다. 사람을 변화시킵니다. 탕자가 성자 되고, 창녀가 성녀가 되고, 깡패가 전도자 되고, 우둔한 자가 지혜자가 됩니다. 이것은 역사가 증명합니다. 인류 역사상 가장 많은 사람이 읽고, 가장 많이 팔리고, 오래도록 베스트셀러가 된 최고의 책이 성경입니다. "눈물의 빵을 먹어 보지 않는 사람과 인생을 논하지 말라."는 말이 있습니다. 저는 이렇게 말합니다. "성경을 읽어 보지 않는 사람과는 인생을 논하지 마십시오." 본문 말씀을 통하여 성경의 유익을 깨닫게 되기 원합니다. 성경말씀을 읽고, 말씀을 따라 행복한 삶을 살기 원합니다.

깨끗해집니다(9-10절)

유치원에 입학한 흑인 아이가 집에 오더니 세면장으로 갑니다. 그리고 열심히 씻습니다. 엄마가 생각하기를 "유치원 교육이 좋기는 좋구나." 그렇게 "손발을 깨끗이 씻어라.", "밖에 나갔다 오면 손을 씻어야 한다."고 가르쳐도 말을 듣지 않던 아이가 유치원에 갔다 오더니 즉시 씻으러 들어가는 걸 보니 신통했습니다. 그런데 10분이 지나도 아이가 나오질 않습니다. 그래서 엄마가 세면장 문을 열어 보았습니다. 그랬더니 아이가 비누칠을 하고 자신의 얼굴을 열심히 빡빡 문지르고 있었습니다. 이상해서 엄마가 묻습니다.

"애야, 왜 그렇게 얼굴을 박박 문지르고 있니?"

그때 어린 딸이 이렇게 말합니다.

"엄마, 유치원 친구의 얼굴은 하얀데, 내 얼굴은 왜 까맣죠?"

어린 마음에 처음 만난 백인 아이의 얼굴이 몹시 부러웠던 것입니다. 그러나 아무리 문질러도 흑인은 백인이 될 수는 없습니다.

마찬가지입니다. 죄 많은 인간의 죄가 물로 빡빡 씻는다고 사라지는 것이 아닙니다. 눈물을 흘린다고 사라지는 것이 아닙니다. 감옥에서 형을 살고 나온다고 씻어지는 것이 아닙니다. 고행을 한다고 없어지는 것도 아닙니다. 오직 하나님의 말씀만이 우리를 깨끗하게 할 수 있습니다.

청년이 무엇으로 그의 행실을 깨끗하게 하리이까 주의 말씀만 지킬 따름이니이다 내가 전심으로 주를 찾았사오니 주의 계명에서 떠나지 말게 하소서(9-10절).

청년기는 힘과 열정이 있어 모든 일을 적극적으로 추진할 수 있는 시기이지만, 감정과 정욕에 휩쓸려 범죄 하기가 쉬운 때입니다. 청년만 그런 것이 아니라, 사람은 누구나 범죄하기 쉽습니다. 그러므로 사람이 범죄하지 않고, 깨끗하게 살기 위해서는 말씀을 따라 살아야 합니다.

9절에 "주의 말씀만 지킬 따름이니이다."라고 할 때 "지키다(개역한글, 삼가다)"라는 말은 히브리어 '쇼마르'로 '준수하다'라는 뜻입니다. 사람이 행실을 깨끗이 할 수 있는 방법은 주의 말씀을 준수하는 것입니다.

다시 말해, 말씀을 따라 살 때 깨끗하게 살 수 있습니다. 그래서 시인은 전심으로 주를 찾고 계명을 떠나지 않게 해 달라고 간구하고 있습니다. 인간은 의지가 약하고 죄성으로 인하여 항상 범죄할 가능성을 갖고 있기에 하나님의 말씀을 떠나지 않게 해 달라는 시인의 기도는 바로 우리 모두가 드려야 할 기도인 것입니다.

성경말씀은 거룩한 사람을 만드는 하나님의 처방전입니다. 성경은 하늘나라에 가는 길을 모든 사람에게 알려 주는 안내서입니다. 성경은 사람들의 영혼의 병을 어떻게 고칠까를 보여 주는 의학책입니다. 그러므로 영혼의 건강을 위한다면 성경말씀을 따라 살아야 합니다.

일본에서 한 청년이 일하기는 싫고 놀고 먹다가 돈이 떨어지니까 밤에 도둑질을 하게 되었습니다. 하루는 여자 신학교 기숙사에 들어가 큰 자루에다가 귀중품과 옷가지를 담아 가지고 왔습니다. 잠을 자고 낮에 일어나

훔쳐온 물건을 정리하다가 외투 주머니에 지갑 같은 딱딱한 것이 있어 얼른 꺼내 보았더니 포켓용 성경이었습니다. "재수 없게 예수쟁이 책이 걸렸다."고 투덜대면서 방구석에 던져 버렸습니다. 방에서 뒹굴며 자다가 깨어 심심해서 아까 던져 버린 성경책을 집어 들었습니다. 책을 넘기다가 눈에 확 들어오는 말씀에 깜짝 놀랐습니다.

> 도둑질하는 자는 다시 도둑질하지 말고 돌이켜 가난한 자에게 구제할 수 있도록 자기 손으로 수고하여 선한 일을 하라(엡 4:28).

이 말씀에 충격을 받고 두근거리는 가슴을 쓸고서 책을 얼른 덮었습니다. 마음에 갈등이 생기기 시작했습니다. 저녁에 일을 하러 나섰는데 주일 저녁 교회 종소리가 울려 퍼졌습니다. 자기도 모르게 교회로 들어가 뒷자리에 앉았습니다. 목사님의 설교 제목이 "도둑질하지 말고 선을 행하라"였습니다. 설교가 끝난 후 이 청년이 목사님을 찾아가 회개했습니다. 목사님은 관심을 가지고 이 청년을 잘 지도했습니다. 믿음이 자란 청년이 신학교에 입학했습니다. 그리고 졸업 후 믿음 좋은 아가씨와 결혼하고 북해도 선교사로 나갔습니다.

어느 날, 이 선교사가 전도하러 나간 사이에 부인이 책상을 정리하다가 낯익은 성경을 발견했습니다. 자신이 7년 전, 신학교 시절 기숙사에서 잃어버린 성경책이었습니다. 남편이 돌아온 후에 그 사연을 물었더니 남편이 과거를 털어놓았습니다. "이 책이야말로 나를 목사로, 선교사로 만들어준 보물"이라고 말했습니다. 부부는 눈물 흘리며 하나님께 감사의 기도를 드렸습니다.

하나님의 말씀이 우리의 마음에 새겨질 때 그것은 우리를 죄의 심연 속에서 건져냅니다. 뿐만 아니라, 말씀은 죄를 씻어 깨끗한 사람을 만들어 줍니다. 세상의 많은 사람들은 큰 사람이 되기를 원합니다. 유명인이 되고, 스타가 되기를 원합니다. 그러나 수많은 사람이 그 문턱에서 넘어지고 쓰러져 큰 사람이 되지 못합니다. 그 문턱은 깨끗함의 문턱입니다. 깨끗하지 못하면 큰 사람이 될 수가 없습니다. 재산을 모았던 방법이 깨끗하지 못해서 청문회에서 국무총리, 장관, 시장의 자리에 오르지 못하고 떨어지는 사람들을 우리는 많이 보았습니다. 하나님께서 큰 사람을 찾지 않으시고 깨끗한 사람을 찾으십니다.

> 그러므로 누구든지 이런 것에서 자기를 깨끗하게 하면 귀히 쓰는 그릇이 되어 거룩하고 주인의 쓰심에 합당하며 모든 선한 일에 준비함이 되리라(딤후 2:21).

하나님은 우리를 말씀으로 씻어 깨끗하게 하시기를 원하십니다.

> 이는 곧 물로 씻어 말씀으로 깨끗하게 하사 거룩하게 하시고 자기 앞에 영광스러운 교회로 세우사 티나 주름 잡힌 것이나 이런 것들이 없이 거룩하고 흠이 없게 하려 하심이라(엡 5:26-27).

여러분, 말씀을 읽으십시오. 그 말씀을 따라 사십시오. 말씀이 우리를 깨끗하게 하고 거룩하게 할 것입니다.

담대해집니다(11-12절)

영국 해안에서 사용하는 밧줄에는 붉은 실이 한 가닥 들어 있습니다. 누가 밧줄을 잘라가더라도 영국 정부의 소유물이라는 것을 알 수 있도록 처음 만들 때부터 그렇게 꼰 것입니다.

이와 마찬가지로 성경 전체에 붉은 줄이 들어가 있습니다. 붉은 줄은 예수 그리스도를 뜻합니다. 다시 말해, 성경 전체가 예수 그리스도를 가르치고 있다는 뜻입니다. 창세기 3장 15절에 처음 예수 그리스도에 대한 예언이 나옵니다.

> 내가 너로 여자와 원수가 되게 하고 네 후손도 여자의 후손과 원수가
> 되게 하리니 여자의 후손은 네 머리를 상하게 할 것이요 너는 그의 발
> 꿈치를 상하게 할 것이니라 하시고

여기에서 '너'는 사탄을 뜻하고, '여자의 후손'은 예수 그리스도를 뜻합니다. 이렇게 시작된 메시아에 대한 직접적인 약속이 200개나 되고, 간접적인 약속이 1,500개나 들어 있습니다. 그러므로 성경에는 예수 그리스도의 붉은 피가 강물을 이루고 흐르고 있습니다.

출애굽한 이스라엘 백성이 가나안 땅에 들어가기 위해 여리고성을 정탐하도록 두 명의 날쌔고 용감한 정탐꾼을 여리고성에 침투시켰습니다. 성벽을 무사히 올라갔다 싶었는데 그만 파수꾼들이 그들의 뒷모습을 보고 추격해 옵니다. 다급한 정탐꾼들이 성벽 위에 있는 술집으로 숨어 들었습니다. 정탐꾼과 술집 주인 라합이 마주쳤습니다.

"우리를 도와 주십시오. 우리를 살려 주시기만 하면 은혜를 잊지 않겠

습니다."

그러자 라합이 그들을 옥상으로 데리고 올라가더니 삼대를 말리는 속에 감추고는 아래로 내려갔습니다. 뒤이어 파수꾼들이 쫓아왔습니다.

"이리로 뛰어 들어온 수상한 사람을 못 보았느냐?"

"예, 제가 놀라 소리치니까 저쪽으로 달아났습니다."

거짓말을 하여 파수꾼들을 따돌렸습니다. 이렇게 하여 목숨을 건진 정탐꾼들에게 라합이 말합니다.

"내가 당신들을 살려 주었으니 이스라엘이 여리고성을 물리칠 때 우리 집을 구해 준다는 표를 내어 놓아라."

그러자 정탐꾼들이 말합니다. "우리가 여리고를 쳐들어올 때 너희 집 창문에 붉은 줄을 매어 놓아라."

약속대로 라합은 '붉은 줄'을 매어 놓았고 이스라엘이 여리고를 점령할 때 라합과 그 가족들은 구원받고, 라합은 살몬과 결혼하고, 보아스를 낳았고 보아스의 고손자 중에 다윗왕이 태어나게 되었고 다윗의 후손 중에서 예수 그리스도가 태어났던 것입니다.

> 라합이 이르되 너희의 말대로 할 것이라 하고 그들을 보내어 가게 하고 붉은 줄을 창문에 매니라(수 2:21).

이 '붉은 줄'이 바로 예수그리스도를 뜻하는 생명줄인 것입니다. 생명줄을 잡는 자는 담대해집니다. 라합이 담대하여 가족을 구원하고 다윗의 조상이 되고 생명의 계보에 들어가게 된 것은 바로 하나님의 언약의 말씀을 따라가는 사람은 담대해져서 위험을 무릅쓰고 영원한 생명을 얻게 될 것을 보여 주는 사건입니다.

> 내가 주께 범죄하지 아니하려 하여 주의 말씀을 내 마음에 두었나이다
> 찬송을 받으실 주 여호와여 주의 율례들을 내게 가르치소서(11-12절).

주의 말씀을 마음에 두면 담대해져서 악인을 물리치고, 사탄을 대적하며, 죄악의 자리에서 벗어날 수 있습니다. 그렇게 될 때 하나님 앞에 찬송과 영광을 돌리는 삶을 살 수 있게 되는 것입니다.

다니엘의 세 친구, 사드락, 메삭, 아벳느고도 하나님의 말씀을 마음에 두고 그 말씀을 따라 살았기에 풀무불에 들어가는 절대 절명의 위기 속에서도 범죄치 않고 믿음을 지킬 수 있었던 것입니다.

세상적으로 볼 때, "혼자 주먹으로 열 명을 쓰러뜨렸다." "나는 세상에 겁날 것이 없다." 호언장담하는 사람이 담대한 사람입니다. 그러나 신앙적으로, 영적으로 볼 때는 하나님의 말씀을 따라 세상의 어떤 유혹에도 흔들리지 않는 사람이 담대한 사람입니다. 하나님의 말씀을 따라 살면 사람을 두려워하지 않습니다.

> 사람을 두려워하면 올무에 걸리게 되거니와 여호와를 의지하는 자는 안전하리라(잠 29:25).

> 천만인이 나를 에워싸 진 친다 하여도 나는 두려워하지 아니하리이다
> (시 3:6).

이 말씀을 읽을 때마다 마르틴 루터가 생각납니다. 종교개혁 초기 교황이 소환한 재판정에 나갔을 때 위용을 갖춘 추기경과 수많은 재판관 앞에서 루터는 이렇게 외쳤습니다.

"주여, 내가 여기 있나이다! 나를 지켜 주시옵소서. 저 성채 지붕의 기왓장같이 수많은 마귀가 달려들지라도 '나는 두렵지 않습니다.'"

그는 그의 모든 책들을 불사르고 잘못을 인정하고 무릎을 꿇으라는 요구에 굴하지 않고 그 자리를 빠져나왔던 것입니다.

하나님의 말씀을 따라 살면 담대해집니다. 두려움이 사라집니다. 사람을 무서워하지 않습니다. 죄악과 싸워 물리칠 수 있습니다. 하나님의 말씀을 따라 죄악을 물리치고 담대하게 살기 원합니다.

즐거움을 회복합니다(13-16절)

미국 캘리포니아주 새들백교회의 릭 워렌 목사가 2006년에 한국을 방문해서 목회자 세미나를 인도하고, 상암 월드컵경기장에서 대중 집회를 했습니다. 릭 워렌이 어떤 사람이기에 한국 교회가 그를 기다리고 함께 은혜 받기를 기대한 것일까요?

그는 1980년에 개척한 새들백교회를 26년 만에 등록 교인 85,000명, 출석 교인 25,000명의 대형 교회로 성장시켰습니다. 한국에는 그보다 큰 교회가 10개는 됩니다. 문제는 그가 교회 성장뿐 아니라, 160개국 40여만 명의 목회자를 대상으로 세미나를 인도했으며 그가 쓴 『목적이 이끄는 삶』이라는 책을 3,000만 권 판매했다는 것입니다. 우리나라에서만도 100만 권이나 팔렸습니다. 그는 지금 '미국을 위대하게 만든 15인'에 선정되었고, '제2의 빌리 그레이엄'으로 불리는 미국의 최고 영향력 있는 목사입니다.

그는 모든 수입의 90%를 교회와 사회에 내놓고, 에이즈 환자와 사회적 약자를 돕고, 교회를 개척하는 일에 사용하고 있습니다. 자신은 4년 된 포드 트럭을 타고 주일예배에도 캐주얼 차림으로 설교하는 등 본이 되고 있는 삶을 살고 있습니다.

가장 중요한 것은 『목적이 이끄는 삶』을 통하여 "우리는 왜 이 땅에 존재하는가?" 그 목적을 알고 하나님의 큰 뜻을 알게 되면 스트레스도 덜 받고 어떤 결정도 바르게 내릴 수 있고, 무엇보다 영생을 제대로 준비할 수 있음을 가르쳐 주었습니다. 1973년, 빌리 그레이엄 목사의 여의도 집회가 한국 교회 '영적 부흥'의 신호탄이었다면 릭 워렌 목사의 방한이 '질적 성숙'의 계기가 되기를 바라면서 '부흥의 파도를 소망하라'는 주제로 집회를 가진 것입니다.

하나님의 목적을 알고 목적에 이끌림 받는 삶을 살기 위해서는 하나님의 말씀을 읽고, 듣고 배워야 합니다. 그렇게 되면 삶의 목적을 알게 되고, 인생의 즐거움을 회복하게 되는 것입니다.

사람들은 돈이 행복을 가져올 줄 알고, 돈 버는 것을 목적으로 알고 돈에 미쳐 살지만, 결코 돈은 사람에게 진정한 즐거움을 주지 못합니다. 돈은 결국 사람을 돈돈하다 돌게 만듭니다. 주의 말씀에 따라 사는 사람은 세상 모든 사람이 재물을 즐거워할 때 하나님의 말씀의 증거를 바라보며 즐거워합니다. 목적이 이끄는 삶을 살게 되는 것입니다.

인생의 가장 중요한 목적이 무엇입니까? 하나님께 영광 돌리고 영원토록 그분으로 인하여 즐거워하는 것입니다. 이것은 말씀을 따라 사는 사람만이 깨닫고 누릴 수 있는 즐거움입니다. 읽지 않는 성경을 가지고 있다고 구원을 얻을 수 없고, 순종하지 않는 성경말씀을 듣는다고 구원을 얻을 수 있는 것이 아닙니다. 하나님의 말씀을 따라 살 때 구원의 즐거움을 누릴 수 있는 것입니다.

영국의 문호 스코트는 일생을 책과 함께 보냈습니다. 누가 와도 한 손에는 책을 든 채 이야기를 할 정도였습니다. 그가 세상을 떠나기 몇 시간 전에 아들에게 책을 달라고 부탁했습니다. 아들이 "이 많은 책 중에서 어떤 책을 드릴까요?" 했더니 "이제는 다른 책은 볼 것이 없고 저기 성경책을 달라."고 했습니다. 갖다 드렸더니 요한복음 14장을 읽어 달라고 했습니다. 아들이 요한복음 14장을 읽을 때 "나는 이 말씀으로 위안을 삼는다." 하며 평안히 잠들었습니다.

> 너희는 마음에 근심하지 말라 하나님을 믿으니 또 나를 믿으라 내 아버지 집에 거할 곳이 많도다 그렇지 않으면 너희에게 일렀으리라 내가 너희를 위하여 거처를 예비하러 가노니 가서 너희를 위하여 거처를 예비하면 내가 다시 와서 너희를 내게로 영접하여 나 있는 곳에 너희도 있게 하리라(요 14:1-3).

미국의 16대 대통령 링컨은 성경을 가리키면서 "이 책에 대하여 말할 수 있는 것은 하나님께서 인간들에게 은혜로 주신 선물 중에 제일 귀중한 것입니다. 무엇이든지 인생의 즐거움을 위한 것은 금생이나 내생에서나 언제든지 이 책에서 찾아야 합니다."라고 말했습니다.

교회에 다니면서 표정이 어둡고 기쁨이 없는 사람들은 하나님의 말씀인 성경을 읽지 않기 때문입니다. 악마는 먼지가 앉아 있는 성경을 가진 사람을 무서워하지 않습니다. 그러나 성경을 읽는 소년을 무서워합니다. 하나님의 자녀들이 괴로워하고 슬픔 중에 있고 어둠에 쌓여 있는 것은 하나님의 뜻이 아닙니다.

> 주께서 인생으로 고생하게 하시며 근심하게 하심은 본심이 아니시로다 (애 3:33).

하나님의 목적은 하나님의 자녀들이 말씀을 따라 구원의 즐거움을 회복하고, 즐겁고, 기쁘게 살아가는 것입니다. 즐거움을 돈으로 만들려 하고, 즐거움을 쾌락으로 만들려고 하기 때문에 더 많은 돈, 더 짜릿한 쾌락을 추구하다가 멸망에 이르게 되는 것입니다. 말씀을 먹어야 합니다. 영혼의 양식인 성경말씀을 읽고 듣고 배워야 합니다. 이 말씀이 우리를 살리고, 영원한 즐거움을 회복시킬 것입니다(렘 15:16).

종말을 두려워 말라

시편 46편 1–3절

　일본 역사상 최악의 대지진이 2011년 3월 11일에 일어났습니다. 세계 역사상 다섯 번째 안에 드는 진도 9.0의 엄청난 대지진이었습니다. 그 위력은 정말 무서웠습니다. 더 무서운 것은 대지진 이후에 닥친 쓰나미였습니다. 10m가 넘는 파도가 일본 동해안을 덮쳤습니다. 초속 100m가 넘는 빠르기로 덮친 쓰나미는 내륙으로 1.6km 이르는 곳까지 밀고 들어와 해안 도시를 초토화시켰습니다. 여기에 평균 15분 간격으로 계속된 여진은 일본을 공포로 몰아넣었습니다.

　그런데 엎친데 덮친격으로 지진과 쓰나미의 충격을 견디지 못하고 원자로가 폭발하고 붕괴되어 전 일본이 방사능 유출의 공포에 떨었습니다. 후쿠시마 원전 20km 반경에 거주하는 주민들이 대피하고, 외국인들이 일본을 탈출하기 위해 공항은 북새통을 이루었습니다. 세계에서 지진이 가장 많은 일본은 지진에 대비한 설계와 안전에 관한 한 타의 추종을 불허한다고 자부했는데 자연의 힘 앞에서 인간의 무기력함을 여실히 보여 주었습니다.

　우리나라는 지진에 관해 안전지대라고 생각했는데, 2016년 9월에 경주에 5.8 규모의 지진이 일어나므로 경각심을 갖게 되었는데, 2017년 11월 15일에는 경북 포항시 북구에 5.4 규모의 지진이 일어났습니다. 이 지진은 경주지진보다 규모는 작지만 진앙지가 땅 속에서 깊지 않았기 때문에 많은 피해가 발생했습니다. 특히 수능시험을 하루 앞두고 일어나 수능시험이 일주일 연기되고, 휴교하는 학교들이 생겼기 때문에 사회적으로 큰 파장을 일으켰습니다. 다행히 사망자는 발생하지 않았지만 부상자 82명, 7,265건의 시설물이 피해를 입고, 1,361명의 이재민이 발생했습니다. 60여 차례의 여진으로 포항 주민들이 불안한 나날을 지냈습니다.

이 지진으로 인해 건물을 지을 때 내진 설계를 강화해야 한다는 것을 절실히 느꼈고, 정부는 지진재난에 대비한 매뉴얼을 만들고 대책에 만전을 기해야 한다는 것을 깨닫게 되었습니다.

그런데 이 지진을 통해 두 가지 돋보이는 곳이 있었습니다. 한곳은 포항공과대학교였습니다. 1986년에 완공된 건물 35개 동에서 컵 하나도 떨어지지 않았습니다. 그럴수 있었던 것은 박태준 전 회장이 내진 규정조차 없던 그 시절에 "우리나라도 언제든 지진이 날 수 있다. 학교 모든 시설이 수백 년에 한 번 오는 강진에도 안전할 수 있도록 지어라, 우리 학교는 1,000년을 가도록 튼튼하게 지으라."고 강조했기 때문입니다. 아파트 외벽이 15cm에 불과할 때 학교 기숙사 외벽을 30cm 두께로 튼튼하게 지었던 것입니다. 원칙에 충실했던 지도자의 신념이 이런 결과를 낳게 된 것입니다. 그의 유비무환의 정신을 본받아야 할 것입니다.

또 한곳은 한동대학교학교였습니다. 한동대학교학교는 지진의 진앙에서 불과 3km 밖에 떨어지지 않았기 때문에 가장 큰 피해를 보았습니다. 건물 외벽 벽돌이 무참히 무너져 내렸습니다. 바깥유리창이 산산이 부서졌습니다. 탱크가 지나가는 것 같은 굉음과 함께 진동이 10여 초 울리다 건물 유리창이 물결치듯 심하게 흔들렸습니다. 당장 붕괴될 듯 위험해 보이는 건물에 비해 인명 피해는 경상 4명으로 극히 적었습니다. 경주 지진 이후 학생들과 교직원은 지진 매뉴얼을 만들고 4차례에 걸쳐 대피훈련을 했습니다. 대학생 3,600명 중 3,000명이 기숙사에서 지내기 때문에 지진 대응에 적극적으로 훈련한 것입니다. 14쪽짜리 안전 매뉴얼에 비상상황 시 행동요령을 자세히 기록했습니다. 그래서 지진이 발생하자 학생회 간부들은 경광봉을 들고 안내했고, 10분이 지나기도 전에 3,000명의 학생들이 운동장에 집결했습니다. 운동장에서 바로 교직원 회의를 열고 휴교 결정을 내린 것이 지진 발생 50분 후였습니다. 학생들은 안전모를 쓰고 기숙사에 들어가 짐을 꾸리고 학교에서 준비한 버스를 타고 집으로 돌아 갔습니다. 한동대학교의 경우에서 평소 안전에 대비하는 것이 얼마나 중요한가를 깨닫습니다.

요즘 지구촌에 계속되는 지진, 화산 폭발, 지구 온난화로 인한 이상, 구제역, 조류독감, 신종플루같은 질병을 겪으면서 종말에 대한 공포가 확산되고 있습니다. 이럴 때 우리에게 중요한 것은 유비무환의 정신입니다. 세상이 흔들리고 땅이 꺼질지라도 우리는 종말을 두려워할 필요가 없습니다. 종말의 징조는 늘 우리 앞에 있습니다. 때로는 지진으로, 때로는 전쟁으로, 때로는 기근이 일어납니다. 그러나 두려워하지 마십시오. 주님이 우리의 피난처가 되심을 믿고 담대하게 살아가면 됩니다.

기반이 흔들립니다(2절)
포항 지진 5.4로도 이렇게 큰 피해를 입었다면 과연 일본에서 일어났던 9.0은 어느 정도 였을까요? 지진이 시작된 진앙에는 히로시마에 투하된 핵폭탄 250만 개가 폭발하는 강도를 9.0이라고 말합니다. 그리고 표면에서는 히로시마에 투하된 핵폭탄 5만 배 정도의 위력을 가지고 있다고 합니다. 우리 모두 그 위력을 텔레비전을 통해 생생하게 목격했습니다. 그야말로 땅의 기초가 흔들리고 일본 대륙 전체를 2m정도 옮겨 놓을 정도의 큰 힘을 가진 것입니다. 얼마나 대단한 위력입니까? 이 엄청난 자연의 힘 앞에 인간은 고개를 숙일 수밖에 없습니다. 그런데 놀라운 것은 성경 곳곳에 이런 지진과 같은 상황을 예언하고 있다는 사실입니다.

그러므로 땅이 변하든지 산이 흔들려 바다 가운데에 빠지든지(2절)

이 말씀은 자연의 극심한 이변, 즉 지진이나 산사태로 인하여 하늘이 놀라고, 땅이 요동하는 위기 상황을 묘사하고 있습니다. 이 말씀은 과학 만능을 외치고 인간이 모든 것을 가능하게 한다고 믿는 많은 사람에게 경고하는 말씀이기도 합니다. 과학자와 미래를 낙관하는 거짓 선지자들은 이렇게 말합니다.

"인류는 무한히 진보할 것입니다. 인간 수명은 150세가 될 것입니다. 세상은 평화의 세상이 될 것입니다. 세계가 보편적 평화를 누리게 될 것입니다. 세계 만민이 행복을 누리게 될 날이 곧 올 것입니다."

계속해서 거짓 선지자들은 이렇게 말할 것입니다.

"그동안 우리의 과학적 연구 결과는 지구가 어떻게 형성된 것을 밝히지 않았는가? 그렇다면 왜 우리가 기반이 흔들리는 것을 두려워해야 하는가?"

세상은 안전하다고 말합니다. 그러나 성경은 경고합니다.

> 그들이 평안하다, 안전하다 할 그때에 임신한 여자에게 해산의 고통이
> 이름과 같이 멸망이 갑자기 그들에게 이르리니 결코 피하지 못하리라
> (살전 5:3).

분명히 기억해야 할 것은 인간은 하나님이 아니라는 사실입니다. 인간 스스로 하나님처럼 되겠다고 주장할 때마다 견책을 당하고 파멸과 절망에 빠졌습니다. 인간이 교만하게도 자신의 문화적 창의성이나 기술적 진보나 정치 제도나 종교 체계 등에 더 의존했을 때 더 큰 혼돈과 붕괴를 맛보았습니다. 모든 삶의 터전이 흔들리고 주저앉았습니다. 인류의 위대한 문명들 중에 기반이 흔들리지 않고 남아 있는 것은 단 하나도 없습니다. 이집트 문명, 그리스 문명, 로마 제국, 앗수르 제국, 메소포타미아 문명, 바벨론 제국, 황하 문명, 인더스 문명 모두가 파편을 남겼을 뿐입니다.

그 후, 20세기에 들어서 급격히 발달한 서구 문명은 세계 1차 대전으로 무참히 깨지고, 세계 2차 대전으로 산산조각 났습니다. 삶의 가장 원초적이고 핵심적인 기반이 흔들렸습니다. 파괴가 너무 심각해서 인간의 마음까지 갈기갈기 찢어 놓았습니다. 하나님 없는 문명, 하나님 없는 과학은 이와 같이 허무합니다. 인간은 그 악함으로 인하여 무너지고 찢어집니다. 인간은 자연의 심판 앞에 무력하기 그지없는 존재 그 자체입니다.

독일의 사회학자 울리히 벡은 "현대사회가 과학기술과 산업의 발달로 물질적 풍요를 이뤘지만 반대급부로 위험도가 대폭증가하고 있다."고 말합니다. 이런 사회를 위험사회(Risk Society)라고 합니다. 우리나라는 정말

위험이 압축되어 있는 고도의 위험사회라는 생각이 듭니다. 천안함 피폭, 연평도 피격 사태 이후 북한은 싸움을 늘 걸어오고 있는데 위기 대응 시스템이 제대로 작동하지 않고 안보 불감증에 걸려 있습니다. 구제역으로 엄청난 피해와 고통을 겪었지만 근본적인 대책을 세우려는 모습이 보이지 않습니다. 지진을 당한 일본만의 문제가 아니라 우리는 이미 여러 사건을 통해서 기반이 흔들리고 있는 것을 보았습니다. 정치 지도자들은 안보 불감증을 치유하고, 이유 없는 낙관론을 불식시키고, 국민을 안전하게 보호하고, 국가를 튼튼하게 세워나가는 노력을 기울여야 할 것입니다.

우리 신앙인들은 기반이 흔들리지 않도록 예수 그리스도의 말씀 위에 집을 지어야 할 것입니다.

> 그러므로 누구든지 나의 이 말을 듣고 행하는 자는 그 집을 반석 위에 지은 지혜로운 사람 같으리니(마 7:24)

사랑하는 형제자매 여러분! 세상의 모든 기반이 흔들린다 해도 완전한 반석이 되시는 예수 그리스도의 말씀 위에 집을 짓고 견고히 서는 지혜자가 되시기 바랍니다.

물이 덮쳐 옵니다(3절)

지진보다 더 무서운 것이 쓰나미입니다. 우리가 쓰나미에 대해 알게 된 것은 2004년에 동남아에서 일어난 쓰나미 때문입니다. 그때 30만 명 이상이 사망해서 지구촌을 놀라게 했습니다. 쓰나미는 수심 1,000m가 넘는 바다에서 발생하고 수평으로 움직이는 지진이 아니라 상하로 움직이는 지진이 7.0 이상으로 일어날 때 발생합니다. 그 속도는 시속 800km 정도로, 초속 100m정도의 속도로 빨라서 부딪치는 대로 부수는 엄청난 위력을 가지고 있습니다. 우리가 텔레비전으로 보았듯이 자동차는 장난감 같이 쓸려가고 큰 배도 아무런 힘을 쓰지 못하고 떠밀려 육지로 올라옵니다. 웬만한 건물은 전부 무너뜨리는 무서운 위력을 보았습니다.

> 바닷물이 솟아나고 뛰놀든지 그것이 넘침으로 산이 흔들릴지라도 우리는 두려워하지 아니하리로다 (셀라)(3절).

시편 기자는 3절 말씀에서 해일, 홍수, 쓰나미를 연상할 수 있는 묘사를 하고 있습니다. 일본은 평소 자연 재해가 많은 나라이기에 건물은 반드시 내진 설계를 합니다. 또 해안 마을에는 15m짜리 철근 콘크리트 벽을 30년에 걸쳐 세우며 쓰나미에 대비했습니다. 그러나 인간의 노력을 비웃기라도 하듯 단번에 방벽을 무너뜨리고 바닷물은 도시를 덮쳐버렸습니다. 우리에게 닥쳐오는 것은 쓰나미만이 아닙니다. 지진이 쓰나미를 동반하고, 쓰나미로 인해 원전이 붕괴되고, 원전의 붕괴는 방사능 피해로 이어지고, 방사능 피해는 대를 이어 원자병을 알아야 되는 비극을 낳게 되는 연쇄적 위험으로 확산된다는 사실을 깨달아야 합니다. 이런 재앙을 바로 가장 가까운 이웃 나라 일본에서 겪고 있습니다. 또 이것을 우리는 방송을 통해 보았습니다.

이 땅에 안전지대는 없다는 사실을 깨달아야 합니다. 우리나라는 특별히 전쟁의 위험이 있고, 북한은 핵을 가지고 우리를 위협하고 있습니다. 그래서 불안해서 못살겠다고 전쟁 없는 호주로 간 사람이 있습니다. 그런데 호주에 폭우가 쏟아져서 집들이 잠기고 떠내려갑니다. 뉴질랜드는 환경이 좋다고 해서 뉴질랜드로 이민 갔는데 크라이스트처치에 엄청난 지진이 일어나 쑥대밭이 되었습니다. 아이들 교육을 위해 미국으로 이민을 갔더니 아이가 영어는 잘하게 되었는데 미국 친구들과 함께 마약을 하고 히피가 되고 말았습니다. 세상에 어디에도 안전하게 피할 곳이 없습니다. 어디에나 지진은 있고, 쓰나미는 있습니다. 홍수가 덮쳐옵니다.

성경에서 물은 생명과 심판이라는 두 가지 상징을 가지고 있습니다. 물은 생명을 살리기도 하지만, 물로 세상을 심판하기도 합니다. 노아의 홍수가 바로 심판을 상징합니다. 지금 세상에는 죽음의 길로 인도하는 많은 물이 덮쳐옵니다. 이것을 사조(思潮, 한 시대의 일반적인 사상의 흐름)라고 합니다. 황금 만능주의 , 생명 경시 풍조, 과학 만능주의, 쾌락 제일주의, 인본주의 등의 사조가 홍수같이 사람들의 마음을 덮어버리고 있습니다.

황금을 신처럼 섬기고, 낙태와 살상을 일삼고, 과학이 모든 것을 해결해 주리라 생각하고, 인간이 모든 것의 주인이라고 생각하면서 인간은 충분히 자유롭게 쾌락을 즐길 자격이 있다고 성 개방, 동성연애, 자유 등을 외치며 점점 하나님의 법도에서 멀어지고 있습니다. 하나님은 이런 세상을 심판하시겠다고 성경에서 여러 차례 경고하셨습니다. 처음 심판은 홍수 심판이었지만 다음은 불로 심판하실 것을 말씀하셨습니다.

> 그러나 주의 날이 도둑 같이 오리니 그 날에는 하늘이 큰 소리로 떠나가고 물질이 뜨거운 불에 풀어지고 땅과 그 중에 있는 모든 일이 드러나리로다 이 모든 것이 이렇게 풀어지리니 너희가 어떠한 사람이 되어야 마땅하냐 거룩한 행실과 경건함으로 하나님의 날이 임하기를 바라

보고 간절히 사모하라 그 날에 하늘이 불에 타서 풀어지고 물질이 뜨거운 불에 녹아지려니와 우리는 그의 약속대로 의가 있는 곳인 새 하늘과 새 땅을 바라보도다(벧후 3:10-13).

10절에 "하늘이 큰 소리로 떠나가고 물질이 뜨거운 불에 풀어진다."는 말씀을 과학자들은 원자폭탄이 터질 때의 현상을 설명한다고 해석합니다. 이 말씀이 12절에 반복되고 있습니다. 이런 핵 전쟁을 경고하는 듯한 말씀 앞에 우리는 간절히 기도해야 합니다. "이 땅에 평화를 주옵소서! 전쟁이 사라지게 하옵소서!"

형제자매 여러분! 찬바람이 불어오면 눈이 오고 겨울이 오듯 계속되는 재앙은 경고의 나팔임을 깨달아야 합니다. 세상의 패역한 사조에 휩쓸리지 않고 거룩한 행실과 경건함으로 새 하늘과 새 땅을 바라며 기도하시기 바랍니다.

피난처가 있습니다(1절)

지진 시에 대피 요령이 있습니다.

1. 테이블 밑에 들어가서 몸을 피하라.
2. 테이블이 없으면 방석 등으로 머리를 보호하라.
3. 가스를 잠그고, 난로는 끄고, 전기 스위치를 내려라.
4. 서둘러 뛰어나가지 말라(유리나 낙하물에 다칠 수 있다.).
5. 블록담이나 자판기 등 밑에 있지 말라.
6. 엘리베이터를 타지말고 계단으로 내려와라.

쓰나미가 올 때 높은 곳으로 피하는 것이 상책입니다. 방사능은 비나 눈을 맞지 않고, 몸을 가리고, 외출을 삼가야 합니다. 그러나 이런 요령을 안다고 안전할 수는 없습니다. 일본 사람들은 언제나 지진 대비 훈련을 해 왔고 질서정연하게 대처해 왔습니다. 세계인들이 전부 놀랄 만큼 침착하게 질서 정연하게 행동하는 그들을 보았습니다. 그러나 그런 행동이 예측불허의 재앙을 막을 수는 없습니다. 그렇다고 절망하고, 운명론에 맡기고 포기할 수는 없습니다. 이때 믿음이 빛을 발하게 되는 것입니다. 영원한 구원자가 있음을 믿으시기 바랍니다.

> 하나님은 우리의 피난처시요 힘이시니 환난 중에 만날 큰 도움이시라
> (1절).

세상에 모든 것이 끊어지고 흔들리고 사람들이 모두 떠나도 하나님을 믿고 의지하고 그분에게 피하시기 바랍니다. 하나님은 환난 날에 만날 큰 도움이요 피난처가 되십니다. 하나님만이 반석이 되시고 안전한 포구가 되십니다.

옛날 이스라엘 백성이 범죄했을 때 살 수 있는 방법은 도피성으로 들어가는 것이었습니다. 도피성은 실수로 살인한 사람을 보호하기 위해 따로 설치된 성읍으로 레위 지파의 감독 밑에 있었고, 피고가 공정한 재판을 받기 전까지 보호받을 수 있었습니다. 전국에 도피성 6곳(요단강 서쪽에 게데스, 세겜, 헤브론과 요단강 동쪽에 골란, 베셀, 길르앗라못)을 두고 그곳에 들어간 자를 보호해 준 것입니다.

도피성은 바로 하나님의 품을 뜻합니다. 신약의 도피성은 예수 그리스

도입니다. 예수 그리스도를 믿는 사람은 죄 사함을 받게 되기 때문입니다. 우리의 안전지대는 하나님의 품입니다. 그 품에 이르는 길이 예수 그리스도이십니다. 세상 흔들리고 사람들이 모두 두려움에 떨지라도 그리스도인들은 피난처 되시는 하나님께 나오시기 바랍니다. 그러면 두려움이 사라지게 될 것입니다.

그간 한국의 지진과 일본의 지진과 쓰나미 그리고 원자로 폭발로 인한 방사능 낙진의 문제를 눈으로 목도하면서 많은 사람의 마음에 두려움이 스며들어 오고 있습니다. 이때가 복음을 전할 좋은 기회입니다. 복음을 전할 절호의 기회를 살려 두려움에 사로잡혀 있는 사람들에게 안전한 도피성 되시는 예수 그리스도를 전하시기 바랍니다.

이럴 때 재난을 당한 사람들에게 보일 우리의 태도는 어떠해야 할까요? 시편에 보면 이웃에게 억울함을 당한 사람이 하나님께 하소연하는 경우를 볼 수 있습니다.

주여 우리 이웃이 주를 비방한 그 비방을 그들의 품에 칠 배나 갚으소서(시 79:12).

기도는 꾸며서 하는 것이 아닙니다. 마음속에서 터져 나오는 것입니다. 아픔이 있고 원한이 있으면 그대로 마음을 토할 수 있습니다. 그러나 거듭난 그리스도인은 그럼에도 불구하고 원수까지도 사랑하라는 예수님의 말씀을 실천해야 합니다.

나는 너희에게 이르노니 너희 원수를 사랑하며 너희를 박해하는 자를 위하여 기도하라(마 5:44).

이때가 "이웃을 사랑하라, 원수를 사랑하라."는 주님의 말씀을 이웃에게 실천할 수 있는 절호의 찬스입니다.

그리고 방사능처럼 스며들어 오는 두려움을 어떻게 해야 할까요? 인간의 연약함을 깨닫고 무너지지 않는 굳건한 반석 되시는 예수님을 의지해야 합니다. 또한 세상에는 영원한 것이 없으며 인간이 만든 것은 완전한 것이 없다는 것을 알고 영원하신 하나님께 피해야 합니다. 그리고 죽음은 끝이 아니라 또 다른 시작이며, 예수 안에 영원한 생명이 있음을 믿고, 길이요 생명 되시는 예수님을 붙잡아야 합니다. 그때 두려움이 사라지고, 주께서 주시는 참된 평안이 심령에 넘치게 될 것입니다. 무너지지 않고 영원한 것은 하나님 밖에 없습니다. 피난처 되시는 하나님께 나오시기 바랍니다.

그렇습니다. 과학의 힘으로 원자력 발전소를 돌려 불을 밝히고, 우주를 탐험하고, 인간의 생명을 연장하고, 행복한 미래를 약속했지만 그것이 더 큰 불행을 초래할 수 있다는 것을 우리 모두 깨달았습니다. 인간이 만든 것은 영원한 피난처가 될 수 없습니다. 하나님만이 우리의 영원한 피난처가 되십니다.

두려워 마십시오. 안전한 피난처 되시는 하나님께 피하시기 바랍니다. 환난 중에도 담대하며, 피난처 되시는 하나님께 피하여 영원한 생명을 누리시기 바랍니다.

호흡이 있는 자마다 여호와를 찬양하라

시편 150편 1–6절

호흡이 있는 자마다 여호와를 찬양할지어다 할렐루야(시 150:6).

시인은 이 말씀으로 시편 전체의 대미를 장식하고 있습니다. 시편 전체의 결론에 해당되는 중요한 구절입니다. "호흡이 있는 자"란 '숨을 쉬는 모든 생명체'를 의미합니다. 시인은 "하늘과 땅 그리고 바다의 모든 생명 있는 존재들아! 다 하나님을 찬양하라."고 촉구하고 있습니다.

호흡이 있는 자마다 여호와를 찬송하는 일이 아름답고 마땅한 일입니다(시 147:1). 육신이 건강해도 찬송이 없는 자는 병든 영혼입니다. 돈이 많아도 찬송이 없는 자는 가난한 사람입니다. 지식이 많아도 찬송이 없는 자는 무지한 사람입니다. 지위가 높아도 찬송이 없는 자는 낮은 사람입니다. 하나님을 찬송하는 사람이 살아 있는 사람이요, 부요한 사람이요, 건강한 사람이요, 존귀한 사람임을 명심하시기 바랍니다. 존귀한 사람이 되기 원하십니까? 그렇다면 하나님을 찬송하시기 바랍니다. 호흡이 다하는 날까지 생명 다해 하나님을 찬송하리라 다짐하시기 바랍니다.

예배의 세 가지 요소는 말씀과 기도와 찬송입니다. 씨앗으로 비유하면 말씀을 듣는 것은 심령의 밭에 씨앗을 뿌리는 것이고, 기도는 씨앗에 물을 주고 싹을 틔우는 것입니다. 그리고 찬송은 꽃이 피고, 열매를 맺는 것입니다. 천국에서는 말씀과 기도가 필요없고 오직 찬송만 남게 됩니다. 찬송은 천국까지 이어지는 유일한 행위입니다. 우리 하나님은 찬양의 주인이십니다. 찬양을 기뻐하시고 찬양 받기를 원하시고 찬양 중에 거하십니다.

이스라엘의 찬송 중에 계시는 주여 주는 거룩하시니이다(시 22:3).

이스라엘은 택한 백성의 대명사요, 야곱이 얍복강가에서 밤새 하나님 앞에 회개하고 얻은 이름입니다. 그러니까 이스라엘의 찬송 중에 하나님이 거하신다는 것은 예수 믿고 회개한 택함 받은 백성들이 찬송할 때 하나님께서 함께하신다는 뜻입니다. 우리 하나님은 천군천사의 찬양을 받으실 뿐 아니라, 택함 받은 성도들이 찬양할 때 기뻐하시며 임재하십니다. 성경에는 '찬양하라'는 명령이 399회나 기록되어 있는데 찬양의 대상은 오직 하나님 한 분뿐이십니다.

하나님은 택한 백성들로부터 영광과 존귀를 받으시는 수단으로 음악을 주신 것입니다. 생명 있는 동안에 하나님을 찬양하겠습니다. 호흡 있는 동안에 목소리 높여 힘차게 찬양하겠습니다. 모든 악기를 연주하며 찬양하겠습니다. 온몸으로 춤추며 하나님을 찬양하겠습니다. 다짐하시기 바랍니다.

찬양의 장소(where)(1절)

시편 150편은 할렐루야로 시작해서 할렐루야로 끝납니다. 할렐루야(Halleluja)는 '너희들아(루), 여호와를(야) 찬양하라(할렐)'는 뜻입니다. 라틴어로는 '알렐루야'로 발음합니다. 구약에 150회 이상 기록되어 있는데, 할렐루야는 시편 기자가 모든 사람을 예배에 초청하여 하나님께 노래로 영광을 돌릴 때 감탄사로 사용했습니다.

> 할렐루야 여호와께 감사하라 그는 선하시며 그 인자하심이 영원함이로다(시 106:1).

시편에 많은 경우, 예를 들어 106편, 113편, 117편, 146편, 147편, 148편, 149편, 150편의 처음과 끝에 할렐루야를 사용했습니다. 특히 146편부터 150편까지, 다섯 편의 시는 할렐루야로 시작하고 할렐루야로 마치기 때문에 '할렐 시편'이라고 부릅니다.

찬송은 하나님을 찬양하고, 하나님께 영광 돌리고, 하나님을 자랑하는 것입니다. 그런데 본문 1절은 찬양할 장소에 대하여 말씀하고 있습니다.

> 할렐루야 그의 성소에서 하나님을 찬양하며 그의 권능의 궁창에서 그를 찬양할지어다(1절).

1절에서 구체적으로 성소와 궁창, 이 두 곳의 장소를 제시합니다. 먼저 성소에 대해 생각해 봅시다. 1차적으로 성소는 장막이나 성전을 뜻합니다. 이것이 신약에 이르러서는 교회가 되었습니다. 그리고 영적으로 해석하면 하나님이 임재하시는 곳이 성전입니다.

> 너희 몸은 너희가 하나님께로부터 받은 바 너희 가운데 계신 성령의 전
> 인 줄을 알지 못하느냐 너희는 너희 자신의 것이 아니라 값으로 산 것
> 이 되었으니 그런즉 너희 몸으로 하나님께 영광을 돌리라(고전 6:19-
> 20).

예수 믿고 거듭난 성도들의 심령에 성령이 거하십니다. 그러면 여러분
의 몸은 성전이 된 것입니다. 하나님이 여러분의 심령의 성전에 계심을
믿으시기 바랍니다. 그러므로 성전에 계신 하나님을 향해 날마다 찬송해
야 합니다.

또 '궁창'은 하늘의 옛날 표현입니다. 그러므로 '권능의 궁창'이라 함은
하나님의 전능하심이 온 세상에 펼쳐져 그 권능이 입증되는 드넓은 우주
에서 하나님을 찬양하라는 말씀입니다. 따라서 모든 피조물들은 시공을
초월하고, 장소를 불문하고 하나님을 찬양함이 마땅합니다.

하나님께서 온 땅을 섭리하시고 주관하십니다. 온 세계는 모두 주의
것입니다. 주께서 만드셨고 주께서 다스리십니다. 그것을 인정하는 성도
라고 한다면 언제나 어디에서나 하나님을 찬양해야 합니다.

우리 둘째 형님이 저보다 나이가 열 살 많으신데 정말 대책이 없으십
니다. 제가 고등학교 때 형님께서 예수전도단에서 은혜를 받으시고 명동
코스모스 백화점 앞에서 찬양하고 전도하셨습니다. 그리고 장위동 32번
버스를 타고 오면서 방언으로 찬송하고 전도합니다. 친구들이 그 광경을
보고 제게 말합니다. 그러면 제 얼굴은 뜨끈뜨끈해집니다. 또 집에 들어

올 때면 골목에서 찬송 소리가 들립니다. 방 안에 앉아서도 형이 들어오는구나 알 수 있습니다. 이 습관이 73세 된 지금까지 바뀌지 않았습니다. 몇 년 전 7남매가 함께 부부동반으로 제주도 여행을 갔습니다. 식당에 들어갔을 때 둘째형이 "주인 아주머니 교회 다니십니까?" 묻자 "전에 다녔는데 지금 시험에 들어 쉬고 있습니다."라고 말했습니다. 그러자 둘째형이 벌떡 일어나더니 "아주머니를 위해 축복송을 불러드리겠습니다." 하고 남의 식당에서 찬송을 부르는 것이었습니다. 제 얼굴이 뜨뜻했지만 그 아주머니가 아주 좋아하셨습니다. 그래서 기도까지 해 주었습니다.

그래서 장소를 안 가리고 찬양하는 둘째 형님이 제일 마음 편하고 행복하게 사시는 것을 알았습니다.

> 여호와께서 하늘에서 굽어보사 모든 인생을 살피심이여 곧 그가 거하시는 곳에서 세상의 모든 거민들을 굽어살피시는도다 그는 그들 모두의 마음을 지으시며 그들이 하는 일을 굽어살피시는 이로다(시 33:13-15).

하나님이 하늘에 계시다는 표현은 멀리 계시다 혹은 땅과 상관없다는 뜻이 아니라 높이 뜨는 새가 멀리 볼 수 있는 것처럼 세상 모든 사람을 굽어보시고 살피신다는 뜻입니다. 그것을 시편 33편에서 세 번 거듭 강조하고 있습니다. 상천하지(上天下地), 위로 하늘과 아래로 땅에 하나님이 아니 계신 곳이 없습니다(無所不在). 하나님은 어디에나 계십니다. 그러므로 언제나 어디서나 하나님을 찬양해야 합니다.

찬양할 이유(Why)(2절)

본문 2절은 찬양할 이유를 이렇게 말씀합니다.

> 그의 능하신 행동을 찬양하며 그의 지극히 위대하심을 따라 찬양할지
> 어다(2절).

'능하신 행동'이란 하나님의 놀라운 천지창조 사역과 우주 삼라만상을 보존, 운행하시는 섭리와 능력을 뜻합니다. 또한 그의 택한 백성을 구원하시는 구속 사역을 뜻합니다. 그리고 '지극히 위대하심'이란 인간으로서는 도저히 측량할 수 없는 우주 전체를 다스리시는 하나님의 능력을 뜻합니다.

> 주 여호와여 주께서 주의 크심과 주의 권능을 주의 종에게 나타내시기
> 를 시작하셨사오니 천지간에 어떤 신이 능히 주께서 행하신 일 곧 주의
> 큰 능력으로 행하신 일 같이 행할 수 있으리이까(신 3:24).

구약에서 하나님을 찬양할 이유를 말할 때 주로 두 가지를 말하는데 천지를 창조하신 하나님과 애굽에서 구원하신 하나님입니다. 하나님을 찬양할 이유가 만 가지도 넘는다는 말처럼 언제나 어디서나 어떤 경우에라도 믿음의 조상들은 찬양했습니다. 심지어 원형경기장에서 사자의 밥이 되면서도 찬양했고, 십자가에 매달려 기름을 부어 불로 태워 죽임을 당하면서도 찬양했습니다. 그들은 찬양할 이유를 분명히 알았기 때문입니다. 성경을 보면 어떻게 저런 경우에도 찬양할 수 있을까? 의문이 드는

경우가 더러 있습니다.

역대하 20장에 보면, 남유다 왕국의 4대왕 여호사밧 때에 모압, 암몬, 마온 세 나라 연합군이 쳐들어왔습니다(기원전 853년). 여호사밧이 얼마나 다급했는지 하나님 앞에 엎드려 기도면서 전 국민에게 금식을 선포하고 성전 앞뜰에 모여 기도회를 열었습니다. "이 큰 무리를 우리가 대적할 능력이 없고 어떻게 할 줄도 알지 못하옵고 오직 주만 바라보나이다." 하고 어린아이까지 온 회중이 하나님 앞에 기도했습니다.

그때 야하시엘이라는 사람에게 성령이 임하니 그가 일어나 "온 유대와 예루살렘 주민과 여호사밧왕이여, 들을지어다. 너희는 이 큰 무리로 말미암아 두려워하거나 놀라지 말라. 이 전쟁은 너희에게 속한 것이 아니요, 하나님께 속한 것이니라. 내일 너희는 그들에게로 내려가라 대열을 이루고 서서 너희와 함께한 여호와가 구원하는 것을 보라." 이 예언에 감동을 받은 여호사밧왕이 다음날 아침 일찍 일어나 백성들과 의논하고 나아갑니다.

> 백성과 더불어 의논하고 노래하는 자들을 택하여 거룩한 예복을 입히고 군대 앞에서 행진하며 여호와를 찬송하여 이르기를 여호와께 감사하세 그의 인자하심이 영원하도다 하게 하였더니 그 노래와 찬송이 시작될 때에 여호와께서 복병을 두어 유다를 치러 온 암몬 자손과 모압과 세일 산 주민들을 치게 하시므로 그들이 패하였으니 곧 암몬과 모압 자손이 일어나 세일 산 주민들을 쳐서 진멸하고 세일 주민들을 멸한 후에는 그들이 서로 쳐죽였더라(대하 20:21-23).

이렇게 찬송의 능력이 나타난 이 골짜기 이름을 '브라가 골짜기' 우리 말로 '찬송의 골짜기'라 일컫게 되었습니다. 이렇게 찬양은 영적 전쟁의 도구가 되기도 합니다. 이스라엘의 초대 왕인 사울이 악신에 사로잡혀 번뇌할 때에 전국에서 수금을 잘 타는 사람을 찾아 수금을 연주하게 했습니다. 그 사람의 이름이 바로 다윗입니다(삼상 16:23).

음악 치료는 현대에 생긴 학문이 아닙니다. 고대부터 있었습니다. 찬양에는 능력이 나타나는 것을 알 수 있습니다. 이렇게 하나님께서 찬양을 받기만 원하시는 것이 아니라 찬양을 통하여 기적을 맛보게 하시고 영적 생활에 승리하게 하시는 것입니다. 하나님이 인간을 지으신 이유에 대하여 가장 분명하게 보여 주신 말씀은 이사야서 43장 21절입니다.

이 백성은 내가 나를 위하여 지었나니 나를 찬송하게 하려 함이니라.

이 말씀은 두 가지 해석이 가능합니다. 먼저 하나님께서 사람을 창조하신 목적이 찬송을 받으시기 위해서라는 뜻으로 해석할 수 있습니다. 두 번째로 이스라엘 백성을 구원하신 목적이 찬송을 받으시기 위해서라는 뜻으로 해석할 수 있습니다. 새 이스라엘 된 그리스도인들은 하나님께서 인간을 창조하신 것을 믿습니다. 그러므로 두 가지 해석을 모두 동시에 수용할 수 있습니다.

하나님을 찬양할 수만 가지 이유를 찾으며 일평생 주님을 찬양하는 성도가 되십시오.

찬양의 방법(How)(3-5절)

교회사적으로 찬양의 역사를 고찰해 보겠습니다. 알렉산드리아의 클레멘트라는 주교가 주후 150년경 태어나 215년경까지 살았는데 처음으로 찬송을 만들어 부르게 했습니다. 그 후 "감히 죄인된 인간이 거룩하신 하나님 앞에 찬양을 드릴 수 없다."고 과도한 해석을 하므로 찬송을 금기하고 악기도 금지했습니다. 363년, 라오디게아 종교 회의에서 "개인은 교회에서 찬송 작사, 작곡을 할 수 없고 부를 수 없다."고 정하고 임명받은 자만 찬송하게 했습니다. 563년, 브라가 회의에서 라오디게아 종교회의의 결정을 재차 확인했습니다. 단 교회가 임명한 신부와 깨끗한 어린이들에게만 찬송을 허용했습니다. 빈소년합창단, 파리나무 십자가 합창단 등이 이러한 배경에서 출현한 것입니다. 그러다가 그레고리우스 1세(540-604)의 출현으로 가톨릭 성가가 확립되었습니다. 그레고리오 성가를 만들어 교회 음악을 통일했지만 성가대와 사제만 찬양을 하게 했습니다.

그러다가 종교개혁시대에 이르러 루터에 의해 찬송이 회복되었습니다. 루터는 말씀과 기도와 찬송이 예배의 세 가지 요소임을 강조하고 신학에 버금가는 것이 찬송이라고 말했습니다. "내 주는 강한 성이요"를 직접 작사, 작곡하여 보급했습니다. 그에 반해 스위스의 개혁자 츠빙글리는 오르간을 불사르고 음악에 관계된 것을 금지시켰습니다. 칼빈도 처음에는 찬송을 사용하지 못하게 하고, 시편으로 만든 시편 찬송만 부르게 하고, 오르간 연주를 금지시켰다가 나중에 허용을 했습니다.

그러면 성경은 찬양에 대해 구체적으로 무엇이라 말씀하고 있을까요?

나팔 소리로 찬양하며 비파와 수금으로 찬양할지어다 소고 치며 춤 추어 찬양하며 현악과 퉁소로 찬양할지어다 큰 소리 나는 제금으로 찬양하며 높은 소리 나는 제금으로 찬양할지어다(3-5절).

시인은 당시 연주하던 모든 악기를 언급하면서 세상의 모든 것으로 하나님의 영광을 찬양하라고 권고하고 있습니다.

솔로몬 성전에는 관현악을 연주하는 제사장이 120명 있었고, 찬양대원 4,000명이 있었습니다. 다윗 시대에는 30세 이상 배워서 익숙한 레위인 288명을 세 그룹으로 나누어 아삽은 찬양대장으로, 헤만은 관악대장으로, 여두둔은 현악대장으로 임명하여 오케스트라 반주로 찬양했음을 역대상 25장에 기록하고 있습니다.

이런 성경의 근거가 분명한데도 불구하고 역사적으로, 문화적으로, 자의적 판단에 의해 너무나 많은 것을 제한하는 경우가 있습니다. 서양악기는 괜찮고 우리나라 악기 중에 징이나 꽹과리 같은 것을 거부한다든지, 기타를 금한다든지, 드럼을 금한다든지, 무용을 금한다든지 하는 경우가 지금까지도 있습니다. 성경은 말씀합니다. 모든 악기를 동원하여 찬양하라, 춤추면서 찬양하라 분명하게 말씀하고 있습니다. 악기는 죄가 없습니다. 악기는 의지도 없습니다. 다만 연주하는 사람에 따라 소리를 낼 뿐입니다. 연주하는 사람의 자세가 하나님을 찬양하고 있다면 풀피리면 어떻고 손뼉을 치고 박수를 치는 것은 어떻습니까?

사무엘하 6장 21-23절에 보면, 하나님의 법궤가 예루살렘에 들어올 때 다윗이 너무 기뻐 춤을 추다가 옷 사이에 몸이 드러났습니다. 그것을 왕궁 발코니에서 보고 있던 왕비 미갈이 왕이 주책없이 춤을 추다가 몸을 드러냈다고 비난했습니다.

다윗이 미갈에게 이르되 이는 여호와 앞에서 한 것이니라 그가 네 아버지와 그의 온 집을 버리시고 나를 택하사 나를 여호와의 백성 이스라엘의 주권자로 삼으셨으니 내가 여호와 앞에서 뛰놀리라 내가 이보다 더 낮아져서 스스로 천하게 보일지라도 네가 말한 바 계집종에게는 내가 높임을 받으리라 한지라 그러므로 사울의 딸 미갈이 죽는 날까지 그에게 자식이 없느니라.

하나님 앞에서 기뻐 춤을 춘 다윗을 비난한 미갈을 하나님께서 징계하신 것입니다. 저는 이 말씀을 마음에 담고 강대상에서 하나님 앞에서 어린아이와 같이 뛰놀리라 다짐했습니다. 그리고 우리 교회 초창기에 강단에 '어린아이 같이 뛰놀라'라고 써 놓고 목회를 했습니다.

여러분! 어린아이와 같이 뛰놀며 하나님을 찬양하시기 바랍니다. 춤추며 찬양하시기 바랍니다. 악기를 연주하며 찬양하시기 바랍니다. 모든 방법을 다해 하나님을 찬양하시기 바랍니다. 하나님을 찬양하는 것이 황소를 드림보다 하나님의 기쁨이 됨을 믿으시기 바랍니다(시 69:30-31).

사랑하는 형제자매 여러분! 인간은 하나님을 찬양하기 위하여 지음을 받은 존재임을 기억하고 언제나 어디서나 온맘 다해 하나님을 찬양하는 하나님의 자녀들이 되시기 바랍니다.